Stories to Light
the Night

Stories to Light
the Night

每當孩子傷心時，
故事是最好的陪伴

94個暖心故事，家庭必備療傷寶典
面對分離、失去、生病，讓故事成為孩子心中的一道光

Stories to Light
the Night

最了解孩子的故事醫生
蘇珊‧佩羅
Susan Perrow／著

王聖棻、魏婉琪／譯

小樹文化
Little Trees

每當孩子傷心時，

故事是最好的陪伴

94個暖心故事，家庭必備療傷寶典
面對分離、失去、生病，讓故事成為孩子心中的一道光

Stories to Light the Night

作　　者：蘇珊‧佩羅（Susan Perrow）｜譯　　者：王聖棻、魏婉琪

小樹文化股份有限公司

總 編 輯：蔡麗真｜副總編輯：謝怡文｜責任編輯：謝怡文｜行銷企劃經理：林麗紅

行銷企劃：蔡逸萱、李映柔｜校對：林昌榮｜封面設計：周家瑤

內文排版：洪素貞、菩薩蠻數位文化有限公司

讀書共和國出版集團

社長：郭重興｜發行人兼出版總監：曾大福

業務平臺總經理：李雪麗｜業務平臺副總經理：李復民

實體通路暨直營網路書店組：林詩富、陳志峰、郭文弘、賴佩瑜、王文賓

海外暨博客來組：張鑫峰、林裴瑤、范光杰｜特販通路組：陳綺瑩、郭文龍

電子商務組：黃詩芸、李冠穎、高崇哲｜專案企劃組：蔡孟庭、盤惟心

閱讀社群組：黃志堅、羅文浩、盧煒婷｜版權部：黃知涵

印務部：江域平、黃禮賢、李孟儒

發　　行：遠足文化事業股份有限公司

　　　　　地址：231新北市新店區民權路108-2號9樓

　　　　　電話：(02) 2218-1417｜傳真：(02) 8667-1065

　　　　　客服專線：0800-221029

　　　　　電子信箱：service@bookrep.com.tw

　　　　　郵撥帳號：19504465遠足文化事業股份有限公司

　　　　　團體訂購另有優惠，請洽業務部：(02) 2218-1417分機1124、1125

法律顧問：華洋法律事務所 蘇文生律師

出版日期：2022年8月31日初版首刷

ISBN 978-626-96219-5-8（平裝）
ISBN 978-626-96219-6-5（EPUB）
ISBN 978-626-96219-7-2（PDF）

國家圖書館出版品預行編目資料

每當孩子傷心時，故事是最好的陪伴／蘇
珊‧佩羅（Susan Perrow） 著／王聖棻、魏
婉琪 譯 -- 初版 -- 新北市：小樹文化股份
有限公司 出版；遠足文化事業股份有限公
司 發行 -- 2022.08

面；公分

譯自：Stories to light the night

ISBN 978-626-96219-5-8（平裝）

1. 兒童心理學 2. 悲傷 3. 家庭教育

528.2　　　　　　　　　　111011859

小樹文化
官網　　　小樹文化
　　　　　讀者回函

【推薦序】

讓療癒內心的元素，藏於故事之中

文／徐明佑（華德福資深教師）

　　在成長過程中，我們的心都在學習生命功課。心會受傷，心也會有機會得到療癒，只是很多時候，心所受的傷在還沒有全然復原時，就又再次受傷了。我們的心這麼脆弱嗎？

　　大人可以選擇放下受傷，在生命的路上繼續向前，這時候外在的表現常常是勇敢又堅強。但「心」的感受被忽略了，而這些情感會日復一日的累積，直到有一天，心受傷的經歷被故事說出來了、情感被溫暖觸動、眼淚化為療癒的生命之水，心受傷的地方才開始復原。

　　孩子在成長中所面對的感受，會烙印在生命靈魂的記憶深處，有些傷痛容易遺忘，也有些事件會讓孩子耿耿於懷，這是因為他們無法好好消化過於強烈的負面感受。充滿愛的家長或老師，會盡力將孩子帶回喜悅的生活中；而活在當下的孩子，總是在歡笑中又回到純真的狀態。這能帶給孩子生命的勇氣，去面對成長中大大小小的傷痛事件。

　　有些孩子可以勇敢面對傷痛事件，而有些孩子卻困在情緒的創傷與糾結中，不管是前者或是後者，如果他們有機會在療癒故事的陪伴下成長，傷痛就有機會積極轉化為生命的珍寶，並成為未來可以與人分享的祝福行動。這是因為，**能帶著愛且敏銳了解孩子內在世界變化的家長或老師，就是心靈的魔法師。他們能讓孩子在接收生動的圖像時，將療癒內心的元素藏於故事之中。**

孩子還無法透過理性思考了解自己的傷痛事件而得到釋懷，但卻可以因為故事主角面對類似精神象徵的生命困境而受到「感動」，這需要一種如夢似幻的故事氛圍，才能讓孩子的心，在興趣啟發的引動下融合傾聽。這時候，孩子內在的雙手自然而然承接了化為禮物的故事，同時將傷痛放在一旁。隨著故事開展，傷痛慢慢被播入神奇的療癒種子；當種子伸出了能輕柔觸及傷痛深處的根系，文字和聲音便如同雨和光的注入，在故事敘說者的愛之耀照中，傷痛在故事結束時化為芬芳的花朵！

　　在閱讀這本書的時候，我的內在常常深深的被觸動，不知不覺熱淚盈眶，轉瞬之間又帶著喜悅與滿足，讓氣息伴著微笑，從鼻子釋出，得到內在的安詳與幸福的感受。我想這是因為，書中的每一則故事，不只是文學創作，而是轉化生命真實故事的療癒藝術，字字句句都是智慧與溫暖的萃取，一幕幕圖像都是愛與光的織錦，這讓我的內心懷著滿滿的感謝，因為自己生命中有意識與無意識的心理創傷，已化為心靈花園！

　　請享受這本富涵生命溫暖的故事集，更期待您也成為孩子的心靈魔法師，為孩子講述這本書裡的每一個故事，讓生命傷痛昇華而成的智慧光芒，充盈於孩子的內在心靈，如滿天星斗。

讓故事的想像力，
爲黑暗的角落帶來溫暖的光亮

文／翁欣妤（Ｖ媽，宜蘭慈心華德福教師）

記得我小時候，常常坐在阿母的摩托車後面，一起去菜市場買菜，手環抱著阿母的腰、鼻尖裡充斥著她夾雜著汗水的專屬味道。

有時候，當我正在享受暖暖的風時，前方會突然傳來阿母的叮嚀：「頭前有『鏗鏗鏘鏘』，眼睛閉起來。」於是我趕緊照做，在閉著眼當中，摩托車騎過了所謂的「鏗鏗鏘鏘」，我聽到了聲音、偶爾會聞到一點花香，還會感受到阿母刻意催緊油門、加快速度而過的風嘯聲。我問那是什麼，而答案則是：「囡仔人有耳無喙，莫烏白問。」（意思是：小孩子不應該發表自己的意見，而是要順從大人的命令、不要隨便問問題。）

慢慢長大後，開始有機會面對分離、面對失去、面對低潮、面對死亡，當心碎悲傷後，也不知道如何面對自己的情緒。而當我處在低潮時，聽到一句：「妳還好嗎？」的安慰，甚至會揚起頭微笑說聲：「還好。」把真正的哀傷隱藏起來，告訴自己時間會療癒一切。

但是，時間真的能療癒一切嗎？我們跨越悲傷而成長了嗎？我們把悲傷化為希望的動能養分、繼續前行了嗎？還是把一個又一個悲傷累積成一座灰黑色的眼淚塔、日夜堆疊，以為不面對、不哭，就不會悲傷也忘記傷痛了呢？

在這個時代，
我們依然需要學習「如何面對悲傷與分離」

這是還在學習坦然面對死亡與分離的年代，也是還在學習接納悲傷的年代。我們努力學習著，面對人生的低潮。

在講座上、在「Ｖ媽教室」臉書粉絲團裡，我常收到許多提問，問及「如何跟孩子提及死亡與分離？」例如最親近的阿公因病去世了、爸爸突然心肌梗塞離開世界、可怕的車禍奪去了家人性命、陪伴多年的寵物去世、地震颱風等天災毀壞了家園、父母正在進行離婚手續、孩子要進行有生命危險的大手術……這些情況再再提醒著大人要珍惜當下、要及時說愛、要好好陪伴彼此外之外，到底我們該如何帶領孩子面對恐懼與悲傷呢？

慶幸的是，我們不需要逼迫自己用理性去埋葬悲傷，我們也不用強逼著孩子，無奈的用理性的方式讓自己不要難過、去克服悲傷。

讓我們不要說道理，對孩子說故事吧！故事是心魂的食物，我們的心魂需要故事，就如同身體需要食物一樣，一個溫暖的故事可以展現魔法，直觸靈魂深處，用想像力為黑暗的角落帶來溫暖的光亮。

故事能幫助我們理解悲傷、度過人生低潮

多年前，我曾為在社會重大事件下失去生命的女孩寫了一篇故事，並且在告別式上講故事給大家聽。在告別式上，那些曾經一起共學過的孩子們，也跟著故事裡的主角輕輕唱著歌。告別式後，許多參與的親友來跟我要這篇故事，他們紅著眼眶、擁抱著我並告訴我：這篇故事安慰了他們。

而《每當孩子傷心時，故事是最好的陪伴》這令人尖叫的好書，就是陪伴孩子面對悲傷、面對死亡、面對分離的聖經！在作者蘇珊‧佩羅奶奶一個又一個療癒性故事的滋養下，悲傷透過想像力以及故事裡的隱喻元素獲得支持、受到照顧，並協助孩子跨越難關。**這一個又一個故事，不是為了要轉移我們對悲傷的注意力，而是透過想像力幫助我們理解這種感受，並且度過人生低潮。**

　　這本陪伴孩子度過難關的故事聖經有許多動人的故事、有教大家打開塵封已久想像力的好方法、有教大家如何編寫療癒故事的技巧、有做守護小物的樣版範例。書裡，有個令人印象非常深刻的故事。20世紀最具影響力的德國文學作家——卡夫卡，在每天喝咖啡的店裡遇到正因洋娃娃不見而悲傷大哭的小女孩。他開始跟女孩開啟每天一個洋娃娃的冒險故事旅程，這幫助女孩跨越了失去娃娃的悲傷，並對未來充滿期望。

　　後來，卡夫卡送給女孩一個長得不一樣的新娃娃，娃娃卡片上寫著「這趟旅行改變了我」，而女孩再度珍愛這個新娃娃。有天女孩長大了，在陳舊破損並露餡的娃娃中，看到卡夫卡藏在內的一張紙條：「你愛的一切終將失去，但最後，愛會以不同的形式回來。」

　　是啊，愛終究會以不同的形式回來，不管在哪裡，「愛」都會找到你。

　　故事，給予希望；

　　故事，承載盼望；

　　故事，帶來愛的力量。

　　以敬虔溫暖的心，為大家極力推薦這本《每當孩子傷心時，故事是最好的陪伴》。

說個故事，讓孩子知道他不孤單

文／陳志恆（諮商心理師、作家）[1]

　　世界各地的父母，幾乎都會對自己孩子說故事。就算是成人世界，故事也傳述了許多無法明說的情感與智慧。

　　成為父親後，我開始為女兒念童書繪本。每晚睡前，我和太太也會為女兒講睡前故事。不論女兒聽懂了沒，那總是一段十分親暱的親子時光。

　　許多大人都希望透過故事來「教育」孩子，趁機偷渡一些做人處事的道理；但對小一點的孩子而言，「聽大人說故事」本身就是一種陪伴，能讓孩子有安全感。而在故事的想像世界中，孩子的智力及語言也正在快速發展中。

　　在心理諮商中，治療師也常透過故事，幫助案主獲得洞察。故事裡頭的隱喻成分，常具有療癒力量。有些難以明說的道理，案主卻在故事和隱喻中，找到了答案。

　　同樣的，有些話題，對年幼的孩子而言，難以理解；也或許，是大人自己覺得太過沉重而難以啟齒。這時候，**故事提供了一個媒介，為大人與孩子創造了談論敏感話題的可能性。其中，死亡就是其一。**

1　為長期與青少年孩子工作的心理助人者。曾任中學輔導教師、輔導主任，目前為臺灣NLP學會副理事長。著有《脫癮而出不迷網》、《正向聚焦》、《擁抱刺蝟孩子》、《受傷的孩子和壞掉的大人》、《叛逆有理、獨立無罪》、《此人進廠維修中》等書。

許多文化或家庭，死亡是禁忌話題。就算遇到親人過世，大人仍不願意開口與孩子談論死亡，更難以關注到孩子內在的悲傷。有時候，是大人不知道如何與孩子討論，畢竟這是個沉重的話題，只期待孩子長大後自然會懂。

更多時候，是大人自己也承受著巨大的傷痛，用逃避或壓抑的態度面對內在感受。然而，不論是喪親，或者任何形式的失落，都會經歷相當個人化的悲傷過程，並非不去看或不去想，就能免疫。

對喪親兒童而言，最難過的除了情感斷裂而帶來的失落外，還有許多的不安、恐懼、擔心與疑惑；甚至，有的孩子會認為親人過世，是自己的錯，而處在內疚之中。這些內在感受，很需要被理解、被接納。

如果，大人能為孩子說個故事，就能陪伴到孩子了！

《每當孩子傷心時，故事是最好的陪伴》一書裡，收錄了許多關於死亡與失落的故事；有的針對大孩子，有的適合講給幼兒聽。作者進一步將這些故事，歸納成五種療癒故事類型。**你不需要是悲傷輔導專家，透過挑選與講述適合的故事給孩子聽，就能陪伴孩子度過難熬的時光。**

面對悲傷，最重要的就是允許悲傷。透過故事情節的開展，孩子會理解——內心的各種痛苦感受，都是正常的，也是被允許的。而即使十分想念逝去的親人，仍然可以在精神上，以不同的形式與逝者連結，化思念為繼續前進的動力。

本書作者蘇珊‧佩羅將畢生心力投注於故事創作與分享中。她在書中提到，這些為兒童或青少年而編的故事，往往大人在講述時，自己也獲得療癒。

我是再認同不過了。因為，每每在為女兒唸繪本故事時，女兒聽得似懂非懂，但我卻淚流滿面。還好這個世界有故事，讓大人與孩子，可以在聽故事中，一同經歷人生中的艱難時光。

兒童的失落反應，
需要我們更認真的看待

文／戲劇治療師 艾莉達·葛西博士（Alida Gersie Ph.D）[1]

在英國，每年有大約四萬名兒童，悲傷的獲知父母過世的消息；聽到兄弟姊妹、祖父母、老師、朋友或心愛寵物去世的孩子則更多。這些孩子都失去了他們的所愛。對他們很重要的人即將長期缺席，因此他們不得不面對這個事實——對自己很重要的某個人不在了。儘管有這麼多孩子經歷過喪親之痛，但他們對這個事實的普遍認知確實非常有限。許多民間社團正企圖藉由活動來改變這樣的現狀，比如由「善別基金會」（Good Grief Trust）發起、一年一度的「英國哀痛意識週」（National Grief Awareness Week）。另外還有一些優秀的專業支持及培訓機構，像是「邂逅悲傷」（Grief Encounter）和「溫斯頓的願望」（Winston's Wish）。但在公共領域，進展還是非常緩慢。目前接受過喪親兒童特殊培訓的英國老師不到一成，僅有五分之一的老師表示，他們的學校有專家協助。

而在國際上，情況是一樣的，甚至更糟。儘管事實上，全世界每一所學校的每個班級裡，都至少有一個孩子的父母或兄弟姊妹最近過世了。在同一個班級裡，甚至還有更多孩子正哀悼著身邊親近人物死亡，

1　《為綠色世界講故事：環境、社區和以故事為基礎的學習》（Storytelling for a Greener World : Environment, Community and Story-based Learning）作者兼共同編輯。

忍受著另一樁難忍的喪親事件、或者某種痛苦的別離。

喪親、死亡、哀悼和悲傷，與出生、學習、日常生活、新生兒、無聊和興奮一樣，都是童年的一部分。然而，在工業化的世界裡，許多成年人都感受到一種強烈的文化壓力，那就是要讓童年成為無憂無慮、天真無邪的完美時光。在這樣的概念下，當家中談論逝去的人時，孩子一般是不參加的，也可能不會讓他們參加葬禮或是去墓園。**這種保護兒童，不讓他們面對死亡、喪親和悲痛現實的善意做法，說不定會讓孩子在面對喪親之痛的過程更加艱辛。**

沉默的社會也讓急於解開死亡和失去重要親人問題的悲傷孩子難以得到答案，他們想知道之前發生了什麼？接下來會發生什麼？誰知道什麼？為什麼沒有早點告訴他們？他們是不是也會生病，也會死，會不會有其他人也會離開？最重要的是，現在誰會來照顧他們？當值得信賴的成年人誠實的回答這些問題，可以大大緩解孩子的焦慮。但是許多孩子的疑問就跟上面提到的問題一樣，懸在悲傷的氣氛中無人解決。其他文化或家庭也許會告訴孩子這些事，讓他們參加悼念儀式，或者讓他們談論悲傷。而這是很有幫助的。

對我們來說很重要的人去世了，或者其他嚴重的喪親經歷，都會帶來許多痛苦的連鎖反應，且導致我們內心和人際間的痛苦。如果過世的人很年輕，或者死得不得其時，死得很暴力、很突然、很出乎意料，或者有好幾個人同時死亡，那麼傷害會更大。如果對成年人來說，應對哀傷和痛苦都已經這麼難，對孩子來說就更不容易了。要是他們已經在面對其他艱鉅的挑戰，像是身體和學習方面的困難、貧困，或者不穩定的家庭狀態，情況就更糟。**孩子在生活中經歷的不利事件愈多，就愈難應付重要親人過世後出現的各種複雜情況。**而且除此之外，生活還在繼續，還可能有新的不幸和新的祝福要來。

很多人都覺得這種話題很難起頭，更別說引導了。而這本書中的故事可以幫助成年人開啟關於失去、死亡、瀕死和喪親之痛的對話。

死亡、失落和喪親之痛，總會出現連鎖反應

要是還有嚴重的經濟問題，這種連鎖反應的原始影響自然會更大。為死者辦一場盛大送別會的願望，導致許多失去親人的人背上債務，他們後來才發現，就算能夠償還這筆債務，依舊是很艱難的事。更糟的是，當父母其中一人過世時，這個人的配偶／伴侶／照顧者的收入通常會大幅下降。孩子們很快就會注意到錢的問題，而這往往會讓已經很不安的孩子更害怕。父母中健在的那位，多半一開始都覺得很難滿足孩子的強烈需求。有些人陷入了憂鬱，有些人依靠毒品或酒精過日子，然而有些人會迫切希望有個新的開始，於是他們決定搬家，找一份新工作或者新的伴侶。而在愛蜜莉（8歲）身上就發生了類似的狀況，她是獨生女，母親因交通事故過世。

愛蜜莉的媽媽猝然過世不到一年，爸爸透過線上約會認識了新對象，並且漸漸愛上了對方。有一天，愛蜜莉的爸爸告訴她，他的新伴侶是個男人。愛蜜莉並不知道，爸爸和媽媽結婚之前也曾經和男性同居。爸爸的新伴侶住在一百英里外的小鎮上，因為各種原因不能搬家，於是愛蜜莉的爸爸決定在伴侶的城市找一份新工作。當他找到房子之後，便告訴愛蜜莉他們想共同建立新家庭。他們很細心，用遊戲的方式讓愛蜜莉全程參與了找房子的過程，然而搬家後不久，愛蜜莉便開始感到極度失落，爸爸和男人有戀愛關係讓愛蜜莉感到非常困惑。加上由於搬家，她也和童年的朋友、學校及體育社團，以及熟悉的鄰居失去了聯絡，就連母親那邊，也就是她深愛的外公外婆，或多或少也斷了聯繫，他們就

住在離愛蜜莉舊家不遠的轉角。總而言之，她有很多事情需要應對。

學校幫愛蜜莉聯絡了專業輔導人員。他們一起編故事、一起做手工藝、一起聊天。幾個月之後，愛蜜莉找到了新的平衡。相對來說，她是比較幸運的孩子。她不是在貧困家庭長大，也沒有受到健康不平等[2]的影響，而且和爸爸的新伴侶處得很好。她喜歡新學校，沒多久就交到了新朋友。隨著時間過去，她還找到了和以前的朋友以及外婆固定聯絡的新方法。當然，她還是很想念媽媽，有時候甚至想得不得了，且毫無疑問，搬到這個新城市，對她來說是非常艱難的。但是，就跟大多數失去親人的孩子一樣，她漸漸能在情感和理解兩方面，連結過去和現在所經驗的世界。她通往情感幸福的道路上有許多坎坷，但這是意料中的事。她有沒有能力應對這些問題，很大程度取決於學校和新的照顧者是不是願意攜手解決她錯綜複雜的悲傷。

野兔的教訓：如何應對孩子面對喪親時不知所措的反應

只要活得夠久、愛得夠深，在某個時刻，我們都將面對關心的人或動物之死。要是能誠實面對普遍存在的死亡、出生和重新開始，也許我們會在生活中體驗到更大的韌性和快樂，而不是拚命堅持、假裝死亡不會發生，或者至少不會發生在我們愛的人身上。當我們理解了死亡，就不會再像溫尼貝戈印第安人（Winnebago）「搗蛋鬼週期」（Trickster-Cycle）中的文化英雄「野兔」那樣了[3]。

2　健康不平等（health inequalities）是指在不同社會群體中，健康狀態出現非必要且可避免的差異，例如不同的社會經濟狀況、性別、年齡、職業、教育程度與收入和居住地區或不同族群，因健康風險差異而造成健康上的落差。

3　美國人類學家保羅‧拉丁（Paul Radin，1883—1959）認為溫尼貝戈印第安人的神話有四個週期：搗蛋鬼（Trickster）、野兔（Hare）、赤角（Red Horn）和雙生子（Twin）。

當野兔發現「死亡」這回事的時候，他跑回自己居住的地方，大喊大叫：「我的族人不能死啊！」然後他突然想到：「不管是什麼，總有一天都會死的！」他想到懸崖峭壁，懸崖峭壁塌了；他想到大山，大山崩了；他想著地底下，所有生活在土裡的生物都不再到處爬，全死了；他想著高高的天空，飛翔的鳥兒不再展翅，落在地上死了。他走進自己住的地方，伸手拿了毯子，把自己捲在毯子裡。他躺在那裡哭，心想，這片土地容納不了這麼多死亡；這麼多的死亡，這個世界會放不下的。他把自己埋在毯子裡，沒有發出一點聲音。

野兔意識到死亡不可避免，且無所不在，而他不知所措的反應，讓我們在為喪親孩子實施故事療法上，提出了幾個重要問題：

第一個問題是，**成年人必須做什麼來安慰他們自己內心的「野兔」？** 這是必須的，這樣他們才能以此為中心並且以關懷的方式來對待孩子的悲傷。

第二，**這樣的大人必須能向孩子傳達，自己真的想待在他們身邊、想聽孩子想要分享的故事。**

解決這些問題的可能答案，基本上是心理和社會韌性的問題。在不同定義中共同的要素，一般來說是韌性強的兒童和成人能夠：

- 緩解震驚並從震驚中恢復。
- 面對規模、形式和時機反常的威脅和事件。
- 適應不斷變化並經常具有威脅性的事件。
- 集結出他們的生存意志。
- 在共同的價值觀之下振作起來。

但是，除了習慣做出有韌性的反應、準備好積極傾聽和善意之外，

我們還需要其他的東西，這樣所有人心中的「野兔」才能從被嚇壞的狀態，轉換到和悲傷孩子的親密交流。除此之外還有一點，就是要真的願意理解失去親人的孩子除了要滿足物質需求、和成年人一起生活在安全的環境中，而這些人除了照顧、保護他們不受虐待或剝削之外，還有什麼是他們應該獲得的。

悲傷孩子的四大關鍵需求

一旦這些孩子的核心需求得到保障，大多數孩子就會深切需求重新連結、社會支持，以及參與重要決定。他們還需要重新學習如何在極度激動時讓自己平靜下來。這和他們的文化背景、家庭經濟、社會地位或宗教傾向無關。下面我將列舉他們的一些「關鍵」需求：

1.**他們需要熟悉的大孩子或成年人經常待在身邊**。這些人值得信賴，能夠傾聽、聊天、玩遊戲，和他們一起做東西、讀故事、探索值得紀念的事物，能夠支持他們、保持親切，並且維持日常生活節奏。

2.**孩子們也需要讓悲傷反應恢復正常**。他們必須覺得——有強烈且經常快速波動的情緒（比如悲傷、憤怒或內疚）是正常的。他們可能會有點糊塗、健忘，或者很難集中注意力。大多數孩子也會很高興知道，原來不愉快的夢境和睡眠問題，只是悲傷過程的一部分。雖然他們可能希望成年人認真對待他們的新傷痛，但他們也希望得到保證——這些傷痛或沒胃口的情況也可能發生在其他悲傷的孩子身上。最重要的是，孩子需要聽到有人對他們說，他們可以繼續玩，可以哭也可以笑，可以做一些分散注意力的事，幫助他們暫時忘記發生的事情。

3.**除此之外，大多數失去親人的孩子喜歡有人提醒——他們無法控制本質上無法控制的事**。但只要可行，我們會要求孩子做他們做得到的

事情，比如說擺餐具、幫忙買東西或準備飯菜，或者為某人的生日畫一幅畫。這樣做也有助於孩子區分哪些事沒人能解決，哪些事大人能解決，以及哪些事他們或許能自己解決。

4.最後一點是，每個失去親人的孩子都需要看到、聽到他們身邊的成年人不但會照顧他們，也會照顧自己。對失去親人的孩子來說，他們關心的成年人一直活得好好的是很重要的。這可能是一項艱鉅的任務。失去親人的家庭應該得到親戚、鄰居、同事和朋友的大力支持。但這樣的幫助可能不是隨處可得，甚至根本沒有。在這種情況下，我希望你能向孩子的學校、工作場所、民間團體或專門機構尋求支持。悲傷本來就是一段相當孤獨的經歷，但我們不需要獨自熬過去。不管我們住在哪裡，都能得到幫助。

書中的故事和說故事活動，能提供的三大幫助

本書的故事和說故事活動，能協助一般成年人在兒童和青少年經歷嚴重喪親事件時，嘗試減輕他們面臨的常見困難。這些故事是簡單的禮物，並不多，但也不少，且至少有以下三個功能：

1.如果孩子喜歡你說的故事（這個「如果」很重要），說故事本身就會成為一種親密的人際關係體驗。當一個重要的人過世，或者你遭遇某種（包括重大損失在內）且不想要的人生轉折衝擊時，這種人際關係是很重要的。

2.各式各樣痛失親人的經歷可能會讓孩子感到困惑，而這些故事希望讓孩子從這樣的經歷中恢復。故事也能減輕悲傷的重擔。

3.這些故事想為孩子以及他們的家庭和社區提供一個機會，讓他們知道，在未來的某一天，也許他們能夠和失去親人的經歷共存並且生活

得很好。許多故事都想告訴他們，喪親這件事要怎麼樣才能變得不那麼沉重，而且讓他們更堅強。經常為孩子講故事，也可以幫助成年人在和孩子談起自己的悲傷時，不那麼無助或不知如何開口。這往往能加強這些成人一開始脆弱的信念——即使自己很悲傷，也能支持他們悲傷的孩子。

這些故事就跟其他故事一樣，有起頭、中段和結尾。不管是人類、動物或植物的故事都是如此。雖然每個故事都會結束，但孩子和大人都知道，故事會存在各自的內心世界，就像對逝者的記憶一樣，而「活在記憶裡」這件事令人安心。總而言之，這個故事述說的過程和回憶，會幫助孩子和講故事的人，在他們搖搖欲墜的生活中找到新的歸屬感和穩定感。這很重要，非常重要。

目錄

Chapter 1

說故事之前，認識故事治療的力量

26

文字與故事，是撫慰、強化和激勵的良藥

支持、照顧和協助，是故事治療應有的謙遜意圖

94個療癒故事，讓讀者從中找到適合自己的故事

不論孩子或成人，都能從書中的故事獲得支持

如何使用本書

Chapter 2

療癒故事所帶來的過程和體驗

36

創作故事的重要線索：「我在場」與「我在聽」的特質

察覺分享療癒故事的適當時機與地點

創作療癒故事的注意事項

面對悲傷失落，本書提供的五種故事類型

關於隱喻的思考：讓隱喻擴展我們看待世界的方式

關於想像力的思考：平衡過度理性的社會

【謝詞】

獻給 南西，

我的母親，我的玫瑰。

我花了許多年完成這本書。對於如此重要的故事選集所要背負的責任，我的內心時有掙扎。但由於他人的慷慨捐獻、對我的故事的正面回應，以及我在療癒故事研討會上所得到的個人經驗，各方因素的促使下得以付梓。

感謝來自全球34位老師、心理學家、社工、說故事者、爸爸媽媽和爺爺奶奶，願意花時間分享他們的故事，以及這些故事帶來的成效，並且慷慨同意將它們獻給本書。也非常感謝班傑明・奧克蘭（Benjamin Aukram），奧斯丁・克拉克－史密斯（Austin Clark-Smith），凱蒂・赫普頓（Katie Hepton）同意在這本書當中分享「我們的孩子」計畫（Our Kids Project）[1]中的療癒文字。

衷心感謝我摯愛的丈夫約翰・亞當（John Adam），謝謝他的耐心和支持，包括在完成書籍的漫長過程中，提供了多次的肩膀按摩。也謝謝我的孩子和孫子，長期關愛和鼓勵我對故事的熱愛，特別是我最小的孩子傑米・佩羅（Jamie Perrow）的幫忙，在他設計師的「眼光」下，本書的封面才得以成形。

感謝我的出版商馬丁・拉吉（Martin Large）信任我和我所寫的內容，克萊兒・帕西瓦爾（Claire Percival）總是迅速回覆我多不勝數的電子郵

1　地方慈善機構，為澳洲立斯摩爾綜合醫院（Lismore Base Hospital）兒童病房、幼兒特殊醫療、心理健康等部門籌措資金。

件，凱蒂・比凡（Katie Bevan）那藝術家般的編排，露西・格諾（Lucy Guenot）發揮了非凡本領，才有了美麗的封面圖片，以及艾莉達・葛西（Alida Gersie）在推薦序中提供了很有助益的建議。特別感謝李察・豪斯（Richard House），在他鉅細靡遺和鼓舞人心的編修過程中展現的寬容大度和洞見，在他精心打磨修整下，本書才得以在這個世界大放光芒。

這樣的一本故事集需要同事和朋友全心協助和引導。我特別感激寶拉・鮑爾斯（Paula Bowles，澳洲心理學會成員），在成書當中碰到敏感性挑戰時所做的討論。也謝謝朱莉・麥克維（Julie McVeigh）、迪・凱利（Di Kelly）和瑪格麗特・金（Margaret King）的回饋和意見。

最後但也同樣重要的是，我要大大感謝最特別的拜倫寫作團隊「Zinklings」，其中包括了林頓・伯格（Lynton Burger）、詹妮・卡吉爾－史壯（Jenni Cargill-Strong）、維琪・金（Vicky King）、米契爾・凱利（Mitchell Kelly）、傑・麥肯齊（Jay McKenzie），以及安娜・戴維斯（Ana Davis），謝謝你們像家人一樣關懷我，在起起落落的寫作過程中碰到挑戰時照顧了我的故事。

Chapter 1

說故事之前，
認識故事治療的力量

文字與故事，是撫慰、強化和激勵的良藥

我母親去世前幾週，我寫了一首〈我的母親，我的玫瑰〉的詩，表達我對她的愛和感激。我坐在醫院病床邊，在她還有意識，甚至在她失去知覺的時候，我都會唸給她聽，一遍又一遍……「母親是我生命花園中的玫瑰……」

她去世之後，當我努力接受「母親是我生命花園中的玫瑰」這個事實時，我根本不知道這些畫面對我有多重要。在我悲傷的黑夜裡，有一節詩特別閃亮。這盞小小的燈幫助我慢慢找到了前進的道路，給了我力量，讓我去履行身為母親和學校校長的責任。

當花園中的玫瑰凋零
我不會任它枯黃萎謝
那花瓣甜美的記憶，將包裹在絲綢似的薄霧中
終此一生，緊貼著我的心

即使到了現在，30年過去了，「絲綢似的薄霧包裹著花瓣甜美的記憶」的畫面，依然能讓我從這樣的喪親之痛中振作起來。而且，30年過去，要是我收到一束玫瑰，當它們在花瓶裡度過一生之後，我依然會用碗將花瓣收集起來，然後象徵性的把花瓣撒在我的花園裡。

在母親過世之前許多年，語言的力量也曾經在我經歷另一段人生迷茫期時給了我極大的幫助。當時我正站在人生的重要十字路口，在嚴重焦慮和對自己的決策失去信心當中掙扎——究竟該遵循自己的內心，還是順從他人的期望……這是我19歲時面對的兩難。

然後，我收到了一份禮物——名為《天地一沙鷗》（*Jonathan Livingston Seagull*）的一本小書。海鷗在高高的天上遨翔的故事給了我力量和信心，讓我去追隨內心的方向。我一直很感激這部現代經典作品，它提到：在生活中尋求一個更高的目標，即使身邊的人、你的族群或鄰居覺得你的志向讓人有威脅感。對大多數海鷗來說，飛行並不重要，重要的是吃。而對主角強納森這隻海鷗來說，吃東西無關緊要，遨翔才是最重要的事。

西元1671年，約翰‧米爾頓（John Milton）[1]寫道：

「……貼切的言詞可以治癒困擾心靈的腫瘤，也是潰爛傷口的良藥。」

在米爾頓寫下這句關於語言療癒力的名言之前約兩千年，法老拉美西斯二世（Ramses ll）下令在埃及一座宮殿，用來存放書籍的王室大廳門楣上安置一塊大理石雕刻板，板上的字句被認為是已知最古老的圖書館銘言，翻譯出來的意思是：「治癒靈魂的屋子。」

1　英國詩人，最著名的史詩為《失樂園》（Paradise Lost）。

閱讀治療師（Bibliotherapist）滿懷熱情的分享這件事，認為這是第一個證明「閱讀治療」（bibliotherapy）[2]存在的紀錄，閱讀治療是創造性藝術的過程，透過閱讀特定文本，以達到治療目的。

然而，透過文字和故事治療疾病的歷史還可以追溯到詩歌、民謠，和故事被記錄下來之前很長一段時間，甚至比「閱讀療法」這個詞出現的時間還要久。出於對世界各地原住民文化的深切尊重，在這篇前言中，向他們輝煌的口述歷史致敬是很重要的。

在書籍出現、故事被記錄之前幾千年，口述故事就已經是人類不可或缺的一部分。奈及利亞詩人兼小說家班・歐克里（Ben Okri）非常有說服力的指出：「宇宙從一個故事開始……我們有部分是人，部分是故事。」

說故事者背負著民間傳說和道德寓言故事，他們是老師，也是治療者。他的話，對孩子和大人都是一種撫慰、強化和激勵的良藥。

在許多原住民文化中，「故事」曾經包含一切——所有的生命、連結、自然和族群，而且至今依然如此。故事和說故事者把生活與目的、土地、天空縫綴在一起，主要使用自然界的圖像和主題，像是動物、鳥、樹、山、雲、星星、月亮和太陽。

在悲傷和失落的時候，星星會帶來力量、坐在河邊會給你安慰、在森林裡散步會減輕你的痛苦。大自然的絲線編織成療癒之旅，創造出故事，直到今天，它們還在為療癒工作繼續編織著。

2　「閱讀治療」源於希臘語中的「biblion」和「therapeia」，意思是利用個人與書籍、詩歌以及其他書面文字內容的關係作為治療手段。1916年8月，薩繆爾・麥考德・克勞瑟斯（Samuel McChord Crothers）在《大西洋月刊》（Atlantic Monthly）的一篇文章中創出了這個詞，並且最終進入了醫學辭典。閱讀治療有時候也稱為書籍療法、詩歌療法或故事療法，時至今日，世界各地許多協助性行業都使用閱讀治療，而且愈來愈多培訓被納入諮商、教學和保健課程。有些培訓專注於詩歌療法；其餘的專注於書籍療法；還有一些，包括我自己的培訓課程，則專注於故事療法，而故事療法的重點在於為具體的挑戰性行為和挑戰性狀況編寫小故事。

這個世界，可以從這些智慧中學到很多東西。

支持、照顧和協助，是故事治療應有的謙遜意圖

這本關於悲痛和失落的療癒故事集的基本前提，是文字和故事的療癒力。然而重要的是，「療癒」這個詞只能理解為一種「意圖」，也就是「想幫點忙的謙卑意圖」，必須以謙遜的態度對待這項工作。

我們有一系列對悲傷最有效的支持，但是沒有一項可以聲稱自己能「治癒」。**大多數悲傷是無法治癒的——但它們可以得到支持、照顧和協助。**

悲傷是非常因人而異的體驗。不同年齡、不同族群、不同文化，會以不同的方式哀悼，並且以各式各樣的方式回應各種支持。最近幾十年來，人們愈來愈廣泛關注在認知、社會、文化以及精神層面上對悲傷治療的研究，在傳統上則關注了情緒的影響。

悲傷的其中一個核心過程，是試圖重新肯定或重建因失落而受到挑戰、有價值的世界。故事療法可以為這個過程提供協助，並且可以和個人諮商、團體支持、社區支持、儀式、心理教育方案和線上支持一起使用。

故事療法有助於克服因為失落而產生的情緒，以承認真相而非抵制的方式，用想像力編織出的東西來修飾它（見〈真理的故事〉，第66頁），而故事可以幫助我們將真相織進整體日常生活。悲傷和失落的故事並不是要轉移人們對失落體驗的注意力，而是為了讓人們更能理解這種體驗。

「真理與人之間最短的距離，是故事。」──安東尼‧德‧梅洛（Anthony de Mello）[3]

3　印度籍牧師、心理學家、作家以及演講者。

94個療癒故事，讓讀者從中找到適合自己的故事

因為有了口傳和書面故事史的滋養，讓本書的故事更為豐富。書裡的94個故事，有很多是我寫的，也有其他作家的貢獻，幾乎各個大陸和文化都有。從澳洲到印度，從丹麥到保加利亞，從蘇格蘭到肯亞，從斯洛維尼亞到英國，從西班牙到中國，從美國到克羅埃西亞，從羅馬尼亞到菲律賓，從日本到墨西哥，然後再回到澳洲。

這34位作者的故事和個人情況密切相關。其中包括故事是寫給誰、哪個年齡層和背景情況的描述。這些作者包括心理學家、社會工作者、護士、老師、父母和祖父母，還有來自「我們的孩子——文字療癒計畫」（Our Kids – Healing with Words，為慢性病及重大疾病兒童提供的創意寫作計畫）的三個孩子。

有些人以前寫過其他的療癒故事，但許多人則是第一次嘗試用故事治療來創作，並且同時分享了故事帶來的幫助。

有些故事還包含作為延伸治療過程的活動，像是製作一個回憶寶盒、一個風鈴、一顆毛氈星星、一條編織毯子、一本剪貼簿、一幅拼貼畫、一些彩繪石頭、一本相簿、一塊編織，或者種下一棵樹。其他故事只是簡單分享，讓讀者或聽眾用自己的方式與時間去消化和處理。

這本綜合的故事集讓讀者有機會從中挑選故事，這些故事可能和他們自己，或者他們的客戶、家庭、學校或社區中的人的情況產生共鳴。

不論孩子或成人，都能從書中的故事獲得支持

多年來，我一直在國內外舉辦療癒故事寫作研討會，從僅有6個人參與，到規模高達百人的都有，幾乎每場研討會都以「悲痛與失落」為

主題。創作的目的不是需要為別人（某個孩子、青少年或成人）寫故事，就是為遭受創傷或失去親人的群體寫故事，或者有時候，悲傷的與會者也會親自編寫故事。

我經常被問到這樣的問題：「妳什麼時候要出一本書來談談這個主題？」我並沒有忘記這項責任，也朝著這個目標努力著，而許多人真誠的作品，以及對我故事的積極回應，促成了它的誕生。

當不同的健康專家多次對我說，可以考慮出版以悲傷和失落為主題的「非臨床」書籍時，我開始有了一點信心。我不是心理學家，但我有寫故事的天賦，並且盡我所能詳細記錄了「何時、何地、為誰、為什麼，以及接下來發生了什麼」。這樣的紀錄，是療癒故事寫作時不可或缺的一部分。

因此，我必須說明這本書以及書中的結論並不是從臨床、明確的心理治療和理論角度寫成，而是從記錄下來的生活經歷寫成的。建議想尋求更明確的臨床治療和理論方法來看「故事」的讀者，請分別參考：大衛‧丹博羅（David Denborough）、艾莉達‧葛西、金‧高汀（Kim S. Golding）、瓊斯與皮門塔（Pia Jones & Sarah Pimenta）、馬爾（Hugh K. Marr）和梅隆（Nancy Mellon）；以海倫娜‧巴西爾—莫羅佐夫（Helena Bassil-Morozow）、布萊恩‧博爾德（Brian Boyd）、傑羅姆‧布魯納（Jerome Bruner）、科爾尼（Richard Kearney）和羅斯與費爾貝（Richard Rose & Terry Philpot）的著作。

我還可以告訴大家，這本故事集和我過去的著作不同，它不止是給孩子們看的。從我開始考慮寫這本書的那一刻起，就覺得這本故事集應該包括所有年齡層的故事。這一點很重要，**悲傷和失落經驗是沒有界線的——當一個人去世時，不管這個人幾歲，親密的家人、大家族、朋友和社區的人通常都會受到影響。**

比方說，有時候失去親愛的人，可能需要說個故事給家裡的小小孩，說另一個故事給大一點的孩子，給青少年和成人講的可能又是另一種。在這本故事集裡，用在小孩子身上的故事有：〈小蠟燭〉、〈袋鼠媽媽和袋鼠寶寶〉，以及〈唱歌的小兔子〉。為大一點的孩子設計且情節複雜一些的故事有：〈奶奶過世的時候〉、〈神奇的飛行器〉和〈貝貝再見〉。有些故事是專門為青少年和成人寫的，像是：〈鯨魚與珍珠〉、〈黑石〉、〈小貝殼與跳舞的珍珠〉、〈花園〉、〈薰衣草窩〉。有些則是寫給家庭中所有年齡層的成員的，比如：〈回憶寶盒〉、〈記憶毯子〉和〈家庭船〉。

以「生命循環和變化」為主題的故事，以及「和周遭的悲傷與失落有關」的故事，可以作為家庭、學校和社區團體討論的起點。這些故事可以用在各年齡的兒童身上——除了年紀非常小的孩子之外，因為他們需要盡量待在「母親樹」的庇蔭之下——就像〈必須待在家裡的小地精〉（第176頁），這是特別為新型冠狀病毒肺炎大流行寫的故事。

如何使用本書

閱讀本書，我給讀者的建議是：從頭開始閱讀，並且仔細看過第一章的每一頁。有興趣自己創作故事的人，我在本書第二章加了一段理論。你會在那裡發現不同類型的療癒故事、療癒性寫作過程的筆記，以及對隱喻和想像的思考。這裡收錄了許多看法和範例，好向你介紹這種類型的作品。

這不是想讓你一口氣讀完的書，它集合了各種資源，以及各式各樣不同的部分，供你在需要時參考。你可能只想查閱、讀某個故事，然後在很久以後，如果興致來了，或者有必要時，再回頭拿起這本書。另

外，請理解，這本包含了94個故事的合集，不可能是完整的作品，因為療癒悲傷失落的故事可能有成千上萬種，這裡收錄的只是一小部分可能的例子。

為了讓這本書更實用，每一章故事出現的順序都是隨意的，適合年幼到年長的所有人，而在故事的引言中則清楚標示最建議閱讀的年齡層。用其他方式來分類這些故事，都不合適。

為了協助你找到自己的方向，每一章開頭都有故事列表，並且簡單描述了背景情況。

本書的故事分類與簡介

1. **痛失所愛**（第3章）：在這個章節裡，你可以看到為失去兄弟姊妹、雙胞胎手足、父母或祖父母的孩子寫的故事，還有為失去新生寶寶的家庭寫的故事，以及為失去孩子的父母寫的故事，最後尚有為學校或社區中，某個朋友死於疾病或意外的故事。

2. **失去家庭聯繫**（第4章）：這一章包括與父母分開的兒童、收養與寄養兒童，以及由於各種原因只能和其他家人短暫相聚的故事。

3. **失去寵物**（第5章）：這一章只有三個故事，但每一個故事以及其中的建議，都可以用於各式各樣的情況，比如說寵物死亡，或者是不得不和已經恢復健康的鳥兒或動物說再見的情況。

4. **失去平安健康**（第6章）：包括久病、對生病的焦慮、喪失行動能力、失聲（包括選擇性緘默4）及失明。

5. **失去家園**（第7章）：在這裡，你可以找到因為森林大火、洪水和其他環境災害而失去家園的兒童、家庭和社區的故事，以及因為

4　一種社交焦慮症，孩子有正常口語能力，但在特定場合或情境下會因為焦慮而無法開口說話。

各種原因不得不離開家、離開自己的祖國去別處定居的人的故事。

6. **環境相關的悲傷失落**（第8章）：本章共有八個故事，涵蓋了不同的環境主題。有些故事從貪婪和缺乏關懷開始，以充滿希望的分享和關懷結束。有些則深深陷入海洋汙染和物種滅絕的可怕境地，結束時僅暗示了一絲的可能性，希望人們能夠聽見這個訊息並採取行動。生態方面的悲傷和失落是現代社會的悲哀現實，一本以悲傷失落為主題的故事集自然必須為這些新挑戰寫下故事。這些故事為積極的前進道路做出了貢獻，這就是心理醫師強斯頓和生態哲學家梅西（Chris Johnstone & Joanna Macy）所謂「積極的希望」。生物學家珍・古德博士（Jane Goodall）在被問及該如何有效談論氣候變化問題時表示：「利用說故事的力量……你必須進入內心。怎樣才能進入人們的內心呢？運用故事。」

7. **其他類型的失落**（第9章）：還有許多其他類型的失落不屬於前面提到過的類別，但我覺得失去信任、失去合作關係、失去控制、失去平衡和失去尊重的故事也很重要，必須收錄在本書當中。

8. **生命循環與變化**（第10章）：本章包括分享生命循環中「更大圖景」的故事，像是毛毛蟲蛻變為蝴蝶、季節遞嬗、水的循環和雪花的旅程。來自世界各地的傳統故事為這本故事集帶來了它們的智慧之言。

9. **紙樣和樣版**（附錄1）：有些故事後面有個小活動，當中可能有一些手工活動示範——你可以在這個章節中找到更多資料。

10. **參考資目與資源**（附錄2）：在這裡條列了一些網站和書籍資源，以及世界各地為兒童及其家庭提供與喪親診所和服務的相關訊息。

最後，如果你寫了關於本書主題的故事，並且記錄下這個故事如何協助悲傷與失落的情況，歡迎你將故事寄給我，也許在這本書改版的時候可以收錄進來。

Chapter 2

療癒故事所帶來的
過程和體驗

「療癒故事」是一種治療媒介，它能讓兒童、青少年和成人展開一段
富有想像力的旅程，而不是被教導或直接談論問題。透過認同單
一或多個主角，當克服了障礙且解決方案得以實現時，聽故事的人也獲
得了力量。在面對具有挑戰性的行為和困難的情況時，這是溫和、簡
單，但通常很有效的方式。

　　藉由創造性的歷程和特別選定的隱喻，療癒故事或許能讓失衡的行
為或狀態回歸完整或平衡。故事可能會幫上大忙、有一點助益、安撫、
激勵、增強決心，並且／或者為未來的改變播下寶貴的種子。

　　在我最早出版的兩本書《故事是教養的魔法棒》（小樹文化出版）以
及《療癒故事集：101個兒童療癒故事》（*Therapeutic Storytelling: 101 Healing
Stories for Children*）中，詳細分享了「故事創作結構」──由「隱喻」、
「歷程」和「解決方案」構成的三重框架，用來指導如何寫下療癒故
事[5]。

5　關於「故事創作結構」，請參考《故事是教養的魔法棒》第2部分。

在這個結構中，「歷程」構成了療癒故事的結構。充滿事件的歷程是隨著故事發展營造緊張氣氛的方式，它可以引入情節，且過程是經由失衡的行為再次走向健康且積極的解決方案（而非負罪感）。

但是，我想強調以下幾點。在悲傷失落的狀態下，提供特定的框架或方式去寫療癒故事似乎不可能，或者說不合適。認為一趟故事之旅就可以帶來「健康積極的解決方案」太過輕率，宣稱故事可以「治癒」什麼，並不恰當。

在這些困難時期，我們需要更微妙、更深思熟慮、更直觀的方法。

故事療法也許只能帶來一些輕聲的安慰、一些支持，但如果它能提供這樣的話語，就值得我們努力創作。

創作故事的重要線索：「我在場」與「我在聽」的特質

這本故事集裡的每個故事走的都是不同的路、不同的旅程、不同的風格……但它們都有一個共同的特點：**每個故事都是以觀察和傾聽為基礎寫成的，都是基於對「存在」的全心奉獻而創作出來的**──既和個人有關，也涉及悲傷和失落的處境。從下面這些定義裡，我們可以看出「存在」的重要性：「『治療』（therapy）一詞來自希臘文（therapeia）和拉丁文（therapia），具有以下多種含意：治療、治癒、等待、參加、照顧，以及服務。」這為我們撰寫療癒悲傷和失落的故事提供了重要線索。我們必須花時間參與到這個情境裡，而為了做到這一點，我們需要一種

「我在場」的特質，一種「我在聽」的特質6：

1. 我們必須靜靜傾聽並且觀察悲傷和失落的情況。
2. 我們必須「在場」，而且要花時間觀察和事件相關的孩子、大人、家庭或社區。
3. 我們必須「傾聽」，並且尊重和事件相關的孩子、大人、家庭或社區的宗教或哲學信仰（而且在創作故事時要牢記這一點）。
4. 我們必須聽從自己的直覺。
5. 我們必須聽從自己的常識。

我們還需要耐心和毅力，才能有勇氣去「嘗試一下」——寫下我們的故事，並且在適當的時候與他人分享。

察覺分享療癒故事的適當時機與地點

找出適合分享療癒故事的時機和地點，需要具備某種敏感度，而沒有確切的指導方針。正如上面所說，你必須觀察情況。我曾經為一個在事故中失去孩子的朋友寫過一篇故事，當我第一次去她家的時候，原以為可以說給她聽，但又覺得不是很合適。將近一年後，才出現了「適當的」分享時機。

你寫的故事也許永遠不會被人看到或聽到。我們必須注意的是：不

6　自 2019 年開始，美國哥倫比亞大學開辦了「故事醫療科學碩士課程」（Master of Science in Narrative Medicine），課程內容集中在「傾聽病人的故事」。「故事醫療」的最佳定義是，為了符合所有尋求和施行醫療照護人士的需求，將人類和藝術創意與完全的傾聽結合在一起，培養出強大故事敘述技巧的一門跨領域學科。故事醫療是一種醫療方針，主要是將人們的故事利用在臨床治療、研究和教育上，作為提升療癒效果的方式。目的是嘗試處理病人個別的故事，來解決病人出現疾患時，雙向發生的人際關係與心理兩個層面的問題。在實行時，故事醫療不只是認可病人的經驗，也希望能鼓勵醫生的創意與自我反思。

要把故事強行推銷給悲傷的個人、家庭或社區。然而,這個故事可能對你自己有幫助,能夠給你支持。

有時候,你故事中的想法可能是未來故事的種子。

有時候,你的故事,或者這本故事集裡的故事,可以在森林中散步時,或者在公園、在沙坑裡玩耍時,或者在餐桌上畫畫時、在睡前的柔和燭光下,與孩子或家人分享。

有時候,故事可能會在追悼會或社區聚會上被朗讀或說出來,你也可以把它裝進盒子,或者做成卷軸,當成禮物送給親密的朋友或家人。

有時候,故事可能已經準備好要被人聽見了,這時候它會飛起來、飛出去、找到一條路,以書面和／或口頭形式出現在許多讀者和聽眾面前,地點可能在家裡、在教室、在治療師的診所,或者是社區聚會上。

創作療癒故事的注意事項

1.和孩子們分享故事時,他們常常會指導你——如果故事對他們來說不夠有趣,或者讓他們感到不舒服,他們通常會這樣表達。然而,對於非常小的孩子來說,身為成年人,你必須小心選擇適合他們年齡的故事。總的來說,故事主題或歷程愈溫和,就愈適合年幼的小小孩(如果故事裡有什麼障礙,也不要讓聽故事的人心理承受太大、太沉重的負擔);困難愈大、故事歷程愈複雜,這個故事就愈適合年齡大一點的孩子(對抗負面人物和障礙時可能會更激烈、更具挑戰性,過程也可能更曲折)。

2.為故事角色取名時要小心。我一般會盡可能避免使用「人類」的名字,例如,我會用「小袋鼠」(Little Roo)來稱呼袋鼠寶寶,而不用「袋鼠羅西」(Rosie Roo),這樣可以避免聽故事的人把隱喻和現實生活、現實中的人連結起來。許多年前,當我還在寫故事這項工作中摸索

前進時，我說了療癒故事給某位孩子聽。當時我沒有多想，就用了孩子的真名做為故事角色的名字。但是這改變了他的聆聽體驗，從「間接表達」（透過隱喻性的故事歷程分享別人的困難）變成了「直接表達」。這暴露了他就是故事核心這件事，他完全不想聽完故事，也因此喪失了故事的治療價值。

3. 請注意，不要為療癒故事加上任何解釋或受限的意義，而是「**讓故事自己發揮作用**」。你的評論可能會干擾故事的治療價值，甚至完全摧毀它。但是，如果聽故事的人或讀者（不管是兒童或成人）想聊聊這個故事，我建議讓他們主導討論。

4. 就算某個療癒故事是專門針對某個年齡層寫的，有時候對其他年齡層的人也有用——要對這種可能性保持開放態度。「故事」的本質其實不該被「適合年齡」限制。療癒故事中的隱喻具有流動性，可以用不同的方式對不同年齡的人傳達意義。

面對悲傷失落，本書提供的五種故事類型

為悲傷失落寫療癒故事並沒有什麼祕訣或公式。但是在準備這本故事集的過程中出現了幾種故事類型。以下是可以用於悲傷失落情況的療癒故事案例，可供我們識別和探討：

1. 鏡射故事。
2. 開放式結局的故事。
3. 提供「另一種形式的愛」的故事。
4. 處理「悲傷失落帶來失序行為」的故事。
5. 故事中的護身符，以及延伸到實踐小活動的故事。

鏡射故事：將真相包裹在想像的結構中

有時候，光是使用隱喻簡單承認或反映實際情況，就會很有幫助。「鏡射」是一種文學手段或技巧，能以安全而微妙的方式為當下的狀態帶來深度和意義，使故事能夠在不使用訓誡或說教的情況下解決困難或敏感的話題。故事歷程和故事隱喻並不是以赤裸的形式呈現真相，而是包裹在想像的結構中傳達出去。

西班牙有位老師，在她的姪子托瑪斯去世後寫了一個故事，托瑪斯是雙胞胎男嬰中的一個，可惜只活了幾天。這個故事（〈星星上的巢〉第71頁）寫的是兩隻鳥——飄飄和庫卡，他們選擇從星星上的巢飛下來，到這個世界生活。飄飄很享受在這裡的每樣新冒險，但庫卡生性謹慎、覺得很不舒服，他想念星星上那個溫暖的巢，他想回去。

> 「庫卡朝天空飛去，他飛啊、飛啊、飛啊……一路飛上了天……夜幕降臨時，飄飄在草地上抬頭望著天上的星星，庫卡也在巢裡低頭凝視著同一片星空。」

這位老師把故事畫成了圖畫書，當作支持的禮物送給那一家人。她把小表弟的死訊告訴自己5歲的兒子之後，也和他分享了這個故事。這個「鏡射」故事中的圖像幫助兒子理解了一些情況。他立刻回應：「現在托瑪斯可以在上面看星星了，巴布羅在下面看。」

另一個故事是為某個小女孩的父親寫的，故事歷程不同，卻用了類似的意象——鳥在高高的鳥巢裡。這個故事反映的是正常卻非常難熬的分離時期——父親在林業部門工作，不得不和自己的女兒分隔兩地（〈森林護管員與鳥兒〉第157頁）。

為鏡射故事選擇隱喻的可能性非常多，我在以下的例子中都選擇使

用鏡射手法：

- 蠟燭（〈小蠟燭〉第78頁）
- 湧出的泉水（〈咕嘟咕嘟小姐〉第96頁）
- 一叢竹子（〈竹子一家〉第214頁）
- 番茄樹（〈連根拔起〉第233頁）
- 石塘裡的小魚（〈閃閃的兩個家〉第131頁）
- 袋鼠媽媽和袋鼠寶寶（〈袋鼠媽媽和袋鼠寶寶〉第133頁）
- 黃色火車和藍色火車頭（〈黃色小火車〉第138頁）
- 廚房櫃子裡的杯子（〈杯子塔〉第150頁）
- 形狀王國裡的三個圓形朋友（〈圓形的朋友〉第293頁）
- 裁縫和繡花和服（〈繡花和服〉第227頁）
- 甜美多汁的橙子（〈贛南橙〉第153頁）

鏡射手法有時候可以解答身在悲傷之中的家人問出的難題。〈狼男孩的回家路〉（第73頁）這個故事是為得了不治之症的小男孩寫的，把這個男孩「急需知道」的答案（「我會被埋在哪裡？」）寫進了故事裡。

……第二天，狼爸爸是被狼男孩問的難題叫醒的。「爸爸，你會把我的骨頭和身體埋在哪裡呢？」狼媽媽朝狼爸爸點了點頭，說：「你覺得那棵老杉樹怎麼樣？那裡可以看到整座美麗的山。」

「那裡很好，」狼男孩說，「我們今天可以去一趟嗎？讓我看看那個地方。」狼爸爸想起來，貓頭鷹曾經說過，狼男孩會問很多正確的問題，讓他們做好準備。

鏡射手法有時候必須反映黑暗的地點和黑暗的經歷，就像故事中同

樣有充滿光明的積極時刻。丹麥的一位母親妮娜從中國領養了一對雙胞胎，她為他們寫了一個故事（〈裂縫〉第144頁），描述兩隻老鼠寶寶從老鼠車廂掉下來之後的旅程：

兩隻老鼠小寶寶掉進了地上的一道裂縫，突然間，周圍一片漆黑，他們唯一能感覺到的就是冰冷的泥土。幸好兩隻寶寶都抓住了對方的尾巴，他們在黑暗中緊緊靠著，嚇得一直發抖。

妮娜說明了當那兩個男孩反覆聽著這些可怕段落時，宣洩情緒的作用有多大。用她的話來說：「感覺就像他們不得不一次又一次回到被單獨留在寄養家庭，或者在某些黑暗絕望的地方時一樣。」

開放式結局的故事：讓聽者自由得出自己的結論

有時候，故事會需要開放式結局，或者只在結尾留下一個暗示。在故事歷程中，提供任何解決方式或確切內容可能不必要、不可能，或者並不合適。

薩格勒布（Zagreb，克羅埃西亞首都）有位母親參加了故事療法的研討會。她和朋友為17歲的女兒構思一個故事，當時女兒正為完全喪失行動能力所苦。這個少女已經沒辦法自己走路了，但她拒絕使用輪椅。這篇叫做〈黑石〉（第204頁）的故事對這個少女產生了巨大的影響。許多年過去了，如今的她已經成為克羅埃西亞殘障服務的倡導人。

下面是這個故事的最後幾句話——它們在有機會前進的道路上，打亮了一盞燈：

……就在她摔倒的時候，石頭從她身上滑落、摔在地上裂開了，露出

了燦爛耀眼的紫色，那是它內在的色澤和光芒。在石頭的光芒照耀下，女孩繼續著她的人生旅程。

你會注意到，上面的故事結尾並沒有說教或建議使用輪椅，且整個故事都沒有提到輪椅。事實上，值得注意的是，這種「說教」或「教誨」並不屬於故事療法。〈黑石〉這個故事編寫的方式，就是要讓這個少女自由得出自己的結論。

另一個開放式結局的例子，是我為環境的悲傷和失落寫的故事。〈沙裡的訊息〉（第253頁）用有許多隻手臂、許多張嘴的怪物來代表被汙染的海洋，這個怪物正以指數級的速度長大，且似乎毫無解決方法。然後，海龜曾奶奶靈機一動，建議所有海龜向人類傳達一個重要訊息，希望人類聽到這個訊息，並且付諸行動。故事結局只有一個暗示──沙灘上留下了八個字，好讓人類在第二天早上發現。這八個字只在那裡停留了很短的時間，然後就被潮水沖走了。

提供「另一種形式的愛」的故事：
不要因為失落，錯過了眼前的美好

有一天，小說家卡夫卡（Franz Kafka）[7] 在公園散步時碰到了一個小孩。那女孩弄丟了洋娃娃，她哭得好傷心。卡夫卡立刻跟她解釋發生了什麼事。「妳的娃娃出門旅行去了。」他說。小女孩驚訝的問他怎麼知道，他回答：「因為她寫了一封信給我──我明天會把信帶來的。」

回到家之後，卡夫卡把信寫好，隔天在公園裡又遇到了那個女孩，他便把信讀給她聽。「請不要為我悲傷，我去環遊世界了。我會把我的冒險

7　德語小說家，其最著名的作品為《變形記》。

經歷寫信告訴妳。」這就是接下來許多封信的開端。每天他和小女孩見面的時候，就會為她讀他想像中，小女孩心愛洋娃娃的冒險故事。小女孩得到了安慰——她的失落被另一個現實取代了。

這裡出現了一個問題：「卡夫卡是不是給了女孩一個虛假的現實？」根據小說法則，我們可以說他的做法是符合現實的——娃娃確實經歷了一場冒險，儘管信裡的描述和真實的冒險不同（也沒有人知道洋娃娃的真實冒險究竟發生了什麼事情）。

過了一段時間，卡夫卡給了小女孩另一個娃娃，這個娃娃一看就和原來的娃娃不一樣。娃娃身上附了一封信，解釋說：「這趟旅行改變了我……」

這段紀實故事只清楚記錄到這裡，但有個版本是這樣寫的：許多年後，已經長大的女孩在深愛的替代娃娃身體裡發現了一封信。信上說：「妳愛的一切終將失去，但最後，愛會以不同的形式回來。」

即使這個故事和現實有所出入，卡夫卡行為中的智慧，對我們這些寫療癒故事的人來說還是很有意思的。**他企圖透過「找回另一種形式的愛」的方式，幫助小女孩走出失落的痛苦。**

關於物質方面的失落，我們可以從中學到一些重要的東西。很多時候，如果太過專注於這樣的失落，可能就會錯過生活中近在眼前、觸手可及的美好。在此，卡夫卡表現出極大的敏銳度。他很聰明，沒有對小女孩說：「妳總是會有另一個娃娃的。」

在〈貝貝再見〉（第111頁）這個故事中，當珍妮珍貴的貝殼被洶湧的潮水沖走的時候，奶奶安慰了她，但非常注意安慰時的話語：

奶奶始終沒有說的一句話是：「妳總是會找到另一個貝殼的。」珍妮很高興奶奶這麼聰明，知道說這種話一點用也沒有。

這本故事集中關於「另一種形式的愛」的故事包含：

- 〈新的曙光〉（第164頁）：這個故事是為孟買男孩寫的，他很喜歡一隻流浪狗，但是後來全家搬到了該城市的另一個地方。隨著故事發展，他將愛和依戀慢慢轉到了「鳥」身上——這個故事規劃相當實際，因為男孩現在住在高聳的公寓，只有一個陽台和外界相連。男孩開始在陽台上放穀物種子，吸引了住在附近樹上的鸚鵡。直到今天，賞鳥依然是他的愛好。

- 〈天堂魔法〉（第81頁）：這個故事是為名叫濤濤的中國男孩寫的，他的父親在一年前的溺水事故中過世。濤濤馬上就要開始上學了，媽媽很擔心濤濤不願意放下他那條特別的毯子（他已經因此被人取笑了）。在故事中，天堂魔法把毯子變成了毯子袋，一個可以輕鬆帶著，和濤濤一起去任何地方的袋子。

- 〈河狸與橡樹〉（第92頁）：這個故事寫給兩個男孩，他們的祖父和表弟在車禍中喪生。故事從森林中被閃電劈成兩半的大樹說起，這裡曾經是許多森林生物的家園，像是鳥、動物和昆蟲，如今他們無家可歸。然後，河狸來了。他們唱著歌，開始忙碌的工作，啃咬、雕刻著那棵倒下的樹木，為森林動物建起了新家。這棵雄偉的樹和它所代表的一切，現在都以另一種形式出現了。

處理「悲傷失落帶來失序行為」的故事

這本故事集裡，有一些故事是為了應對悲傷失落所帶來的各種失衡

行為。對於這些情況，我採用了我的療癒故事寫作結構[8]，相關故事有助於改變失衡的行為或狀態，讓它回歸某種平衡。

編寫療癒故事的結構以「隱喻」、「歷程」和「解決方式」為框架。即使這些框架交錯創造出了完整的故事，分析和討論這些框架也會有所幫助。

這裡提出的框架只是建議。這本書裡有很多故事並不是以這樣的框架（或其他框架）為基礎，而是遵循直覺創作。首先，在寫療癒故事的時候，你必須弄清楚自己想達成什麼樣的目的。**設計故事以協助或治療失衡行為，是為了在孩子、青少年或成人自己的經歷中重新創造出健全和平衡。**同樣重要的是，要理解行為和環境是息息相關的，失衡行為很少能以單一的方式有效解決。在處理失衡行為時，講故事只是許多方法和策略中的一種，是整個結構中的一條線。

框架 1 具建設性的解決方案：給予肯定而不是誘導內疚

療癒故事中的「解決方式」，是指從破壞性或失衡的情況或行為中恢復和諧或平衡。解決方式中最重要的是「給予肯定」，而不是誘導內疚。儘管解決方式在故事結尾才會出現，但在構思時，先考慮這個問題通常會很有幫助。如果解決方式不明確，就很難知道你的故事歷程和隱喻應該朝什麼方向努力。

框架 2 創造緊張感：利用故事歷程和隱喻

故事歷程是形成基礎架構的一部分。隨著故事推進，一個事件頻生

8　在我的著作《故事是教養的魔法棒》以及《療癒故事集：101個兒童療癒故事》都詳細解釋了故事結構，並附上許多表格與故事分析。

的故事歷程有助於創造緊張感。對於年紀比較小的孩子來說[9]，故事通常只需要簡單的事件和少量緊張感即可；而對於較大的孩子來說，事件可能就要更詳細、更複雜，並隨著故事歷程的展開帶來更多的緊張感。

關於「障礙隱喻」和「協助隱喻」的使用，和故事歷程有著千絲萬縷的聯繫。緊張感或衝突（就像拉弓一樣）通常藉由障礙隱喻的介入而建立，解決方式則是透過協助隱喻實現。

這裡總結了一些使用三段式框架編寫的故事例子：

- 〈芭蕾女伶與音樂盒〉（第80頁）：幫助5歲小女孩克服睡前恐懼的故事。一個月前，她的父親突然病逝。因為他是睡夢中在家裡過世的，所以小女孩非常害怕睡覺，也害怕她的母親去睡覺。

  > 失衡的情況：缺乏睡眠、恐懼睡眠。
  > 較為平衡的情況：健康的睡眠模式、自信的睡眠[10]。

- 〈神奇的飛行機器〉（第108頁）：這個故事是為荷蘭的10歲男孩所寫，他的父親不幸死於車禍。故事幫助了這個男孩，讓他把對所發生的一切的憤怒（他對母親的憤怒），轉化為對他的未來有意義的事。

  > 失衡的情況：憤怒、缺乏動力。
  > 較為平衡的情況：減少憤怒、有動力接受新計畫。

- 〈小貝殼與跳舞的珍珠〉（第206頁）：這是斯洛維尼亞的一位女士為自我療癒而寫的故事。她一生中經歷了許多極端的困境，包

9　大部分3到4歲的孩子以及少部分5到7歲的孩子。我們無法精準界定哪些故事適合哪個年齡層，對一些比較敏感、想像力豐富的大孩子來說，許多原本寫給年幼孩子的故事依舊具有吸引力。

10　你可以在本章〈關於隱喻的思考〉找到這個故事的分析。

括在3歲時便單眼失明。

> 失衡的情況：負罪、憤怒、羞恥和痛苦的感覺。
> 較為平衡的情況：增加自信、減少憤怒。

故事中的護身符，以及延伸到實踐小活動的故事

有時候，故事過程會和護身符相關，而這樣的象徵性物品可以加強治療體驗。護身符通常是由礦物（例如寶石）、植物（例如四葉幸運草）或來自動物身上的東西（例如羽毛）製成，人們相信它們具有神奇的魔力，能為擁有它們的人提供特殊的力量、能量和獨特的好處。

孩子大多與自然世界有著更開放的精神連結，所以會完全沒有疑問的接受和這些物品的關係。有些人直到成年都帶著這些東西（包括我自己在內），他們可能會帶著貝殼、羽毛、石頭、葉子、珍珠或好幾樣這類的東西，一直把它們放在口袋、手提包或旅行袋裡，或者當首飾戴著。

長久以來，社會科學和醫學都將壓力狀態和情境，與神奇想法以及象徵性物品連結起來。在失衡的情況下，它們可以給人一種控制感、舒適感和安心感。

療癒故事中也可能會提到護身符，以下是幾個例子：

- 〈黑石〉（第204頁）相關的紫水晶戒指。

- 〈彩虹鴿〉（第118頁）中的羽毛。

- 〈彩虹石〉（第283頁）中的彩繪石頭。

- 〈森林護管員與鳥兒〉（第157頁）中的藍色玻璃小鳥。

有時候，故事歷程可以圍繞著實踐小活動，或者包含這樣的想法來構思。例如，對於最近有朋友或家人死於疾病或事故的人而言，〈回憶寶盒〉（第119頁）這個故事就包括了製作和收集特殊物品、分享關於這

些物品的回憶故事，以及將它們保存在特殊的回憶盒子裡等活動。

其他例子還包括：

- 〈記憶毯子〉（第222頁）：最近受到森林大火威脅的小鎮裡，某個班級的孩子把這一年的回憶織成不同的小方塊，然後拼成了一條毯子。
- 〈塔吉・拉・烏潘多一愛的花冠〉（第83頁）：肯亞一對姊妹編織茉莉花冠，好讓她們有勇氣面對父親的週年忌日。
- 〈唐娜與史考夫〉（第161頁）：種下一棵樹，再寫一首歌，以紀念心愛寵物之死。
- 〈該跟袋鼠寶寶說再見了〉（第167頁）：在故事最後，做一本相簿。
- 〈薰衣草窩〉（第241頁）：用青草和薰衣草為小房子的餐桌編織一個窩。

根據不同的情況調整故事

請以可能和你，或是你的孩子、家庭、客戶、班級或社區產生共鳴的方式使用書中的故事。有時候，分享故事可能需要一些小小的改變以因應當下的情況。你可能會覺得更改其中某個或多個角色更合適，或者需要簡化故事歷程，又或者是讓它變得更複雜一點。

如果你在這本書裡找到了某個故事，雖然可以說明你的處境，但必須稍微修改一下時，我歡迎你做這種「藝術上的變通」，但同時也請你努力保持故事的完整性以及它積極的意圖，就算這麼做會讓故事變得有點微妙也無妨。

當我們在悲傷失落的時候使用故事療法，必須對我們的故事保持敏銳度——如何提供希望的輕語，而不顯得專橫或自以為是。

希望很重要，因為它能讓此刻變得不那麼難以承受。如果我們相信明天會更好，就能忍受今天的苦難。

關於隱喻的思考：讓隱喻擴展我們看待世界的方式

簡單來說，隱喻將「某件事」當成「另一件事」展示給我們看，以這種做法擴展我們看待世界的方式，常常會讓我們的感知耳目一新。語言學家雷可夫（George Lakoff）和詹森（Mark Johnson）將隱喻簡明的描述為「心智的基礎機制」，隱喻讓我們得以利用自己對身體的了解和社會經驗，來理解其他無數個主題[11]。

不管是書面語言或口語，**隱喻以圖像做為媒介，繞過我們的理性大腦，直接與我們的想像力對話**。隱喻這種另闢蹊徑的方式，讓我們得以探索隱藏在理性思考背後、甚至是超越理性思考的思想和力量。隱喻克服了我們受到局限的固定分類，以及為繁瑣或笨拙的日常言語，提供了「更高」，或者說「更全面的認知」。以下是肯・迪班尼德特（Ken DiBenedette）的說法：

「讓隱喻與熟悉的概念並列，以揭示更高的原型概念。這些更高層次的概念無法用熟悉的語言直接表述，因為更高層次的概念是『未命名』的；沒有可定義的詞和這些『思想』相連，也不能用抽象的邏輯推理來理解。它們是詩意的直覺，透過熟練運用熟悉的概念，體現在思想和語言之中。」

11　George Lakoff and Mark Johnson, *Metaphors We Live By,* University of Chicago Press, Chicago, 2003. 在書中，作者於後記提出在認知科學中，他們關於隱喻的理論如何發展成為理解「當代人思考以及用語言表達思想」的核心。

隱喻語言存在於想像的領域，和認知領域一樣適用於學習和認知。愛因斯坦非常了解這個狀況，他有句名言是：「邏輯可以把你從 A 點帶到 B 點，想像力可以把你帶到任何地方。」

隱喻和明喻不同。明喻是將某一件事物和另一件事物相比較，並使用「像」這個字（「你的微笑就像朝陽」）來強調它們的相似之處；隱喻則完成了將某件事物變成另一件事物的神奇轉變（「你的微笑就是我的朝陽」）。**在明喻中，比較的過程涉及較理性的大腦、我們的思考過程，而隱喻則深入我們的靈魂想像，簡而言之，就是「觸動我們的心靈」。**

正因為如此，隱喻長久以來都是神祕主義者、精神導師、詩人、說書人和其他富有表現力的藝術家的語言。隱喻是一種心靈工具，幫助我們探索隱藏在理性思考背後的思想和力量。

倫敦兒童心理健康中心的教育兼培訓主任瑪格・桑德蘭（Margot Sunderland）認為，在孩子健康的情緒消化系統中，隱喻（圖像語言）和故事是重要的組成部分。她認為，兒童情感方面的自然語言（思考語言）不是日常生活中的語言，而是圖像、隱喻和故事（想像的語言）[12]。

故事或圖像語言可以簡單到只是一個句子中的某個單字或片語。有一次我兒子去牙醫那裡補牙，就證明了這一點。牙醫告訴我的兒子：「你需要在牙齒裡放一顆銀色星星讓它保持堅固。」原本不怎麼情願的孩子便張大了嘴巴，接受了他的「銀色星星」（儘管牙醫也提醒過他，把銀色星星鑲進他的牙齒裡會有點疼）。

這是我第一次接觸到圖像語言的強大力量。之後，我開始在育兒和教學中進行實驗──把鞋子當成「成雙成對的朋友」，比起「告誡孩子保持整潔和愛護自己的東西有多重要」有效得多。我發現使用圖像語言的成功率非常高，孩子在門口都會把鞋子擺在一起，而不是把它們踢得到處都是。

在我某一堂線上課程中，有位中國家長鼓勵她8歲的兒子在生氣的時候變成「避雷針」。他開始雙腳牢牢踩在地板上、雙臂高舉且雙掌合起。而這個動作，為通常會出現攻擊性和破壞性的時刻帶來了前所未有的平靜。心中有這幅「圖像」之前，男孩一直不知道該如何處理自己的憤怒，經常亂打不同的家人，或者公寓裡的家具。

圖像或故事語言可以用許多方式滲透或豐富我們的日常生活和工作──不只對孩子有效而已！心理學家蘇珊・萊因（Susan Laing）正在和已經難過了6個月的新手媽媽進行諮商。她的孩子很健康，但這位媽媽很不開心，因為她被迫剖腹產，而不是計畫中的自然分娩。蘇珊問她：「如果妳被困在一個房間裡，門卡住了，妳會怎麼做？」媽媽不加思索的回答：「那我自然得從窗戶爬出去啦。」接著她笑了出來。圖像語言深深打動了她，幫助她慢慢驅散了陰霾。

另一位心理學家找到了某種方式，用有力的隱喻與監獄中的客戶連結。他的當事人是17歲的男孩，在酒醉狀態下開車撞到樹，導致三個朋友死亡。這個年輕人是唯一活下來的人，但心理學家發現很難和他溝通，因為他陷入了嚴重的憂鬱狀態。經過幾次沒什麼進展的會面後，這位心理學家開始說起帶著士兵上戰場的上尉。由於上尉的錯誤決策，所有士兵全數陣亡。但上尉活了下來，身上有個很深的傷口，可是醫生都找不到子彈。上尉回到家，繼續尋找並改造那顆「隱藏的子彈」。心理學家留下了一本空白手札給這個年輕人，下一次拜訪時，他看到手札已經寫了好幾頁。年輕人讓心理學家看了內容──年輕人繼續用那些比喻，列出上尉要完成的許多任務，當中包括以不同方式幫助遇難士兵的家屬。

一位家庭醫生在診療桌上放著一排小雕像，包括人、動物、樹、房子和童話人物。他用這些雕像作為側面參考，讓病人開始以隱喻的方式

把他們的身體和情感狀況連結起來。透過這種方式，幫助病人找到自己獨特情況的隱喻。醫生在報告中說，這種象徵性的方法讓他更有效的理解病人，也讓病人感到真正的「被傾聽」。

隱喻療法：以象徵方式表達真實的經歷

以上這些，不管有意識或無意識，有心或無心，都是隱喻療法的例子。**隱喻療法是一種心理治療，以隱喻做為工具，幫助人們以象徵方式表達自己的經歷。**以隱喻的方式，而不是用類比的方式解釋生活，結合了過去與新事物、簡單與複雜、表面與深刻。

榮格（Carl Gustav Jung）在他的《人及其象徵》（*Man and His Symbols*）一書中解釋：有許多事情超出了人類的理解範圍。因此，一個人便會自然而然、不斷使用象徵性術語來表示他們無法完全理解或定義的概念。

神經語言程式學家兼作家大衛・戈登（David Gordon）將隱喻描述為「我們的經驗」（不僅僅是如何談論我們的經驗），它設置了一些過濾裝置，而我們透過這些過濾裝置來感知和理解這個世界。也正因為如此，隱喻可以作為推動感知、體驗和行為的強大槓桿。他認為，「治療性隱喻」提供了聯想的深度和洞察的潛力，而這往往是無法透過直接方式獲得的。隱喻藉由在治療師和訪客之間創造某種共享的語言，而達成這一點——一個共享的世界，在這個世界裡，關於問題以及如何解決問題的交流變得更容易且更有影響力。而且，這個隱喻的世界一旦創造出來，就可以成為這個人自己找出問題解決方法的世界。

有時候，這種共享的隱喻語言也可以幫助同事、朋友或家庭。就算只是小小的改變，也應該重視。

編寫故事時的隱喻，是故事治療的重要元素

使用隱喻，是創造具有治療意義故事的重要元素。**隱喻有助於在聽者之間建立富有想像力的連結，以間接的方式傳達故事訊息，這樣就能避免所有難堪、評判或羞辱。**關注焦點是故事中的人物，以及人物的歷程，從而將注意力從聽者和聽者的處境移開。瑪格・桑德蘭說，故事的力量、安全和智慧就在這裡。

當故事歷程從問題到危機，再到解決方案（或開放式結局），隱喻既能扮演消極角色，也能扮演積極角色——它們可以是干擾或阻礙、幫手或嚮導，也可以是轉換者或調解人。

在編寫故事的過程中，如同在靈性寫作和詩歌中一樣，單一隱喻或多個隱喻具有神祕的魔力，有時候很微妙，有時候是強力的藥物。在充滿活力的交互作用中，這些隱喻變得生氣勃勃，從彼此那裡獲得能量，透過這樣的過程，便可能產生強效的故事解方。

一位55歲的女性在經歷幾次人生失落之後（先是失去了丈夫，然後是工作）得了憂鬱症，她在克羅埃西亞的療癒故事研討會上為自己寫了一則故事。以下是故事概要：

……螢火蟲失去了牠的光，獨自在黑暗的洞穴中飛行，牠不知道自己是誰，也不知道自己在哪裡。這時，一道銀色的月光剛好從洞頂的小裂縫照射了下來。銀色的光照亮了螢火蟲，把光還給了牠。

這個小故事幫助這位女性走出憂鬱的黑暗，讓她鼓起勇氣去森林散步和露營。她的朋友和家人似乎早就勸她去散步、走進大自然，但她一直無視這些建議。但這個故事中的隱喻和富有想像力的歷程深深打動了她。

某次東歐之旅中，我在保加利亞為心理學家舉辦了療癒故事研討會。其中有個小組為5歲小女孩（前面提到過）寫了一則故事。一個月前，小女孩的父親因為突發疾病不幸去世。因為他是在睡夢中死在家裡的，所以這個女孩非常害怕睡覺，也害怕母親去睡覺。她會盡一切努力保持清醒——在屋子裡跑來跑去、尖叫哭泣，也不肯躺下；她筋疲力盡時還是會睡著，但幾小時後就會醒來，跑到媽媽那裡把她叫醒。

這位悲傷又睡眠不足的媽媽試了幾種策略——星星獎勵圖表、巧克力獎勵、合理化解釋（「爸爸在天上看著妳，他看到妳睡覺會很高興的，這樣妳第二天在學校就會表現得更好。」）但這些方法都起不了作用（因為母親用的是前面提過的「思考語言」）。於是，這位母親去尋求心理學家幫助。

那個週末，這位心理學家碰巧參加了我的療癒故事研討會。她和另一位小組成員共同編寫了一個故事，希望能幫助這個小女孩，讓她「願意去睡覺」。

你可能會想，故事要從哪裡開始呢？這個女孩喜歡芭蕾、音樂和娃娃，所以這是我推薦的切入點[12]。小組成員一開始並沒有太大進展，但後來有人想到了「住在音樂盒裡的芭蕾舞者」，這非常適合寫故事。盒蓋打開和合起，以及隨後芭蕾舞者的跳舞和休息，都是清醒和睡著之間平衡的絕妙體現。小組成員還加入了一張四條腿的桌子來代表這個家庭。這是很不尋常的隱喻，但他們很希望向失去丈夫後，這位母親「以三條腿保持平衡」的艱難處境致敬。

你可以在本書讀到這個完整的故事，故事名稱是〈芭蕾女伶與音樂盒〉（第80頁）。三個星期後，我收到這個母親的心理醫生從保加利亞首

12　關於如何為故事挑選不同的隱喻，請餐考我的另外兩本作品《故事是教養的魔法棒》以及《療癒故事集：101個兒童療癒故事》。

都索非亞發來的電子郵件：

這個故事發揮了不可思議的效果。小女孩非常喜歡這個故事，要求媽媽講了好幾次，然後就睡得很香。這個故事在很大程度上減輕了女孩的緊張和焦慮，她問了很多關於夢精靈的問題。我們聯絡上一位在索非亞藝術學院就讀的年輕女士，她在女孩床鋪上方的牆上畫了夢精靈。效果就像童話故事一樣神奇。睡眠問題似乎解決了。

在這個案例中，隱喻的選擇（芭蕾女伶、音樂盒、桌子、風暴、夢精靈）在療癒故事的歷程中協力並創造出有效的故事解方，這幫助女孩克服了恐懼，也讓她每天晚上都「想」去睡覺。

在北美洲的研討會上，用的卻是不同的隱喻和故事歷程。有一家人在父親自殺身亡後，希望找到新的力量並開啟新生活。這個小組以自然循環為主題，故事寫的是一棵強壯的橡樹被大風暴吹倒了。在樹根被拔起的地方，一顆小小的橡籽掉進了土裡。小橡籽躺在橡子殼搖籃裡，孤單的在黑暗的土壤中慢慢發芽。

這個案例的情況和保加利亞那個案例大不相同。研討會的小組認為，故事應該是為母親而寫。這很重要，如此一來才能鼓勵她找到力量撫育並支持年幼的孩子。

在不同的情況下，用心挑選的隱喻都能提供幫助，不管對兒童、青少年或成人都是如此。一位22歲的肯亞男子在奈洛比接受無國界醫生組織的治療，只剩下幾個月生命時，他寫了關於兔子家庭的故事，描述他這一生中普通但重要的種種，以及他父親虐待媽媽和姊姊等令人震驚的事。這個故事篇幅長達6頁以宣洩情緒——因為在他的文化之下，並不允許他真實的記錄下來。

在葡萄牙名為「童話和故事療法」的研討會上，由6名女性組成的小組，為自己失去尊重和關心的共同處境寫了一個故事。她們都覺得不堪重負、被過度利用，且自身價值被低估。她們用戲劇方式表演出這個故事，這讓她們覺得很有力量，而故事的中心隱喻為「豎琴」──她們都同意這是會伴隨她們很長一段時間的形象。下面是這個故事的概要：

從前有一架美麗的豎琴，放在大房子的中央，這架豎琴很結實，還能奏出美妙的音樂。每個家庭成員和朋友都愛彈她，甚至連狗兒都想。豎琴一直超時工作，終於，她斷了幾條弦。於是豎琴就被搬出屋外、放到花園裡，因為她已經沒有用了。整個秋天和冬天她都待在那裡，忍受風吹雨打。然後，在春天的某天，一隻夜鶯飛了下來，降落在豎琴頂上，唱起一首絕美的歌。豎琴深處的某種東西和這首歌產生了共鳴，她又開始奏起柔和的曲調。家人和朋友聽到了音樂，就把豎琴帶回屋裡、擦得亮亮的，並且修好所有琴弦。現在，豎琴又奏著美妙的音樂，但這一次，豎琴知道該怎麼照顧自己了（鳥兒的歌聲裡蘊藏著智慧的祕密）。想彈的人必須先詢問，有時候豎琴會說：「不，現在不行。」或者：「明天再來吧。」又或是：「可以，但只能彈一會兒。」或者是：「可以，但要非常小心。」

各年齡層的人，都需要且渴望這樣的故事解方。

關於想像力的思考：平衡過度理性的社會

療癒故事的運作基礎，除了需要富有想像力的「理解方式」，也需要探索一下：「想像力是什麼？」

故事述說的對象，是理解想像力的中心──它有時候稱為右半球、

右腦，或者生物的平衡與整體模式。想像力曾經被譽為人性的核心，但是現在，隨著科學成為主流世界觀，令人悲傷的是，想像力的重要性已經被削弱並貶低。一些教育學家和哲學家對此感到擔憂——這是有充分理由的，蓋瑞・拉赫曼（Gary Lachman）在著作《消失的想像力》（*Lost Knowledge of Imagination*）中指出，為了身在這個世界上的未來，我們必須恢復想像力，並且讓想像力和科學的影響重獲平衡。

而在《大師與使者》（*The Master and His Emissary*）一書中，伊恩・麥克里斯特（Iain McGilchrist）用了尖銳的標題描述這種失衡的狀態。他認為，我們的社會正在承受過度強勢的左腦與它天然的調節「大師」（也就是右腦）失聯的後果。各式各樣的困難可能將由此出現，或者已經出現了，這些困難對西方的文化傳統乃至於全球都有影響。

我在本世紀之初完成的教育碩士論文中，主張將「編寫故事」加入教師培訓課程。我的理由是：過多的理性、邏輯科目（我喜歡稱它們為「占主導地位的兄弟姊妹」）需要有平衡的課程，包括更多富有表現力和想像力的科目——當然，編寫故事就是其中之一。為什麼我要使用這種隱喻？為了就是平衡的家庭啊！我成功說服了我所在的大學，在選修課中加入編寫故事的課程，20年過去了，這個課程還在繼續。也許這只是幾小步，但這是扭轉失衡的一個小方法，也認可了想像力是學習和理解的有效方式。

每次當老師把口頭所編的故事帶進教室、運用在不同主題素材的教學中，並激發了孩子們的想像力時，我總愛把它想像成「又有一粒故事沙子加在想像力失衡的天平上了」。每當療癒故事在世界上某個地方產生了積極的效果，我也會這樣想。

與想像力的定義共舞

字典上對「想像力」的定義包括：「對沒有實際呈現在感官上的事物形成心理意象的能力；想像非真實事物的能力；思考新事物的能力。」然而，這些定義似乎相當局限，也很枯燥。它們從概念角度談論著某種非概念性的東西。如果想了解蝴蝶，真正需要的是和牠一起行動、一起飛舞，而不是用網子把牠抓起來。

我想從不同文化和詩意的角度，和這個問題一起飛舞：「想像力是什麼？」我不會在這裡試圖獲得明確的答案，而是會嘗試構建一幅充滿想像力的「想像」畫面。

文化的見解：故事與想像在不同文化中的重要性

自從我的療癒故事集被翻譯成多種語言之後，我有幸到過很多地方，也在非洲、中國、歐洲和北美待了很長一段時間。因此，讓我有機會沉浸在不同的文化理解中，在這段過程中我發現，每個國家和文化都對故事和想像力懷有深深的崇敬和尊重。

我在東非工作的三年中，每當我認識一個新朋友，告訴他們我在寫故事的時候，說斯瓦希利語（Kiswahili）[13] 人的反映通常都是：「mawazo ni mwanga katika usiku」（想像是黑夜裡的一盞燈）；不然就是「hadithi mwanga usiku」（故事照亮了黑夜）。

而在非洲南部那段時間，我發現桑人（Bushmen，也稱為「布希曼人」）的語言中沒有形容「想像」這個詞。對他們來說，「故事」就代表了全部。他們有句諺語說：「故事如風，來自遠方，我心自知。」布希曼人會在穿越沙漠和大草原的長途跋涉中「講故事」給孩子聽。這個「故

13　非洲三大語言之一。

事」沒有實際且理性的話——像是「再走一千步就到了，我們可以數一數」，或者「我保證，等到了之後會好好讓你吃一頓」。成年人走路的時候沉浸在想像裡——會有關於那塊石頭、這片灌木、那隻蜥蜴，還有那些雲的故事，而且遠遠不止於此！

同樣的，在我的國家澳洲，土著文化中的「故事」也將世間萬物容納其中、彼此連結。故事和想像是同一件事，可以追溯到幾千年前的「夢幻時代」（Dream Time），這是原住民對這個世界、世間萬物和它所有故事的理解。

在拉科塔（Lakota）和奧吉布瓦（Ojibwe）這兩種美洲原住民語言中，「想像」和「作夢」的意思是一樣的。在這些文化中，夢被認為具有預言和治療的力量——這是想像力和療癒之間有趣的連結。

在中國，當我在研討會上提出：「想像是什麼？」時，常見的答案是：在中國文化中，想像很難定義，但最恰當的比喻也許是「道」——萬物背後的無形之力、萬物的平衡、自然的核心力量。有位中國學者將想像與自然連結起來，他說：「要是樹木和花朵會說話，它們說的肯定是故事！」另一位研究中國古代繪畫的學者提到了每幅畫中的「留白」。他很清楚這些空白是刻意留下的，好為想像留下空間。

詩意的見解：想像是最崇高情緒中的理性

古往今來的詩人都致力於將「想像」的重要性提升到邏輯之上，並且深深尊重神聖的圖像和隱喻。英國浪漫主義詩人華茲華斯（William Wordsworth）認為，精神上的愛離不開想像力，他認為想像是「最崇高情緒中的理性」。

沒有想像，精神之愛便無法作用，也無法存在，

事實上，想像不過是絕對力量的另一個名字，

是最清晰的洞察力、最寬廣的心靈，

和最崇高情緒中的理性。

　　只要讀了華茲華斯的經典詩作〈我孤獨的漫遊，像一朵雲〉（*I wan-dered lonely as a cloud*），就會沉浸在愛和驚奇中，被大自然的美所吸引。他的詩彷彿把我們從日常生活中帶出來，帶到更靈性、更高的境界。

　　另一位幫助我超越日常生活的詩人兼哲學家是巴菲德（Owen Bar-field）。在我追求以詩意理解想像的過程中，巴菲德給了我令人興奮的發現。在他的文章〈物質、想像和精神〉（*Matter, imagination and spirit*）中，他描寫了兩種現實──「精神的」和「物質的」，「隱藏的」和「日常的」。他給了我們這些成年人動力，一種從一方到另一方的旅行方式──也就是在兩者之間架起橋梁。這座連結物質和精神的橋梁就是「想像」，而巴菲德將它美麗的描繪成「想像活動的彩虹橋」。這是故事的領域、隱喻的領域，也是象徵的領域。

　　帶著這些詩意的想法，現在讓我們來審視這個問題：「為什麼故事語言（故事、詩和歌曲）似乎是兒童的一種自然語言？」為什麼桑德蘭要倡導用它來促進健康的情緒發展？根據巴菲德的想法，答案似乎再簡單不過：「因為我們的小傢伙是最近才跨過彩虹橋的，他們來到『日常』世界是最近的事。對他們來說，這個充滿想像的世界真的很近，也很真實。」

　　對孩子來說，想像和精神世界可以和現實世界一樣真實。孩子似乎擁有像蝴蝶一樣來回穿梭的能力，而大多數成人卻像全身都是腿的笨重毛毛蟲，掙扎著從一個領域爬到另一個領域。

　　想像是一種有趣的現象。在人類發展的過程中，我們的身體、社交

能力和智力都是愈來愈強，但與精神的連結卻往往愈來愈弱，想像力也是。大多數成人需要拚命努力，透過冥想、詩歌、故事，以及其他藝術媒介來照料他們的想像力花園，才能維持自己的想像力如花盛開。

孩子天生就有這種能力，但對許多成年人來說，我們的連結已經消失了，必須努力建立這座想像的橋梁。這就是我們身為老師、治療師和家長所面臨的挑戰——我們該如何重新開發、滋養並強化我們的想像力，好讓自己能用孩子最熟悉的語言，和他們一起合作呢？

如何滋養並強化我們的想像力

身為長期接觸各種靈性實踐的學生，我一直對靈性科學中，發展靈性感知器官的方式特別感興趣。這三種感知器官為：想像力、靈感和直覺——也稱為三個大寫「I」（Imagination, Inspiration, Intuition）。但我可以承認，我還沒有達到高層次發展階段。而這些實踐伴隨著警告——這是個長期、辛苦而艱鉅的任務！

然而，當一個人在這條道路上吃力的緩緩前進時，我認為重要的是，要意識並尊重「我」——屬於我們日常生活、日常人性的想像力、靈感和直覺（在這裡我們用三個小寫的「i」來表示）。有時候我們會從某處獲得一種感覺，有時候我們會覺得有更偉大的東西正透過我們發揮作用，有時候我們會收到來自精神世界的禮物和恩賜，有時候我們甚至會說：「我對……有直覺。」或者：「我有靈感了。」

我確信小「i」和大「I」是有連結的，但以我的個人的經驗來說，這種更寬廣的意識，讓我有了更具創造性的勇氣來寫我的故事。我曾經碰到一個讓我吃驚的問題：「若你沒有發展過高層次感知器官，怎麼能宣稱自己寫的是療癒故事呢？」我的回答是：「我敢這麼說，是因為我們的世界需要故事，而且還需要更多的故事。」

我強烈希望你們思考一下自己對於這三個小「i」的體驗。你可能會驚訝的發現，它們在你日常生活中閃現的光芒比你意識到的要多。但是，就算我們發現這些小「i」贈禮偶爾會照亮我們的生活，我們又該如何滋養、如何強化它們呢？尤其是我們的「想像力」（特別是和創造故事有關的），我們要怎樣才能讓它更閃耀、出現得更頻繁呢？

這裡有七個可能會有幫助的小訣竅：

1. **閱讀**：多讀故事。讓自己沉浸在民間故事、童話、神話和傳說的圖像、主題和節奏裡。

2. **傾聽和觀察，讓大自然之母對你說話**：大自然有很多東西可以分享。在森林裡、海灘上、公園裡散步；坐在花園裡，或者在陽台上讓盆栽植物包圍。觀察和研究可以幫助我們了解故事——蝴蝶是怎樣落在一朵花上的？海龜怎樣在沙灘上移動？牠吃什麼？在哪裡產卵？故事中隱喻的點子很可能來自最不尋常的地方，比如用畚斗和掃把比喻合作。透過我們的觀察，不管是在家還是在外面的花園，在城市的街上還是在森林裡，都可以得到令人驚訝的東西。

3. **走路**：詩人和哲學家已經證明散步對我們的創造性思考有正面影響。布魯斯·查特文（Bruce Chatwin）是上個世紀著名的旅遊作家，他徒步穿越了澳洲，走過巴塔哥尼亞和南美洲。他相信，如果你走得夠多，就不需要宗教。在他的著作中，有許多地方都提到走路對創造和精神上的益處。而根據我自己的經驗，我發現我大部分的故事靈感都是在我那條長長的「七英里」海灘上漫步時冒出來的。

4. **透過不同的藝術形式，探索富有想像力的想法**：素描、繪畫、雕塑、舞蹈、音樂、戲劇。創造性學習和理解的方法有很多，而不

同的藝術形式可能會刺激不同的個性和氣質。根據彼得・埃布斯（Peter Abbs）[14]的說法，在理想的世界裡，「六大藝術」——視覺藝術、戲劇、舞蹈、音樂、電影和文學——應該納入所有教育課程。在理想的世界裡，你根本不需要這些小訣竅，因為你接受的教育已經培養了你的想像力！

5. **玩玩看每種寫故事練習**：這些練習可以激發你的想像力，讓它們振翼飛行，因為它們可以帶給你有用又好玩的結構且讓你遵循，也可以幫助你繞過邏輯思考。你可以在我的第二本書《療癒故事集：101個兒童療癒故事》看到許多相關例子，也可以參考本書〈隨機故事寫作練習〉的額外補充（第210頁）。

6. **給它時間**：給你的創造性思考留一點時間，讓它們發展、流動。帶著你的想法進入夢鄉……沉睡、作夢，再多睡一會兒。

7. **放手一試吧（就像澳洲人常說的）**：創造一個故事之後，試著找個方式分享它。努力讓它盡可能完美，但同時，也要接受「沒有什麼是完美的」。歌手李歐納・科恩（Leonard Cohen）創作的〈讚美詩〉（*Anthem*），副歌部分激勵著我們：「萬物皆有裂縫，那是光進來的地方。」

運用以上幾點，可以鍛鍊、強化我們的想像力，接著就能幫助我們有創意的選擇隱喻，為療癒故事寫下富有想像力的歷程。

然而，這種寫作並不是在寫食譜，也不像烹飪課。我提供了一個框

14　Peter Abbs, *Against the Flow: The Arts, Postmodern Culture and Education*, Routledge, London, 2003. 在書中，埃布斯就學校課綱中六大藝術的重要性提出討論：如果很大程度上具有自主性與實踐性，六大藝術都是互相關聯的。它們應該加入美學、滿足所有的想像力，並且與人類有關的具體象徵連結。

架、許多提示和技巧，而這些東西幫助了我，也幫助了來參加研討會的人。但是大部分的努力必須由你自己來——玩耍、探索、嘗試，再嘗試，運用你的三個小「i」，沿著自我發展之路慢慢前進。

時至今日，很多情況和狀態都能從「運用了充滿想像力的歷程和精心挑選的隱喻」的故事得到幫助。我認為，身為教師、治療師、諮商師、家長和社區工作者，我們的任務就是接受這個挑戰；儘管比起美麗而又有深度的民間故事或童話，我們寫出來的東西可能結結巴巴的，但我依然鼓勵所有人加入這個「結結巴巴」的世界！

當我們結結巴巴說著自己的故事時，比較神話學權威約瑟夫・坎伯（Joseph Campbell）的想法，也許可以幫我們壯壯膽。他提出了讓我們思考的勇敢訊息，他認為：我們的世界需要新的神話、新的故事——這些故事深深賦予我們力量，提供與自然和宇宙有意義的連結，同時給我們希望和勇氣去處理日常問題。他還強調了重要的道德秩序必須「趕上」當前時代，因為用坎伯的話來說：「活在古老的神話中並不適合今天。」

最後，讓我回到前面使用的一個比喻。請記住，每次運用你的想像力寫一個療癒故事，或者任何類型的故事時，就是在想像力失衡的天平上，又添了一粒故事沙子。

〈真理的故事〉

我第一次聽到這個故事是在深圳的研討會上，一位中國女性所說的（而她是在前一年某次研討會中，從以色列老師那裡聽來的）。因為我找不到原始故事，所以我根據當時的筆記重寫了一遍。這是個匿名者所寫的故事，我們在開啟這本以悲傷失落為主的故事集前，先和大家分享：

從前有個地方，在那裡，一切似乎都很完美。有充足的食物、陽光和水，所有人都過著美好寧靜的生活。

但是，美好向來並非永恆。

有一天，一個陌生人來到這裡，在人群中走來走去。這個陌生人很老了，有著長長的白頭髮、赤身露體。每次這個裸體老人走近，人們就會跑回家躲起來。這個陌生人在此地到處遊蕩，想見這裡的人，但他們總是因為害怕看見裸體而嚇跑。

與此同時，另一個陌生人也來到這裡——他穿著華麗的衣服、披著一件飄逸的斗篷，斗篷上面畫著許多鳥、動物和花。當人們看到這樣漂亮的人時，都跑出來接近他、坐在那裡熱切的聽陌生人說各種故事。這個美麗的人不管走到哪裡都受到熱情的歡迎，人們都喜歡聽故事，而他們會隨手指著斗篷上的圖案，相信當中肯定有故事可以訴說。

一天在森林裡，裸體老人和披著斗篷的說故事者在小路上碰面了。名叫「真理」的老人問那個身穿華服的人，他怎麼能這麼討人喜歡，讓所有人都願意聽他說話呢？說故事者笑了，他脫下斗篷，把它切成兩半，一半給「真理」穿。

「如果你穿上我的故事斗篷，人們就會想聽聽『真理』想說什麼，但要是沒有斗篷，『真理』往往太令人震驚、太強烈，也太可怕，讓人聽不進去。」

從那天起，直到今天，「真理」都穿著故事的外衣，在這片土地上四處漫遊、分享智慧。

Chapter 3

痛失所愛時，
讓故事陪我們一起度過

在這一章中，你可以找到為失去手足、雙胞胎中的一個、父母或祖父母的孩子所寫的故事；為失去新生寶寶的家庭所寫的故事；為失去孩子的父母所寫的故事；以及有人因疾病或事故而死亡的學校和社區所寫的故事。

這些故事大多數都帶著尊重與敏銳度，即使主角是某個性別，但依照情況改成另一個性別，也是可以的。比方說，第一個故事〈星星上的巢〉，寫的是兩隻小公鳥，改成兩隻小母鳥也沒問題；〈狼男孩的回家路〉可以改成〈狼女孩的回家路〉；〈奶奶的光之斗篷〉也可以改成〈爺爺的光之斗篷〉。

為了幫助你找到適合的故事，我在此大略說一下每個故事的背景：

◆〈星星上的巢〉（第71頁）：這是寫給5歲小男孩的，他的雙胞胎小表弟中的一個過世了。

◆〈狼男孩的回家路〉（第73頁）：這是為3歲男孩和他的姊

姊所寫的故事，幫助這個家庭度過小男孩得了絕症之後的日子。

◆ 〈小蠟燭〉（第78頁）：寫給5歲小女孩，她爸爸最近去世了。

◆ 〈芭蕾女伶與音樂盒〉（第80頁）：為5歲小女孩寫的，她爸爸在睡夢中意外去世。

◆ 〈天堂魔法〉（第81頁）：寫給5歲男孩的故事，他爸爸死於溺水事故。

◆ 〈塔吉・拉・烏潘多──愛的花冠〉（第83頁）：寫給一對分別是3歲和7歲的姊妹，她們的爸爸一年前死於突發性心臟病。

◆ 〈給希薇亞的娃娃〉（第85頁）：為住在奈洛比SOS兒童村[15]的5歲女孩而寫的故事，她在一次部落襲擊中失去了全部的家人。

◆ 〈奶奶的光之斗篷〉（第87頁）：當祖父母或年長的親人去世時，給小小孩聽的故事。

◆ 〈小鹿和「親愛朋友」的故事〉（第87頁）：這是為7歲小女孩寫的故事，她的舅舅最近因為長期癌症過世，她很傷心。

◆ 〈河狸與橡樹〉（第92頁）：這是在兩個男孩（一個6歲，一個9歲）得知爺爺和表弟在車禍中雙雙喪生後，寫給他們的

15　SOS兒童村（SOS Children's Village）是為保護兒童權益而設立的國際非政府慈善機構。該組織成立於1949年，地點位於奧地利伊姆斯特（Imst）。

故事。

◆〈希薇亞與星星〉（第94頁）：為母親得了不治之症或最近過世的孩子所寫的故事（適用於6～10歲）。

◆〈咕嘟咕嘟小姐〉（第96頁）：為8歲雙胞胎兄弟寫的故事，他們的姑姑過世了。

◆〈黃鸝鳥與櫻桃樹〉（第99頁）：為某所小學的學生寫的故事，有個學生最近死於車禍。

◆〈玫瑰公主和花園女王〉（第100頁）：為年齡稍大一點的女孩或青少年（8歲以上）寫的故事，她的母親因重病去世。

◆〈玫瑰與尖刺〉（第103頁）：應挪威一所小學要求而寫的故事，適用於7歲及7歲以上的兒童；島上發生了大屠殺，許多青少年因此喪生，故事目的是在這樣的創傷事件之後提供一些希望。

◆〈奶奶過世的時候〉（第104頁）：適用於祖父母或大家庭中的成員去世時，為年齡較大的兒童和青少年所寫的故事。

◆〈神奇的飛行機器〉（第108頁）：寫給父親死於車禍的10歲男孩。

◆〈貝貝再見〉（第111頁）：為年齡大一些的孩子和家庭成員所寫，關於失去一件珍貴寶物的故事。

◆〈留不住的小星星〉（第116頁）：為早夭寶寶的父母及家人寫的故事。

◆〈做個甜美的夢〉（第117頁）：某位奶奶對早夭寶寶的父母以及親人寫下的個人想法。

◆ 〈彩虹鴿〉（第118頁）：為齊聚在追悼會中的親朋好友所寫的故事，適用於所有年齡層。

◆ 〈回憶寶盒〉（第119頁）：為家中或社區中有人得了絕症所寫的故事，適用於所有年齡層。

◆ 〈花園〉（第122頁）：為失去親愛的孩子、摯愛的親人或朋友的家庭／社區寫的故事。

◆ 〈於是，靜夜降臨了〉（第124頁）：取自印度古代經典《梨俱吠陀》（*Rigveda*）的神話故事，說的是雙胞胎哥哥閻摩（Yama）之死，以及他創造了黑夜，讓妹妹閻蜜（Yami）得以度過這段時間、治癒悲傷的故事。

〈星星上的巢〉 作者：埃絲特・莫雷諾（西班牙母親兼幼教工作者）

適合年齡：各年齡層。
應對狀況：雙胞胎中的一位早夭。

　　埃絲特是個老師，也是兩個男孩的母親。這個故事是在她的雙胞胎姪子巴布羅及托瑪斯早產時寫的。幾天之後，托瑪斯便因病去世，他是雙胞胎中個頭比較小，也比較晚出生的。對家族中的每個人來說，這都是一段非常艱難的經歷，不僅在當時，現在依然是。埃絲特決定把這個故事寫出來，配上插圖做成一本小書，這樣將來她就能當成禮物送給巴布羅和他的家人。她希望這個故事能幫助姪子建立起關於過去發生過什麼事的印象，而且是個能激發愛、接受愛的印象。

　　這個故事已經對埃絲特的大兒子產生了正面影響，他知道小表弟的不幸消息時只有5歲。她跟兒子說了這個故事之後，他當下的反應是：

「現在托瑪斯可以從上面看星星了，巴布羅在下面看。」

埃絲特還做了一個掛飾，懸在嬰兒房的天花板上。她表示：「當一個寶寶在出生時或出生後幾天夭折時，你會突然感覺到情感和身體上的空虛，你對這個寶寶幾乎沒有任何記憶，同時家裡的某個地方（一個小窩）也變得不再有任何意義。在家中維持對這個寶寶鮮明的記憶也是一種需求和願望，這麼一來，寶寶就會永遠被銘記，並且以某種方式出現在日常生活中。這就是我認為這個活動有雙重治療功能的理由——它本身就能創造並填補實質的空虛。」

從前有兩隻小鳥住在森林最高的鳥巢裡。那棵樹非常高，一直長到天空裡，鳥巢就位在伸到星空外的樹枝上。小鳥在自己的窩裡就可以看見美麗的風景，到處都是五顏六色的花朵，還有一條水晶般清澈的河流，和一片青翠鮮嫩的草地。

某一天早上，兩隻鳥兒裡比較大的飄飄說：「我們離開這個鳥巢吧！讓我們飛下去聞聞花香、泡泡水，在柔軟的草地上休息休息！」另一隻小鳥庫卡比較謹慎，他更想留在巢裡。

然而，有一天黎明時分，兩隻小鳥還是決定去探險了。飄飄飛進了罌粟田裡，從一朵花飛到另一朵，胸腔裡吸飽了罌粟花的甜香。庫卡遲了好一陣子才到，他小心翼翼的嗅了嗅那些花。他待在那裡，覺得很快樂，也很滿足。

第二天，他們決定去河邊。飄飄興高采烈的從一塊石頭跳到另一塊，還把頭伸進水裡。庫卡先把腳弄溼，然後用喙沾了沾水。他覺得很快樂，但河水對他來說有點太冷，不久他就開始想念溫暖的鳥巢了。

幾天後，他們又飛了下來，這次去的是草地。飄飄藏在植物之中，和蝴蝶玩躲貓貓；庫卡幫自己找了一個安靜的角落，可以好好歇一會兒。

「這個地方簡直棒呆了！」飄飄興奮的說。

庫卡微微一笑：「沒錯，是很棒⋯⋯但是我好想念鳥巢啊。在那裡我感覺不到寒風，每樣東西都又軟又暖。」

聽到庫卡並不像自己這麼喜歡這個新地方，飄飄很難過。庫卡很愛哥哥，也很了解他，他對哥哥說：「我們都有自己的路要走，我待在巢裡會很好的！從那裡我可以看到花朵、小河和草地。它們會讓我一直想起你。」

庫卡朝天空飛去，他飛啊、飛啊、飛啊⋯⋯一路飛上了天。

庫卡就這樣回到了他在星星上的巢，而飄飄則繼續走遍世界。

夜幕降臨時，飄飄在草地上抬頭望著天上的星星，庫卡也在巢裡低頭凝視著同一片星空。他們都心滿意足、心懷感激的睡著了，因為他們都知道，在天空的另一邊，有一隻小鳥，會永遠和他們在一起。

埃絲特用一首墨西哥民謠結束了這個故事。那首歌的西班牙文歌名叫做〈彩色〉（*De Colores*）。

〈狼男孩的回家路〉 作者：希爾克・蘿絲・韋斯特

適合年齡：各年齡層。
應對狀況：陪伴小小孩走向死亡。

希爾克是《如何為孩子說故事》（*How to Tell Stories to Children*）這本書的共同作者，她是幼兒園老師，也是陶斯華德福學校（Taos Waldorf School）的創辦人之一。她一直支持著位在新墨西哥州陶斯市的「金柳悲傷關懷組織」（Golden Willow Grief Group），透過說故事和儀式，幫助喪子或失去父母的家庭度過難關。

以下是希爾克寫的簡介：「我們之所以會寫出〈狼男孩的回家路〉

這個故事，是因為得知了一個3歲男孩突然被診斷出絕症的悲傷經歷。他的家人剛搬家，卻又不得不鼓起極大的勇氣度過這段充滿挑戰的時期。陪伴小小孩走向死亡的過程中，我們不僅要每天陪伴在一旁，還必須找到讚美這個生命的方式。這個故事幫助了男孩的家人和我們，讓我們了解這個小小的靈魂有多麼強大，而我們在他走向死亡的過程中，又該怎麼為他好好慶祝。

「家庭中的死亡經歷迫使我們參與、面對它。對我們的小小孩來說，天堂和人間依然是相通的，像是『你永遠是我們當中的一分子』這樣的話相當重要且真實。我們的一部分會和生命一起旅行到另一邊，生活再也不會是原來的樣子。但我們會繼續前進，『星星』就是一個重要的連結點。

「星星並不孤單。當我們抬起頭仰望星空，就可以看見社區裡的那個狼男孩，他也低頭看著我們。也許狼男孩可以教我們，人間的日子有多珍貴。如果家人生病了，你要怎麼做才能為他們的心帶來喜悅呢？要做些什麼，才能幫助他們的靈魂跨越彩虹橋呢？故事中的動物委員會通常就是你需要拜訪的社區。睿智的貓頭鷹可能是你的醫生或臨終關懷工作者。」

狼爸爸帶著三隻小狼到處逛。他們在溫暖的夏日陽光下嬉戲、互相追玩耍。突然，狼男孩撞上了樹，大家都哈哈大笑，但他卻晃一晃頭，開始摔倒。這實在太奇怪了。

狼爸爸叫大家跟好，一起回新家去，這個洞穴是他們最近才發現的，非常漂亮。而狼媽媽已經準備好香噴噴的早餐等著他們了。

「我不想吃。」狼男孩說，然後開始用頭撞地板。

「別這樣。」狼爸爸喊道。

小小的狼男孩哭了起來。狼媽媽抱起他，說：「我覺得他不太對勁。」

連續三天，情況都是這樣。到了第三天晚上，狼爸爸決定去找睿智的老貓頭鷹商量一下。他在月亮奶奶的銀光下走向老杉樹。到了樹下，他清晰響亮的唱起狼族的歌：「有人在嗎？我需要幫忙！」

「誰？是誰在叫我？」

「是我，狼爸爸。我兒子怪怪的，我不知道該怎麼辦才好。」

「他叫什麼名字？」貓頭鷹問。

「我們叫他『狼男孩』，他是我們唯一的兒子。」

貓頭鷹抬頭看了看天上的星星，陷入了沉默，「狼男孩只能來這個地球一小段時間。冬天結束之前，他就得回星星去了。」

「不──」狼爸爸長嚎一聲，這是他這輩子最長的一聲嚎叫，「狼男孩不能走。我不想讓他走！」

「這不是你能決定的事，」貓頭鷹回答，「他選擇短暫停留在這裡。你的任務很艱鉅，但你做得到的。回到狼媽媽和其他孩子身邊去吧，告訴所有動物朋友，你必須讓狼男孩還在地球的這段日子過得喜悅快樂、回答他的每個問題。當彩虹落下，標記出他的回家路時，他知道該如何幫你做好準備。要唱他最愛的歌，為他說爺爺奶奶的故事，他們已經比狼男孩先回到星星的家。當他離開的時候，為他哭泣、為他慶祝。要明白，他生命中的每一天都是送給你們所有人的禮物。」

貓頭鷹叫了一聲，便飛向夜空，往月亮奶奶那兒去了。

狼爸爸覺得自己的心變成了一塊沉重的石頭，每一步彷彿都有一公里長。他回到洞穴，把消息告訴了狼媽媽。

「我們一定要聽睿智貓頭鷹的話，要為狼男孩慶祝。」她嚥下淚水說道。在她的心裡，早就感覺到這個消息必將到來。

吃過早餐之後，狼全家走到老杉樹下。

「坐下，」狼爸爸說，「我從貓頭鷹那兒知道了一個消息，現在我要告訴你們，狼男孩身體不太舒服，今年冬天，他就要走過彩虹橋，回去見爺爺奶奶了。」

「爺爺奶奶叫什麼名字啊？」狼男孩問。

「『他要過彩虹橋』是什麼意思？」狼妹妹問。

媽媽輕輕撫摸著三隻小狼，「就跟出生一樣，只是方向相反。你死了，就回家了。我們有一天都會死，然後回家。」

「我們可以跟狼男孩一起去嗎？」狼大姊問道。

「不行，」狼爸爸說，「這跟出生一樣，他得自己上路，但他的指路星星會帶著他回家——就是天狼星！」

「我們今晚可以去看看天狼星嗎？」狼男孩問。

「可以，我們還要一起對月亮奶奶嚎叫。」

回家的時候，狼男孩是被背回去的，因為他已經沒辦法走那麼遠的路了。到了晚上，他們走到外頭的月亮下，狼媽媽把狼男孩包在他的寶寶毯子裡背著。他們朝天狼星唱了首動聽的歌，狼男孩微笑著睡著了。這是個美好的夜晚，老貓頭鷹也叫了起來，祝福這個小家庭獲得力量和勇氣。

第二天晚上，狼爸爸在老杉樹下召集了動物委員會的動物們。他把兒子病危的消息告訴大家，所有動物都對著月亮高聲嚎叫，甚至還有一隻小兔子和一隻小老鼠也加入了。他們已經很久沒有聽到這樣悲傷的消息。

「我有一件非常重要的事需要你們幫忙！」狼爸爸說，「狼男孩還跟我們一起在地球上的這段時間，你們必須幫助我，讓狼男孩過得快樂。我需要你們每天晚上都到我們的洞穴外頭，唱你們所知道最美的歌。還有，如果你們當中有人能說好聽的故事，也可以來我們家。他很快就再也無法離開洞穴了。」

兔子跳出來，說要帶來彩虹後面那片美麗大地的故事；老鼠說要叫所有親朋好友把食物放在門外；土狼說要來唱歌；狐狸說要來站崗保護這一家人，還會帶兩個狼女孩出去玩。

　　第二天，狼爸爸是被狼男孩問的難題叫醒的。

　　「爸爸，你會把我的骨頭和身體埋在哪裡呢？」狼媽媽朝狼爸爸點了點頭，說：「你覺得那棵老杉樹怎麼樣？那裡可以看到整座美麗的山。」

　　「那裡很好，」狼男孩說，「我們今天可以去一趟嗎？讓我看看那個地方。」

　　狼爸爸想起來，貓頭鷹曾經說過，狼男孩會問很多正確的問題，讓他們做好準備。當他們一到那裡，狼男孩就說：「全世界中，這裡是我最喜歡的地方。」

　　狼女孩們開始挖洞。狼男孩要求洞要夠深，這樣他才能跟地底深處的樹根地精說話。「他們的故事好精采！」他說。

　　第二天狼男孩醒來，他的腿已經不能動了，連轉頭都很艱難，「爸爸，你能趕快帶我去山頂嗎？這樣我就可以離我的星星更近一點。」

　　時候快到了，狼爸爸帶著狼男孩上山去，還帶著狼媽媽做的美味食物，狼媽媽則和兩個女兒留在家裡。那一天，狐狸過來帶狼女孩們出去玩；幾百隻老鼠帶來食物，準備放進儲藏室；兔媽媽帶來一些自己做窩用的軟毛，她把這些毛送給狼媽媽，好讓她做一個柔軟的床墊。

　　這將會是狼男孩最後一次野外旅行。一段時間過去，狼男孩昏睡的時間變得愈來愈長。

　　貓頭鷹飛來找狼爸爸，「時候快到了！」他說。

　　接下來三天三夜，狼媽媽、狼爸爸和狼女孩們都陪在狼男孩身邊。

　　「他在用眼睛說話呢。」狼妹妹說。

　　「你永遠是我們家的一分子。」狼姊姊喊道。

狼媽媽和狼爸爸感覺到狼男孩最後一絲輕輕的呼吸，那氣息多麼溫軟柔和，就像春天的微風。「回家吧，狼男孩，」他們說，「走上彩虹橋，跟著你的星星！我們每天晚上都會尋找你的！」

　　事情確實如此，所有動物都來幫忙，挖了一個好深好深的洞，這麼一來，裹在寶寶毯子裡的狼男孩就可以聽見地底深處樹根地精說的故事了，而他的靈魂也可以回到位於天狼星的家。

　　那天晚上，滿月周圍繞著一道彩虹。所有動物一起為狼男孩唱了一首歌，感謝他來到地球一趟。「我們愛你！」他們唱著，「我們永遠都會記得你！」

　　直到今天，每當月亮奶奶變圓的時候，他們都會紀念他。老杉樹的地精們在地底深處說著故事，狼男孩的安息之地也開始長出了野花。

〈小蠟燭〉 作者：蘇珊特・愛莉森（幼教老師）

適合年齡：5歲。
應對狀況：父親過世。

　　這個故事是以手工圖畫書的形式寫給5歲小女孩的，她爸爸最近過世了。這個故事讓女孩的媽媽非常感動，也很感激。蘇珊特一直記著，寫下這個故事並且和孩子分享是一種「療癒」行為，因為她能注意到這個小女孩極度的失落。

　　蘇珊特表示：「我相信『留意』這個簡單的動作，本身就有療癒作用。雖然很難確定這些事情對人有多少影響（我們能怎麼衡量呢？），但是我認為，重要的是要找到與孩子和家庭連結的方法，讓他們知道：『我看著你、傾聽你，也關心你。』」

　　從前有一枝小蠟燭，還沒有點亮過。

在一個非常特殊的日子，有兩枝大蠟燭來到她面前。他們圍著她，離她好近好近，然後一起溫柔的吻了她一下。小蠟燭覺得癢癢的，一股暖流流遍全身。就在那時，她意識到自己頭上有了個小小的、亮亮的火光，是那個吻為她點亮的。

許多快樂的日子裡，她總是光芒四射。愛的火焰跳著舞、唱著歌，到處玩耍。兩枝大蠟燭總是站在她的身後，看著她、保護著她。

小蠟燭知道兩枝大蠟燭就在身後發著光，她覺得好安全、好溫暖。

然而有一天，小蠟燭感覺到一陣寒風吹過她的身邊。在她還沒有反應過來時，風已經吹滅了一枝大蠟燭的火焰，只留下一根還在冒煙的燭芯。

四周好像變暗了。小蠟燭又怕又冷，於是她靠近另一枝大蠟燭，想要取暖。

過了一陣子，小蠟燭開始習慣了以前沒有經歷過，身後只有一根蠟燭的新亮度。事實上，當她的眼睛適應了這陌生的新光線時，她注意到遠方有一些像小火花似的東西，這是她從來沒有注意過的。她看著，閃爍的火花似乎愈來愈近了。

沒多久，小蠟燭就被許多美麗的小閃光包圍著。她想知道它們是從哪裡來的，於是她仰起了臉。

令她驚訝的是，她看到了最亮的光，還隱約聽見一首歌，唱著：

「當你的愛之光似乎要滅了，睜開眼睛用心看。
上千枝搖曳的燭光正為你我閃耀。
每一枝小蠟燭，都在夜裡放光，
在月亮和星星之間找出它們，
這就是他們和我們分享的光。」

〈芭蕾女伶與音樂盒〉

適合年齡：5歲。
應對狀況：父親過世。

這個故事是由一群心理學家，在保加利亞首都索非亞的療癒故事寫作研討會上所構思的。寫作對象是5歲的小女孩，一個月前，她爸爸因為突發疾病去世了。因為他是在睡夢中死在家裡的，小女孩變得非常害怕睡覺，也害怕她媽媽去睡覺。這個故事，加上女孩臥室牆上的「夢精靈」圖畫，讓她有了入睡的信心。在第二章〈關於隱喻的思考〉（第51頁），詳細描述了故事寫作的過程。

以下是完整的故事，我根據他們寄來的翻譯綱要所寫成。

從前有個美麗的芭蕾女伶，她住在音樂盒裡。這個音樂盒放在一張結實的桌子上，桌子放在小鎮邊緣一棟彩色的小屋裡。每天，音樂盒的蓋子都會打開，芭蕾女伶就會不停的跳舞。噢，她好喜歡跳舞啊。每當她跳累了，音樂盒的蓋子就會蓋上，她也可以休息了。

就這樣，日子一直過下去，一天又一天——芭蕾女伶會跳舞，然後休息，然後再繼續跳下去。

某天晚上，這位美麗芭蕾女伶的生活發生了巨變。當她在音樂盒裡休息的時候，夜裡來了一場可怕的暴風雨。彩色小屋震得好厲害，桌子也前後搖晃著，幾乎要翻了。最後，桌子斷了一條腿、倒了下來，音樂盒的蓋子大大敞開，再也合不上了。芭蕾女伶醒過來便開始跳舞，她轉了又轉，轉了又轉——她跳了一整天、一整夜，接下來又是一整天——她轉了又轉，轉了又轉——她不斷跳舞、跳舞，沒辦法停下來。

某一天晚上，夢精靈從那棟彩色小屋的窗前經過。當她往裡頭一看，

看見芭蕾女伶還在一圈又一圈的跳著舞。她心想，也許自己能幫上忙。於是她溜進屋裡，唱了一首特別的歌，想辦法讓音樂盒的蓋子再度合上。那天晚上，芭蕾女伶終於能休息了，她休息了好久好久。

第二天上午，夢精靈又回來了，這次唱的是另一種歌——是喚醒之歌。音樂盒的蓋子打開了，芭蕾女伶又可以跳舞轉圈圈了，她轉了又轉、轉了又轉。噢，芭蕾女伶真的好愛跳舞啊！

從那時候開始，在夢精靈的幫助下，日子又可以一直過下去了，一天又一天——芭蕾女伶可以跳舞，然後休息，然後再繼續跳下去。

〈天堂魔法〉

適合年齡：5歲。
應對狀況：父親過世。

這個故事是我為北京5歲男孩寫的，他的爸爸在前一年死於溺水。我和男孩的媽媽見了面，想了解更多關於這個孩子的事，像是：他最喜歡的東西、玩具、動物，或者他喜歡做的事情。男孩最愛的其中一本故事書是關於兔子的，而從他剛學走路開始，最喜歡的東西就是他的兔兔毯子。

我也花了一點時間在幼兒園裡觀察那個男孩，發現男孩和「兔兔毯」有非常緊密的連結。他不管走到哪裡都帶著它，只要有一點點小事讓他心煩，他就會把自己裹在毯子裡面。

男孩的媽媽打算搬到其他國家去，兒子會在那裡的新學校上學。媽媽認為，孩子能夠不帶毯子去「大一點」的學校（小學）相當重要，這樣才不會被人取笑；但是到目前為止，不管媽媽怎麼努力，都沒有辦法降低孩子對毯子的依賴。

這個故事的目的有兩個：一是協助男孩把安全毯變成兩個特殊的包

包（一個給他自己，一個給他的玩具兔子）；二是幫忙男孩建立一個連結，連結的一端就是男孩和媽媽認為，爸爸過世後去的地方（天堂）。有一次，小男孩出去郊遊但沒有帶毯子，媽媽便打算趁這段時間把毯子縫成兩個包包，再用零碎的毯子布料幫男孩的玩具兔子做一件外套。

男孩回家時，他的床上放著用星星包裝紙包著的特別禮物，旁邊放的，則是一個故事卷軸（還用金線捆著）。

男孩打開了禮物，欣喜若狂。媽媽告訴我們，男孩沒有問任何問題，就接受了毯子變成包包這件事。

從前有一條特別的毯子，屬於叫「濤濤」的小男孩。這個男孩非常愛他的毯子，每天晚上都和它睡在一起，不管到哪裡都帶著它。毯子是他的朋友，濤濤也是毯子的朋友，他們在一起的時候非常快樂。

多年以來，毯子一直很喜歡這份特殊的友誼，但是濤濤一天又一天長大，毯子就隨時隨地跟著。濤濤跟所有正在長大的男孩一樣，喜歡爬樹、跳水坑、把鞦韆盪得高高的，而毯子已經太老也太累，做不了這些事情了。但毯子還是想要跟濤濤當好朋友，想要在濤濤長成又高又強壯的男孩時幫助他。

濤濤的爸爸從高高的天堂往下看，想要幫助毯子。最後，爸爸有了個主意——他施展了一種神奇的魔法，把毯子變成了毯子包包，可以輕易和濤濤去任何地方的包包。這個新包包可以裝入濤濤自己的東西，像是他的玩具、蠟筆，還有書。

更讓人驚喜的是，當爸爸施展特殊魔法時，剩下的布料還可以幫濤濤的新玩具兔子做幾件小外套——一件兔寶寶的寶寶外套，和一件兔爸爸的爸爸外套。兔子們都很愛住在毯子包包裡，大家都變成了朋友。

〈塔吉・拉・烏潘多——愛的花冠〉 作者：塔比莎・瓦格西・吉金戈（奈洛比幼兒園老師兼輔導員）

適合年齡：3歲～7歲。
應對狀況：父親過世。

　　這是為兩個住在肯亞基庫尤的女孩（一個3歲，一個7歲）寫的故事，作者是她們的阿姨塔比莎。兩個女孩的爸爸一年前因心臟病發作猝死。這兩個女孩都喜歡生日和慶祝活動，這對引導故事發展有幫助。在父親一週年忌日時，塔比莎說了這個故事給兩個女孩聽，並且和她們帶著愛的回憶一起編花環。塔比莎說：「太陽、月亮和星星的禮物讓兩個女孩留下了深刻的印象，『她們將永遠銘記於心』。」

　　從前有個叫吉通加的男人，和妻子以及兩個漂亮女兒住在肯亞山的山坡上。這兩個女兒一個叫瑪肯娜，意思是「幸福」；另一個叫南布菈，意思是「雨」。清晨時分，氣溫總是冰冷刺骨，但吉通加很努力工作。他一聽到蒼頭燕雀的歌聲，就準備好迎接新的一天。吉通加和美麗的女兒們吻別，然後出發去照看咖啡園，園裡的每顆紅色漿果都得採下來才行。

　　每天的生活都一樣，爸爸去打理咖啡園，女兒去上學。

　　到了傍晚，父女三人最愛去騎腳踏車。他們會小心沿著一條通往河邊的小路騎過去，父親會把水罐裝滿，然後在兩個女兒的協助下幫樹苗澆水。接著會在河岸邊坐下，他們最喜歡一起唱歌給鳥兒聽了。

> 「卡悠尼卡垮 威 西撒 西撒
> 我的小鳥，小鳥啊，千萬要躲好，
> 要是被別人看見，你就不是我的了。飛啊，飛啊，飛高一點，
> 和彩虹的顏色一起跳舞吧。」

他們會對著鳥兒唱歌，然後趕在吃晚飯前回家。媽媽會準備好吃的依利歐[16]，大家會一起吃飯，然後在上床睡覺前出去看月亮。對女孩們來說，這是個神奇的時刻，她們會坐在爸爸腿上聽他說故事，媽媽會用溫暖的馬賽毯[17]把他們三個人裹在一起。

某天晚上，吉通加說了一個新故事，並且在兩個女兒頭上戴上了用美麗的茉莉花枝條編的花冠。故事敘述了一個疼愛女兒的男人，女兒們想要什麼東西他都會給，現在是她們收到特別禮物的時候了。

「從太陽那裡，她們每天都能得到暖意，溫暖她們的心；

從月亮那裡，她們每夜睡覺時都能得到勇氣，照亮她們的世界；

從星星那裡，是許多朋友和家人的禮物，他們將永遠愛著她們。」

隨後吉通加告訴瑪肯娜和南布菈，他就要踏上一段期待已久的旅程，前往一個美麗的地方，不再回來了。他會在這個地方看著她們，沒有人看得見或聽見他，但是他會陪著她們走過人生的每一步。

每當女孩們需要父親的時候，她們就必須戴上美麗的隱形花冠，在她們的生日、畢業典禮和其他每一個特別的日子，父親總會陪在她們身邊。

那天晚上，當爸爸讓她們上床睡覺時，他把花冠放在女兒的枕頭邊，最後一次親吻她們的額頭，然後也去睡了。

那是爸爸給她們的最後一個吻……他那顆金子做的心停止了跳動，悲傷充滿了他們的家。

每當新的黎明來臨，女孩們就等待溫暖的太陽升起；到了晚上，就等

16　依利歐（Irio）是基庫尤的傳統菜肴，以玉米、馬鈴薯和綠色蔬菜做成。

17　馬賽族（Maasai）為東非原住民，他們所織的毯子多為紅色且印有格紋圖案。

待月亮照亮她們的床、等待閃爍的星星照耀她們。

從此以後，瑪肯娜和南布菈永遠珍惜著所有美好的回憶。當爸爸從天堂之門看著、保護著他的小女孩時，她們也懷著勇氣面對全新的每一天。

「卡悠尼卡垮 威 西撒 西撒

我的小鳥，小鳥啊，千萬要躲好，

要是被別人看見，你就不是我的了。飛啊，飛啊，飛高一點，

和彩虹的顏色一起跳舞吧。」

〈給希薇亞的娃娃〉

適合年齡：5歲。
應對狀況：失去家人。

我的故事寫作課中，有位學生在奈洛比SOS兒童村工作。有一次，在培訓課程快結束的時候，她問我能不能寫一個故事幫助一個新來的孩子希薇亞，因為她每天晚上都睡不好。這個小女孩的家人在一次村莊襲擊中全部遇害，因此她5歲就成了孤兒。之後SOS兒童村收容了她，她將會在那裡生活到18歲。

聽完整事件之後，我的第一個反應是：「不行，抱歉，我可能做不到。」然後我問這位學生，為什麼她會認為一個故事能改變一個孩子生命中這麼可怕的經歷呢？那個學生懇求：「就算故事沒辦法治癒她，說不定多少能幫上一點忙？」

一回到澳洲，我就寫了一個簡單的故事，希望能幫上一點忙。我聽說希薇亞一家都是虔誠的基督徒，這些資料引導我選擇了這個故事歷程。我用電子郵件將故事寄回肯亞，老師為希薇亞講了這個故事。第二天早上，希薇亞發現了一個娃娃，穿著用金銀線繡的衣服，在她的床上

等著她。這個娃娃成了希薇亞非常特別的朋友兼睡覺夥伴。後來老師和舍監都報告，希薇亞在玩耍和與他人互動方面都有所進步。

　　這是一次令人感到謙卑的經歷，也讓我意識到，對整個情況來說，有些故事也許只能幫上非常、非常小的忙……但如果真的有幫助，即使只是一點點，也太好了。

　　希薇亞的爸爸媽媽在天堂很安全，所有孩子都和他們在一起，只有小希薇亞還留在人間。

　　晚上，在閃爍的星光下，他們可以看見小女兒睡在床上。他們很高興她有了一個安全的新家，還有新媽媽照顧她。但是他們也看得出來，他們的女兒很悲傷、很孤單，所以他們想從天堂送一份禮物下來——一個小小的朋友，希薇亞可以和它一起玩，晚上可以跟它一起睡覺。

　　在天堂天使的幫助下，他們從太陽那裡收集了金線，從月亮那裡收集了銀線，然後在天堂的織布機上織成特殊的布料，用這塊布料做成一個小娃娃。

　　娃娃做好之後，天使把娃娃抱在懷裡，帶著它穿過一閃一閃的星星來到人間。當天使到達希薇亞的新家時，她的手從窗戶伸了進去，把娃娃放在床上，就在熟睡的希薇亞枕邊。

　　隔天早上，希薇亞醒來時，她的新禮物正等著迎接她。娃娃的衣服在晨光中閃著金光和銀光，希薇亞看見娃娃，心裡好高興。她知道這是天堂來的禮物。

　　她幫它取了名字……娃娃成了她最特別的朋友。

〈奶奶的光之斗篷〉

適合年齡：6～8歲。
應對狀況：祖父母或年長親人過世。

這個故事可以在祖父母或年長親人過世時說給小小孩聽。這是最近在某位老人的葬禮上，年幼的孫女所朗讀的故事。

奶奶坐在花園裡她最喜歡的椅子上，回想著她這一生所有美好時刻。差不多是時候了，該走上那條通往繁星天堂的漫漫長路了。在金色的陽光下，蝴蝶和鳥兒在她身邊飛來飛去，為奶奶編織了一件特別的光之斗篷，讓她在路上穿。

這天結束的時候，太陽準備上床睡覺了，換月亮在天空中照耀。奶奶還待在外面，因為花園的椅子太舒服，她都睡著了。

月亮媽媽灑下銀光，夜精靈把月光織進奶奶的斗篷裡。然後所有小星星接棒，布料上又多出了一些光，不住的閃爍。

光之斗篷準備好了，奶奶也醒了過來，她把斗篷緊緊圍在老邁疲憊的肩上，展開了旅程。

當她飛過天空的時候，她還記得要停下來，就一會兒，給每個家人一個飛吻。黎明的雲彩用清晨的顏色抓住了這個吻，等到他們這一家醒來，就可以看到它在日出中閃閃發光。

〈小鹿和「親愛朋友」的故事〉作者：安妮・布萊恩特（故事作家、作曲家）

適合年齡：7歲。
應對狀況：親密的親人過世。

安妮為這個故事寫下序言：「這個故事是為7歲小女孩寫的，她非

常親密且長期抗癌的舅舅最近過世了，所以她很悲傷。女孩和媽媽、舅舅以及爺爺奶奶感情都非常好，她大部分的人生都是和他們共度的。在女孩出生以前，舅舅就被診斷出癌症，所以在女孩的生活中，舅舅的病情持續存在著。

「由於她深愛動物，並且與牠們有著深刻的連結，加上她也會和舅舅分享這些話題，我選擇以動物世界做為故事基礎。故事焦點從她在森林之家的保護區，轉移到對探索外界日益強烈的渴望，這反映了女孩自己走出幼兒期的旅程。媽媽希望這個故事，能反映出女兒對家庭和所擁有的事物之外的世界愈來愈感興趣的情況。

「舅舅和他那群親密的朋友都有不尋常的綽號，像是『一切』和『親愛朋友』，小女孩總是愛聽他們這樣喊對方。因此，我用類似的風格為故事中的角色命名。為女兒讀完小鹿的故事之後，媽媽注意到，小女孩看到了更多舅舅存在自然中的跡象──像是出現在他們家和溪邊的白頭海鵰一家，或者當她們聽舅舅最喜歡的音樂或談起他的時候，天空便出現彩虹。媽媽寫道：『我真的認為，以這個故事為基礎的這整段經歷，用我永遠無法用語言解釋的方式，改變了她對死亡和死後生活的看法。』」

從前，在一大片森林的中心，有片陽光充足的空地，空地邊緣長著賞心悅目的柔軟苔蘚。有一隻小鹿住在這裡，她滿是斑點的皮毛又軟又細，小蹄子就像森林地上叮噹作響的鈴鐺，她的心裡滿是珍貴的善意，每棵樹、每隻動物、每隻鳥兒都好愛好愛她。

小鹿在寧靜平和的森林裡，特別是空地那片心愛的森林裡跳舞、玩耍、作夢，在充滿愛的懷抱裡長大。這些又高又壯的樹在小鹿身邊生長，他們也特別照顧她。

空地一邊立著一棵美麗的小樹，枝幹優雅、枝椏修長，上面長滿了層層疊疊、在微風中翩翩起舞的葉子。每天晚上，小鹿都喜歡跳進舒適的枝條間打滾玩耍，然後緊緊靠在一起，快樂的入睡。她把這棵樹叫做「心愛的」。

離這棵樹不遠處，有兩棵布滿樹瘤的老樹並肩站在一起。經過這麼多年，他們又黑又粗糙的枝椏長得太近，幾乎分不清哪根樹枝是誰的，他們古老樹皮上的每一個凹痕、每一道深溝都充滿了精采的故事。她把這兩棵樹取名叫「智者」。

然後是「親愛朋友」，他修長的樹幹和纖細的樹枝就長在空地的正中央，雖然他的枝椏又細又白，但他是所有樹中最高的。事實上，「親愛朋友」高到讓小鹿相信，他的樹枝能一直伸到天堂。他的樹幹裡有個小空洞，剛好讓小鹿完美的鑽進去，小鹿喜歡躲在這裡。有時候，她真的覺得自己能聽見「親愛朋友」的心跳，就像她能聽見自己的心跳一樣。偶爾她甚至覺得，自己能看見裡面發出某種神奇的光芒。

「親愛朋友」還有另一個神奇的地方。不管小鹿成長了多少，一天比一天大，那個空洞似乎也會跟著神奇的變大，因為洞的大小對她來說總是恰到好處。當小鹿爬進來，樹洞裡充滿了她的說話聲、歌聲、笑聲和故事時，讓「親愛朋友」幸福的嘆了口氣。小鹿知道「親愛朋友」很強壯，還有一點魔力，所以她把所有祕密都告訴他。尤其是那些厚臉皮的風在她耳邊的低語。那討人厭的風有一大堆關於遠方的陌生動物、地方和事物的荒誕故事，對小鹿來說，這些故事聽起來就算一點也不可怕，也夠刺激的了。只有在安全的樹洞裡，小鹿才敢小聲說風的故事。「親愛朋友」聽了她的興奮和恐懼，最後笑了起來，然後回應她：「不久的將來，當妳聽到自己真正的名字時，就會知道，妳已經準備好在森林外的那塊土地，見見這些陌生朋友了。」

當「親愛朋友」說這些話時，發出了比之前都亮的光芒。

「但是我怎麼知道我真正的名字是什麼呢？」小鹿問。

「妳會知道的，小鹿，就在我開啟長途旅程之後。」

「親愛朋友」常常談起他的「長途旅程」。他在夢中練習，為將來某一天真的飛到森林之上作準備；在雲端跳舞，並在森林家園的另一端欣賞這片神奇的土地，高興飛去哪兒就去哪兒，又快樂又自由。當小鹿聽到那些遙遠的地方，她很想知道，那裡會不會有點像風低聲訴說，那些令人興奮又害怕的地方？

「也許將來，我可以跟你一起去『長途旅程』？」她怯生生的說。

「噢，不，小傢伙，不久的將來，妳真的會到這些遙遠的地方去，但是當我高高的飛在天上時，妳將會生活在其中。」

聽到這些話，小鹿覺得很興奮。原先，每當她想到「親愛朋友」會離開她，自己踏上神奇旅程時，她就覺得悲傷，但這番話暫時讓她不那麼難過了。

過了幾天，小鹿又出來瘋狂的追風，突然，她跌進了森林裡從來沒去過的地方。她停下來，在附近探險、和樹上的鳥兒聊天、吃著附近灌木叢裡結出來的美味漿果。突然她呆住了，她聽到附近有聲音，那是從沒聽過的聲音，和以前聽過的任何聲音不一樣。當小鹿無聲無息跳到一根倒下的木頭後面時，聲音變得更大了，她從藏身處向外望著，幾乎不敢呼吸。

過了一會兒，有兩隻她生平見過最奇怪的動物跑到漿果樹叢裡，瘋狂大吃起來。他們笑著，漿果汁液順著色澤怪異的皮膚流下來。當她意識到他們只用兩條腿站著的時候，她驚訝的倒抽了一口氣！那兩隻動物聽見她的氣息，迅速轉過身來，也同樣倒抽了一口氣，因為他們發現小鹿正在背後看著他們。她閃電似的奔回森林裡安全的家，敏捷的蹄子躍過原木和溪流，風在她身後微弱的呼喊著：「……等等啊……朋友……」但是小鹿完

全沒有停下來，直到她終於鑽進了「親愛朋友」的樹洞，那裡閃著溫暖而安全的光。一大堆話從她嘴裡迸出來，每一句都充滿了興奮、恐懼和驚奇，最後「親愛朋友」總算讓她平靜下來，他輕輕唱著歌，讓小鹿受了驚嚇的身體進入夢鄉。

小鹿夢見自己在飛，就像「親愛朋友」夢到的那樣，只不過這樣的感覺比想像中更美妙。她穿過雲層，俯瞰著森林裡的家，然後飛過起伏的綠色山丘，和遠方沒有盡頭、波光粼粼的水面。她從來沒有意識到遠方的森林和土地有這麼美！她在柔軟的雲朵間跳躍飛舞，像風一樣自由翻滾、滑翔，直到雲朵開始溫柔引導她回到森林。就在她接近空地的時候，熟悉的歌聲充滿了她的耳朵。歌聲愈來愈響，她慢慢往下飄，飄下來、飄回「心愛的」張開的枝椏和「智者」們堅定的目光裡，他們的聲音帶著她一路降到涼爽柔軟的森林地上，讓她依偎在「心愛的」長滿青苔的樹根裡。

不久，小鹿帶著微笑醒來。但當她意識到夢裡那首甜美的歌依然圍繞在身邊時，笑容很快就變成了困惑。整個森林都在唱歌，只是現在她是完全清醒的。她抬頭望著「心愛的」，希望能消除疑慮，那棵美麗的小樹帶著深意笑了笑，又把目光轉向空地中心。小鹿也朝那兒看去，那裡幾乎被柔和的光完全覆蓋，是「親愛朋友」纖細的枝椏。他看起來真美啊！當小鹿跟著唱起來的時候，喜悅的水霧瀰漫了她的眼睛，高興的眼淚順著臉淌了下來。就在這時，那團豐厚、明亮如暖光的雲朵開始上升。那團光愈升愈高，穿過空地照亮了鴿灰色的黎明天空；它愈來愈高，最後和日出的金光融為一體。直到太陽升上了早晨的天空，樹木和動物的歌聲才終於停歇。

就在那時，小鹿想起來了。她奔向那棵樹和樹洞，雖然她知道「親愛朋友」已經不住在那裡了，但她依舊開始到處搜尋。在那裡，在小鹿經常靠著頭休息的那一小片土地上，有一條項鍊。她幾乎不敢喘氣，然後慢慢

撿起那條掛在藤蔓上的光滑長莢墜子。她搖了搖裡面的小種子，翻過來，發現木頭上刻著精緻的字。

她回到金色的陽光下，細細的讀著上頭的題字：

「謝謝妳和我一起飛翔，勇敢的心。」

從那天起，小鹿真正的名字就傳遍了整個森林以及森林外的許多地方。她經歷了許多冒險，和各種陌生又奇妙的生物交朋友。他們從她善良的言語和溫柔的天性中得到了安慰，甚至和她一起回到曾經是「親愛朋友」的家，在那棵庇護大樹的樹洞裡療傷，或者尋求友誼。

每天晚上，她都會蜷在「心愛的」長滿柔軟苔蘚的根上，「智者」說著故事讓她平靜入睡，她作夢、飛翔，在高高的天上笑著和「親愛朋友」分享小祕密。

〈河狸與橡樹〉 作者：莫西尼・法蘭柯胡頓與史蒂芬・夏普（音樂家）

適合年齡：6歲～9歲。
應對狀況：親人突然離世。

這個故事是在蘇格蘭佛雷斯地區舉辦的療癒故事研討會上所寫下的。原本是為兩個正處在悲傷中的男孩（一個6歲，一個9歲）而寫，他們的爺爺和表弟在車禍中雙雙過世。

他們的母親說，首先這個故事給了孩子們希望的感覺，在大自然的背景下，這種希望在生命循環中隨處可見⋯⋯樹木生長、倒下，然後發現自己躺在森林地上，只有成為其他動物的家園時才得以重生。

之後這個故事也用在突然失去其他親人的情況，包括父母因為無預期流產而悲傷的失去寶寶。

從前，在一片美麗的森林中央，聳立著一棵高大雄偉的老橡樹。這棵樹是許多大小動物的家，一株絕美的紅玫瑰也在這裡安家，它攀上了樹，纏繞在樹幹上。玫瑰樹上住著一隻正要化蛹的毛毛蟲，受到強壯又安全的樹庇護，以及美麗又脆弱的玫瑰滋養。

一天，天氣悶熱，雷雨雲開始聚集。然後閃電襲來，老橡樹和玫瑰轟隆一聲被打倒在地。

松鼠、貓頭鷹、蜘蛛、螞蟻，大大小小的生物都不可置信的聚集起來。怎麼會這樣呢？我們要住在哪兒？我們的樹會怎麼樣？為什麼沒有人警告我們？我們的孩子要住在哪裡？

接下來三天三夜，鳥兒不唱歌了……松鼠安靜下來，連螞蟻都站著不動，一片死寂。

這時，來了兩隻河狸……他們發現這裡這麼安靜，知道出事了。他們嘴裡哼著歌，忙著開始工作：

「我們是勇敢的河狸，我們拚命啃樹。
黑夜過了白天又來，我們努力幹活，
因為我們知道，新的一天永遠會來。」

經過許多個日夜、許多個季節流逝，歷經烈日、風雨和大雪，終於，他們眼前出現了一座宏偉的木屋，驕傲的聳立在森林地上。這裡有貓頭鷹棲息的地方、有鳥兒的窩、有兔子的隧道、有松鼠的樹枝，每個動物都有一個安全的避風港，而且大家可以在森林裡一起生活很多年。

當動物慶祝大家一起居住的第一個夜晚時，他們聽到一個聲音。每個人都透過樹枝的縫隙往上看，他們看見附在凋萎玫瑰上的蛹已經化成了美麗的蝴蝶，正在高高的天空中飛翔呢！

〈希薇亞與星星〉 作者：伊凡‧多諾霍

適合年齡：6～10歲。
應對狀況：母親得了絕症，或是近期喪母。

這個故事是寫給母親得了絕症或者最近剛喪母的兒童（6～10歲）。

當伊凡的孩子突然死於意外事故，她失去了比自己生命更寶貴的人。接下來幾年，她開始深刻理解了療癒悲傷的作用。在她的著作《被剝光的靈魂——在悲痛中成長》（*Soul Stripped Bare – Growing through Grief*）中，她分享了在經歷了巨大失落後，自己強而有力的生命故事。伊凡慷慨提供這個短篇故事和另一篇〈貝貝再見〉（第111頁）收錄於本書。

從前有個小女孩名叫希薇亞。她和媽媽、奶奶一起住在海邊陡峭懸崖上的漂亮小屋裡。

每天夜裡，希薇亞都會在臥室窗邊看星星。它們看起來就像一條明亮的光毯，照耀著黑暗的深海。她喜歡它們形成的圖案，還會為它們編一些睡前故事。她最喜歡的是一顆黃色的星星，一顆會閃的星星，還有一顆很亮的星星。希薇亞把它們想成一個星星家庭，就像她家一樣。

那顆黃色的星星就是奶奶，會閃的星星是小女孩，最亮的那顆星就是媽媽。當她把睡意濃濃的頭靠在柔軟的枕上時，會想像星星家庭正在進行驚人的大冒險。很快的，希薇亞就會沉入深深的、平靜的夢鄉。

有一天，她被某個輕輕的哭聲驚醒。她懷疑是不是微風吹過的聲音，但是她仔細聽，可以聽見壓低了的說話聲。是奶奶和媽媽！於是希薇亞加入了她們的談話，這時候，她們告訴希薇亞，媽媽得了重病。

小希薇亞很傷心，她不想要媽媽生病。說不定她把屋子整理乾淨、洗好碗盤，媽媽就會好一點了。奶奶悲傷的笑了笑：「親愛的孩子，如果可

以，我們會盡一切所能讓媽媽好起來，但有時候，世界上所有的愛、所有的希望、所有的整理，都不能改變什麼。」

媽媽也表示同意，她緊緊抱住希薇亞，說：「接下來幾個月，我們要一起創造美好的回憶。」

這就是她們做的事。

媽媽把最愛的食譜教給希薇亞。她們縫了一條漂亮的毯子，上面滿是緞做的心，又軟又暖，就跟媽媽一樣。她們做了一本相簿，裡面都是特別的照片。媽媽還特地為希薇亞寫故事、寫甜蜜的詩。

冬天一天天過去，媽媽變得愈來愈虛弱，希薇亞知道她很快就要走了。當鹹鹹的淚珠大顆大顆從她臉頰上滑落時，媽媽抱住了她，想讓她快樂起來。

媽媽說自己就要到星星上去住了，每天晚上她都會低頭看著希薇亞。她說，剛開始希薇亞會很難過，但隨著時間過去，她會重新快樂起來的。「還有，」媽媽說，「我的愛永遠在妳心裡。」

她一面說著，一面拿出一條美麗的心型項鍊送給希薇亞。「不管什麼時候，要是妳覺得悲傷，就用手指捏著這顆小小的心、閉上眼睛然後微笑，妳的心會明白我正為妳送上來自星星的愛和親吻。妳看不見我，但能感受到我的愛。」

那天晚上，希薇亞躺在臥室窗邊看著星星一家，那顆明亮的「媽媽星」開始閃爍、變亮。突然，它變成了一顆流星，在夜空中放出光芒，然後消失在黑暗中。當它消失的時候，希薇亞聽見媽媽說：「親愛的，再見了。我永遠愛妳。」

希薇亞躺在那裡，心裡非常難過，這時門輕輕的打開了，奶奶走了進來，靜靜在希薇亞身邊躺下、依偎著她。當她們肩並肩躺著，眼淚輕輕落下時，夜空中出現了神奇的東西。就在希薇亞窗前，那是一顆新星。她心

裡明白，那是媽媽，她正守護著她。

希薇亞悲傷的笑了。她摸著自己的心型項鍊，對夜空輕聲說：「謝謝妳，媽媽，我永遠愛妳。」

〈咕嘟咕嘟小姐〉 作者：安娜・巴里西奇（克羅埃西亞理學碩士、作家）

適合年齡：8歲。
應對狀況：親人過世。

安娜這樣介紹這則故事：「應參加我研討會的老師要求，我寫了這個故事。對象是8歲、讀二年級的雙胞胎兄弟，和他們非常親的姑姑最近過世了。

「和男孩的媽媽通電話時，我發現他們和姑姑總是玩得很開心。她會帶他們去散步，常常和他們在院子裡玩。有時候，她會和孩子們一起玩那種朝天空發射泡泡的電玩遊戲。他們會一起吃披薩，無話不談。

「大多數父母會限制孩子們做的事，姑姑都讓他們做，像是多玩一點電玩遊戲、多開點玩笑、走得更遠一些。然後，她病了。

「她和癌症抗爭了很長一段時間。兩個男孩一直陪在她身邊，直到最後一刻。他們會到床上去靠著她，盡可能貼近她，即使她那時候已經不能開口說話了。兩個男孩問媽媽：『誰會來接替姑姑的位置？』

「我寫了這個故事，把它寄給男孩們的老師。她在全班同學面前大聲讀了出來，然後孩子們寫下這個故事帶給他們的感覺。雙胞胎A含淚寫下了這段話：『又高興又悲傷。』他還畫了一幅畫，是自己跳進咕嘟咕嘟小姐懷裡（不是故事中的人物，而是他自己！）；雙胞胎B寫了一整段和咕嘟咕嘟小姐玩耍的故事，還畫了一幅故事中的人物和她一起玩的畫。B在男孩們跳躍的岩石上畫了一個大大的笑臉。

「幾個月後，媽媽寫了感謝信給老師。她說，老師的參與，以及在

全班同學面前唸出這個故事，再加上她對孩子們的關注，給了她和兒子們極大的幫助。」

　　在湧泉地這片神奇的土地上，海邊的一間小木屋裡住著華特一家：媽媽叫做華特琳，爸爸叫做華特福，他們有一對雙胞胎兒子，叫做華特利和華特比。他們有親愛的祖父母，還有一群如家人般的朋友。

　　華特利和華特比就跟湧泉地的其他男孩一樣，他們的皮膚是淡藍色的，戴著一頂藍色的王冠，他們的手和身體之間有一片折疊起來的薄膜。如果他們想飛，薄膜就會像翅膀一樣展開；如果他們跳進清澈的水裡，薄膜也會讓他們游泳和潛水變得更快。

　　湧泉地是一片充滿陽光的青翠山地。每座山都有小溪流下來，小溪聚成小河流，並且流過一連串小瀑布所匯集的大瀑布，而許多湧泉地家庭都住在這些瀑布邊的小農舍裡。湧泉地每個家庭都有自己的小農舍，農舍旁邊都有一道泛著白色水花的美麗藍色泉水，這些水是從地底下湧出來的。每道噴泉都獨一無二、充滿生機。當一家人在水裡游泳時，噴泉就和他們一起歡欣鼓舞，洋溢著喜悅。湧泉地本身就是由此地的水構成的，所以他們可以輕易的和泉水溝通，他們完全聽得懂那咕嘟咕嘟的水聲。

　　華特家的噴泉就在他們房子的後面，名叫「咕嘟咕嘟小姐」。每天早上一起床，華特利和華特比就會跑到那裡去玩，每一次都像是在慶祝。晶瑩剔透的咕嘟咕嘟小姐流過一片覆著柔軟苔蘚的斜坡，這對雙胞胎會爬上山頂，然後從這條軟軟的水滑梯上溜下來。由於他們也會飛，所以他們會飛到空中、繞個幾圈，然後一頭栽進水晶般清澈的水裡。接著他們會浮出水面，開懷大笑。

　　咕嘟咕嘟小姐會和他們一起笑，還會做水氣球為孩子們帶來更多的歡樂。男孩最喜歡的遊戲就是「撲水氣球」，他們會在山頂上等著，要是看

見了水氣球，他們就會跳上去。有時候氣球會讓他們升到很高的地方，連他們家的屋子看起來都變得很小。整個玩耍過程中，咕嘟咕嘟小姐都唱著歡快的旋律。有時候兩個男孩會開始跳舞，他們實在難以抗拒音樂的誘惑，總會隨著節奏愉快的跳起來。

等到他們玩累了，兄弟倆就會坐在咕嘟咕嘟小姐旁邊，跟她聊一聊心事，咕嘟咕嘟小姐很喜歡和他們談天。有時候，只有華特利一個人坐在那裡，說一些自己的祕密。咕嘟咕嘟小姐會仔細聽，然後用她那神奇的水之手擁抱他。有時候，華特比也會和咕嘟咕嘟小姐分享祕密和沒有告訴過別人的喜悅。華特利和華特比，還有華特全家都非常愛咕嘟咕嘟小姐，咕嘟咕嘟小姐也愛他們。

但是有一天，湧泉地發生了一場大地震。地面搖晃得很厲害，擾亂了地下水流。咕嘟咕嘟小姐的泉源有個地方裂開了，因此泉水變得愈來愈少。

那天，當華特利和華特比來看她的時候，他們看得出來，她變得安靜了，也更累了。水還是不斷從綠色的山上流出來，但一天比一天少。這對雙胞胎再也不能從山頂上往下跳，再也不能一頭栽進咕嘟咕嘟小姐的肚子裡去了。他們能做的就是和她說話、躺在她身邊，聽著她愈來愈小的咕嘟聲。然後有一天，當他們醒來，跑到心愛的咕嘟咕嘟小姐那裡時，水沒了，連一滴也沒有。

這讓華特利、華特比以及華特全家人難過極了。他們想念咕嘟咕嘟小姐，兩兄弟悲痛欲絕，淚水順著臉頰淌下來，浸潤了乾燥的土地。一會兒之後，土壤低聲說：「謝謝你們的眼淚。」

時間繼續過去。華特利、華特比和爸爸媽媽、爺爺奶奶、朋友們以及其他孩子在湧泉地玩。有一次，媽媽緊緊抱著華特利，華特利幸福得湧出了眼淚，一滴喜悅的淚水掉在地上。

土地低聲說話了：「謝謝你的喜悅之淚。現在我可以和你們分享最大的祕密了。還記得發生地震時那天的情況，還有咕嘟咕嘟小姐消失的事嗎？想知道她的水現在在哪裡嗎？嗯，她的水轉移到另一個神奇的地方去了。許多地下水在我身體裡流動。穿過黑暗的地底之後，就會再次露面，出現在一個遙遠的、陽光明媚的綠色山丘上。思念一個人，就是用愛在背後支持他。每次你因為太愛一個人，而他卻離你而去，讓你傷心的時候；還有每次你因為太愛一個人，好感激他們在身邊，眼裡盈滿淚水的時候。你們愛的淚水，就會成為我地下水的一部分。」

　　因此，你們愛的淚水也成了咕嘟咕嘟小姐的一部分。你們對彼此愛得愈深、愛得熱淚盈眶，咕嘟咕嘟小姐就愈快樂，因為你們愛的淚水正流到她的身上。當你看著深愛的人的眼睛，就會在你喜悅或悲傷的淚水倒影中，看見親愛的咕嘟咕嘟小姐。

〈黃鸝鳥與櫻桃樹〉

適合年齡：兒童。
應對狀況：同儕過世。

　　這個故事是在新加坡的研討會上，為一所女子學校寫的。一週前，該校有位學生不幸去世。而這個故事便在集會上唸給所有孩子聽，當作追悼會的一部分；學校花園裡有一棵櫻桃樹——所以這個故事才會選這棵樹。過世的女孩在學生當中很受歡迎，是學校裡的風雲人物。

　　接下來，孩子們回到教室，幫老師為一首歌填詞，這首歌將她們和故事連結起來；在下一次集會時，每個班級都會唱自己創作的歌給全校同學聽。

　　從前，在一座大花園中央，長著一棵美麗的櫻桃樹，許多鳥兒和昆蟲

在那兒飛來飛去。孩子們最愛在櫻桃樹的樹蔭下玩耍，她們特別喜歡夏天，因為那時候樹上會掛滿成熟、鮮紅、多汁的櫻桃。

櫻桃樹也喜歡所有鳥兒、昆蟲，以及在它身邊玩耍的孩子，但它有個特別的朋友——一隻金色的黃鸝鳥。這隻美麗的鳥兒在樹頂的一根樹枝上做了窩，牠會待在這裡，整天都唱著甜美的歌。

但是，有一天夜裡，在沒有任何預兆的情況下，一場猛烈的風暴橫掃了花園。當下電閃雷鳴、狂風暴雨，一道閃電擊中了櫻桃樹頂的樹枝，金色黃鸝鳥瞬間就死了。

風暴過去了，只留下櫻桃樹和所有花園中的朋友，哀悼著金色小鳥的死。因為失去了朋友，櫻桃樹非常傷心，到了第二年春天也不肯開花——如果沒有花，那年夏天就沒有櫻桃了。

喜歡從櫻桃花裡採花粉的蜜蜂圍著這棵樹轉圈，對它吟唱特別的歌。很快的，螞蟻、蜻蜓、蝴蝶、小鳥和孩子們，花園裡的所有朋友都跟著唱起這首歌。

這首歌為櫻桃樹找回了再次開花的力量，接下來的那個夏天，樹上又長滿了成熟、豔紅、多汁的櫻桃。

〈玫瑰公主和花園女王〉

適合年齡：8～12歲。
應對狀況：久病的母親去世。

這是為某位小女孩（8～12歲）所寫的故事，她的母親因長期且難治的疾病過世了。身為成年人，這個故事也幫助了我，讓我接受了失去母親的事實（她在我很小的時候就去世了），並且「找到前進的道路，也找到前進的動力」。

這個故事可以有兩種結局，取決於當時的情況以及分享的對象。你

可以用「空氣中瀰漫著她美麗的玫瑰香氣」結束，也可以加上一句「現在，玫瑰公主成了新的花園女王」。

小粉紅玫瑰住在溫暖的花壇上，旁邊是她的媽媽紅玫瑰。

玫瑰花壇位在大大的圓形花園中央，周圍開滿了五顏六色的花。

這個地方多美啊，空氣中飄著甜蜜的香味，鳥兒唱著歡快的歌，蝴蝶翩翩起舞，蜜蜂在花瓣間嗡嗡的飛來飛去。

每一天，老園丁都會來照顧這個花園。老園丁住在那裡的時間已經久到沒有人記得了。因為她最喜歡的花就是玫瑰，所以她特地在玫瑰花壇旁邊替自己做了一張木頭長凳。每天她都會坐在那裡，流連忘返，享受著一大片玫瑰綻放時的甜香。

園丁把花園中央那朵華麗的紅玫瑰稱為「花園女王」，旁邊那朵粉紅色的小玫瑰，就叫「玫瑰公主」。

很長一段時間，花園裡的生活幸福又平靜。園丁細心照料著這些花，空氣裡充滿了玫瑰和許多花兒的芳香。

但是，有一天，一切都變了。玫瑰公主抬頭看了看媽媽，發現了一些奇怪的斑點。園丁也注意到花園女王身上的這些斑點，她馬上調了一種特殊的治療油，抹在她的葉子上。

斑點一開始只有幾個，但每天都在變大。很快的，斑點就蔓延到大部分枝葉上。治療油一點用也沒有，園丁很難過——她也不知道還能做些什麼。

玫瑰公主看得出來，媽媽病得很嚴重。她開始掉葉子，曾經挺直強壯的樹枝現在軟軟的低下了頭。最糟糕的是，玫瑰女王的深紅色花瓣開始慢慢凋落，甚至連花都還沒開就掉下來了。

玫瑰公主很慌。她一直以為媽媽會永遠陪在她身邊，畢竟她可是花園

女王啊！

　　她憂傷的垂下玫瑰葉。

　　然後，她聽見上面傳來輕柔的歌聲。

　　「抬頭看看，玫瑰公主——吸進我深紅玫瑰最後的一縷芬芳。

　　抬頭看看，玫瑰公主——讓我最後一朵紅花的美麗浸透妳。

　　這些記憶將幫助妳前進。

　　這些記憶會幫助妳，不斷前進。」

　　玫瑰公主盡量照著這輕柔歌聲的指示做，儘管這並不容易。她吸進了媽媽最後一絲華麗的香氣，沉浸在她最後一次紅色的美之中。

　　沒多久，園丁就知道，是時候把花園女王挖出來，送到安息之地了。

　　花壇裡只剩下玫瑰公主。

　　但沒過多久，園丁就回來悉心照料這株嬌嫩的小玫瑰——每天為她澆水，並仔細幫她除草、覆料。

　　慢慢的，喔，時間過得真慢啊，玫瑰公主長高了，她的枝幹寬闊的伸展開來——有些還伸進了媽媽曾經住過的那片空地，還有一些往四面八方生長。

　　最後，在愛她的園丁照顧下，玫瑰公主長滿了粉紅色的大花苞，慢慢向全世界綻放，空氣裡瀰漫著她華麗的玫瑰香氣。

　　現在，玫瑰公主成了新的花園女王。

〈玫瑰與尖刺〉

適合年齡：7歲與7歲以上。
應對狀況：社會經歷重大傷亡。

這是應挪威某所小學要求，為7歲及7歲以上兒童寫的故事。目的是在2011年7月發生烏托亞島大屠殺事件之後，為人們帶來一點希望。那場大屠殺造成了77人喪生，其中大多數是青少年。

故事場景受到在挪威首都奧斯陸舉辦的「玫瑰大遊行」紀念活動啟發，這個活動是為了幫助這個驚魂未定的國家恢復團結和希望。當時的挪威首相史托騰柏格（Jens Stoltenberg）對手持玫瑰的民眾說：「邪惡可以殺死一個人，但永遠無法擊敗一個民族。」

從前，有一位王子和一位公主，他們住在一座城堡裡，外面環繞著美麗的花園。花園裡種著各式各樣的花，但當中最漂亮的還是玫瑰花叢。這叢玫瑰與眾不同——它有著一朵完美的紅玫瑰，彷彿永遠不會變老。而且它的綠莖和枝椏都是光滑的，一根刺都沒有。

人們從四面八方趕來欣賞這樣的完美——沒有刺，而且似乎永遠不會凋零的玫瑰！每天，王子和公主都會穿過花園，並且停下腳步，感謝這株玫瑰的神奇和美麗。

然而，在玫瑰花叢深處、在花莖底下，有一根長長的尖刺正冒出頭、尋找出路。它已經在玫瑰叢裡活了很長一段時間，慢慢的，慢慢的，它一路往上爬，穿透了綠色的玫瑰莖之後，碰到了木質的外緣，但這些邊緣部分太結實了，這根刺穿不過去。

有一天，那根長長的尖刺終於爬到了花叢頂端，那朵嬌柔的玫瑰就位在那裡，在陽光下閃閃發光。對那根又長又尖的刺來說，這真是個輕鬆的

出口！於是它刺穿了紅玫瑰的心，出現在陽光下。

當尖刺刺穿玫瑰的心，鮮紅的花瓣都脫落了、飄墜到地上。那天稍晚，當王子和公主到花園裡散步時，被眼前的景象嚇壞了。他們美麗的紅玫瑰死了，花瓣都被吹過了花園，枝幹也萎黃了。在夕照之中，唯一閃閃發光的，是一根銀色的刺，高高的指向天空。

王子和公主很快叫來城堡的園丁，要他把枯死的玫瑰花叢挖出來。然後他們便回到城堡裡，哀悼死去的美麗紅玫瑰。那天晚上，濃霧籠罩了花園。

許多日夜過去了，夏天悄悄化為秋天，秋天又化為冬天。城堡和花園，彷彿在濃霧的重壓下消失了。

但之後，春天的陽光來了，冬天的霧在明亮的新光線下慢慢散去。某個晴朗的春天早晨，王子和公主從城堡的窗戶向外望去，一幅奇妙的景象映入他們的眼簾。花園裡，只要花瓣掉落的地方，都有一叢玫瑰生了根，不但枝幹又高又壯，還長滿了含苞待放的玫瑰花。

當太陽爬上天空，每一朵新的玫瑰花苞都朝陽光張開了花瓣。花園裡有好多不同的玫瑰、不同的香氣，和好多不同的顏色——黃色、橙色、藍色、紫色、粉紅色、紅色和白色。王子和公主心中懷著喜悅和希望走進了花園，人們也從四面八方趕來，感謝玫瑰的神奇與美麗。

〈奶奶過世的時候〉 作者：戴安娜・佩卓瓦（保加利亞）

適合年齡：年齡大一點的兒童和青少年。
應對狀況：奶奶過世。

本故事適合年齡大一點的兒童和青少年。這是作者戴安娜為兒童和父母寫的保加利亞療癒故事集《為全家人寫的故事》（*Tales for the Whole Family*）中的一篇，本書曾經獲獎。

這些故事被兒童發展心理中心、社會教育基金會，以及被收養與收養者協會採用。它們可以用來解釋困難的話題，也可以做為親子討論的基礎。

奶奶永遠離開這個世界的時候，我正準備帶著我的雪橇出去。媽媽一告訴我發生了什麼事，我便穿上外套、出門了。我沒有帶雪橇，走在街上，其中一棟房子的窗玻璃底下掛著幾根冰柱，在陽光下閃閃發光。現在正在融雪，水滴順著冰柱滴下來。我看著那些水滴慢慢變重，然後落下，就和眼淚一樣。

我折下一根冰柱，然後再一根，又一根。接著我拿起冰柱回家去。我進了家門，把冰柱放在冷凍庫裡。

媽媽坐在廚房桌子旁邊哭，我決定不哭，因為如果她看到我也在哭，情況只會更糟。她開始想對我說些什麼，但當她發現我不想說話的時候，又再次用手把臉掩起來。

我回到自己房間，躺在床上。我試著讀書，但是沒有用，腦子裡只有一個念頭在轉：奶奶現在會是什麼樣子？我聽到舅舅和舅媽來了，但是我沒有站起來迎接。我只是把門微微開著，看著舅舅擁抱他的妹妹，也就是我的媽媽。後來，媽媽和舅媽輕聲交談起來，舅舅坐在椅子上，凝視著桌上那些彩繪曲線。媽媽給了舅媽一把我們家的鑰匙，然後她走進我的房間、吻了我。她把我緊緊摟在懷裡——實在太緊了，有一陣子我連氣都喘不過來。之後，她連看都沒看我一眼就轉身走開，和爸爸一起離開了房間。

不一會兒，舅舅走了，我留在家，和舅媽在一起。她提議我們來玩棋盤遊戲，但是我不想玩。

「如果妳想，我們可以聊聊關於她的事。」她停下來想了想，然後開

口說。

「好。」

有一會兒，我們都沒有說話，然後我們想起了很多和奶奶有關的事情。先是她做的菜，然後是她用鉤針織出來的上衣和桌巾。花朵和各式各樣的形狀從她手底下冒出來，有點皺但非常美。我們還記得她是怎麼用熨斗熨燙這些東西，我們之後又是怎麼把它們拿到商店去賣的。

奶奶很健談。附近鄰居誰在做什麼、誰去了商店，買了什麼她都知道。我不知道她是怎麼得知這些細節的，因為她總是忙著織東西。直到最後，她病了，這才開始休息。

我們不停的說這些事。同時，我開始胃痛。舅媽告訴我不要擔心，這很正常，然後她問我要不要去洗手間。我去了好幾次，都累了。她幫我烤了一些吐司，上面放了起司和番茄——這是我最喜歡的。

我吃了吐司、喝了點水，覺得很睏。我躺下來，她坐在我身邊並望著窗外，但什麼也沒說。

我是被她撫摸我頭髮的動作弄醒的。該起床換衣服了。跟以前不一樣的是，我一醒來就很開心。但很快的，幾乎是一瞬間，我就被失去奶奶的悲傷壓倒了。

現在已經很晚了，但是媽媽還沒有回來。舅媽跟我說，媽媽今晚會在奶奶家過夜，第二天我們就會在那裡見到她。我們一起畫畫，然後舅媽做了晚飯。我們很早就睡了，舅媽把行軍床拉出來放在我床邊，在我睡著時握著我的手。我沒有睡好，醒了好幾次，起身想要水喝。舅媽幫我倒了一些，然後搓搓我的背，於是我又睡著了。

到了早上，我不想起床，我的胃也還在痛。舅媽說出門前她要幫我泡點玫瑰果茶，我拜託她一定要放三塊糖，不多不少。我聽到舅媽和媽媽講電話的聲音——她們在討論我該不該去。就在那時，我奔進廚房，直截了

當的告訴她們，我想見奶奶最後一面。舅媽鬆開了拿電話的手，點點頭表示同意。

奶奶家前面有好多人，她的朋友、各式各樣的親戚，他們都想摸摸我的頭。這件事開始惹惱我了，我希望他們統統消失。

我走進屋裡，先看到了爸爸。爸爸吻了我的額頭，這時候他的手機響了，便離開去接電話。我們先去了奶奶房間，她的家已經不是原來的樣子了。我不熟悉的人進進出出，連鞋子都不脫。走廊上的碗櫃已經移開，衣帽架快要被壓垮了。最特別的是，整個屋子都是蠟燭的氣味。我走進奶奶長眠的那個房間，她看起來有點瘦，但臉上的表情是那麼平靜，好像只是在睡覺。我不記得媽媽是從什麼時候出現的，她拉著我的手，我們一起向奶奶走去。媽媽開始說奶奶現在應該在天堂了，但是我完全不明白，她是怎麼做到待在那上面而不掉下來的呢？

她穿的那件上衣，上頭的玫瑰花是她自己繡的。我伸出一隻手放在她手上。她的手好冷，從來沒這麼冷過，然後我又看了她的臉。奶奶不可能不知道自己要去哪裡，奶奶總是什麼都知道。現在我真的哭了，我甚至不在乎媽媽是不是看見了。她抱住我，又一次把我緊緊摟在懷裡，就跟昨天一樣。

沒過多久，舅媽就把我帶走了。這樣很好，因為我覺得自己沒辦法繼續站下去了。天氣愈來愈暖，我們決定散步回家。我們聊了一些關於學校以及明天我會不會回去上學的事。舅媽沒有浪費口舌多問什麼，她只讓我說自己想說的話。現在我覺得好多了，因為一切都結束了。我甚至想向自己道賀，因為我完美的撐下來，胃也不痛了。

我們停了一下，好讓舅媽進書店幫我買一本筆記本。她說，不管我在想什麼，把這些東西寫下來都對我有好處。

一回到家，我就把冰柱從冷凍庫拿出來。我回到自己房間，打開窗

戶，把冰柱放到外頭去。我關上窗，坐在書桌邊。我翻開我的新禮物，本子很好聞。我看著外面的窗台，冰柱開始融化滴水。我看著它們在底下形成的小水窪。它們沒有消失，只是換了個樣子，就跟奶奶一樣。

我俯身在筆記本上寫下：「奶奶不在天堂，奶奶在我心裡。」

然後我合上本子。我決定去看看舅媽在幹什麼，她已經快一小時沒到房間來看我了。我走進廚房，看到她站在烤箱旁邊靜靜的哭。淚水無聲的從她臉上落下，就像我那些融化的冰柱。我抱著她，她的身體在我的臂彎裡起伏。

媽媽應該快回家了。

〈神奇的飛行機器〉

適合年齡：10歲。
應對狀況：父親去世。

這個故事是為10歲男孩寫的，他的父親在車禍中不幸身亡。故事的目的是協助男孩轉化對這件事的憤怒（他對母親的憤怒），把這股憤怒轉成對他未來有益的東西，哪怕只有一點點作用都好。故事主要說的是這個男孩最愛和爸爸一起做的事──玩無人機。

這個故事先寄給了爺爺，爺爺傳給了在荷蘭的媽媽，讓她讀給兒子聽。男孩聽了這個故事之後，回到澳洲的爺爺便接到孫子興高采烈的電話。男孩說，他爸爸是個發明家（某種程度上他確實是），他製造了一架飛行機器，而且他們都從中得到了很多樂趣。後來那架飛行機器墜毀了……男孩說，那是爸爸發生的意外事故，也是導致他死亡的原因……（這是個很有趣的解釋，和我選擇故事隱喻和發展方向時所想像的完全不同）。

爺爺說，這些話說得「極其真誠，令人感動」。

「我也要當發明家！跟爸爸一樣，」男孩這樣說。爺爺告訴男孩，

他將爸爸的所有工具打包好了，準備寄給他，這樣一來，那些東西都是男孩的，他可以用那些工具來發明東西。

爺爺告訴我們，他很喜歡孫子對這件事的解釋，這個男孩現在受到了啟發，要和父親一樣成為發明家！他已經將憤怒轉成了動力。

從前，在很遠的地方，有個到處修修補補、辛苦工作的發明家，他的身邊還有個能幹的年輕學徒。發明家花了很多時間待在工作室裡，用金屬板、鐵絲和木片修這裡補那裡。他特別喜歡做會動的東西，有大有小、有快有慢。他製作了電動腳踏車和電動汽車，可以在小徑和道路上前進；也做了帶冰刀和太陽能加熱器雪橇，可以在雪地和冰面上滑行；另外他還發明了風力驅動船，在陽光明媚的夏天可以航行在運河和河流上。

但他最得意的發明，也是所有創造物中最好的一項，是被他暱稱為「FFM」的「神奇飛行機器」（Fantastic Flying Machine）。發明家花了好幾年進行規畫設計，現在正在打造中。學徒每天很早就來上班——剪鐵絲段、到處鑽洞、分類和重新排列金屬片，好讓這部機器成為完美的作品。一旦機器完成，它就會被送去進行許多測試，以確保它能飛到很高的地方，又能安全回家。FFM還有一個特別的地方，它配備了一部高性能相機，可以從地球上方很高的地方拍攝照片。

最後，經過各種複雜的調整，FFM可以飛得很高，能夠飛到雲上去；飛行範圍也很大，可以越過深谷和山峰、飛過海洋。它飛翔的時候，身上有許多零件都在迴旋、滴答、旋轉。同時，相機也咔答一聲啟動，拍下美麗無比的照片並帶回家。每天結束時，發明家和學徒都喜歡坐在螢幕前，看著那些從高處拍攝的照片——羽毛似的雲彩、彎彎的彩虹、海洋的條紋、長長的金色海灘，以及在陽光下閃閃發光的蜿蜒河流。

但是，有一天，FFM在很高的雲層裡，毫無預警被捲入可怕的風暴。

閃電猛烈一擊，把機器劈成了碎片，碎片一直往下落、往下落，掉進了下方的海裡。

FFM有些碎片沉到很深的海底，但有部分隨浪漂流，最後被海浪沖上了岸。那天早上，發明家的朋友碰巧在海灘散步，就把碎片撿回去了。

朋友把搶救回來的碎片還給發明家的那天，對於寶貝的FFM所發生的事，他依然傷心又憤怒，連看都不想看那些碎片一眼。發明家把碎片放在工作室裡，收在黑色櫥櫃最高的架子上。他關上櫥櫃門，然後關上了工作室的門。

好幾個星期過去了，曾經忙碌的工作室依然寂靜無聲。長凳和工具上慢慢落了灰，金屬和木頭碎片還是留在黑暗的櫥櫃裡，無人聞問。

發明家待在家裡，小幫手自然也沒有工作可以做。

但是，幾個月之後，學徒煩透了每天閒得發慌的日子。他好懷念那些修修補補、辛苦工作的忙碌時光。於是某天清晨，他回到工作室，悄悄推開了門。一走進去，他就爬上櫃子，摸到舊FFM的碎片，然後小心翼翼的拿下來、放在工作台上。接著，他開始動手，想製造新的飛行機器。每天他都會回到工作室，繼續他的工作——剪鐵絲段、到處鑽洞、分類並重新排列金屬片。他不太清楚自己在做什麼，但他很清楚自己想試試看。等到他認為機器已經就緒，便為它安裝上新相機。然後，他把機器搬到工作室後面的花園，進行了第一次試飛。

這時，發明家正坐在廚房裡，靜靜的喝著茶。他聽到一些聲響，便朝外望去，他看見似乎是變體FFM的東西爬升到工作室屋頂上方很高的地方。他驚奇的看著那個東西又往上升了一點點，然後慢慢開始下降。

當發明家來到工作室另一邊的花園，這架小FFM已經回到地面。學徒正忙著用扳手東一個、西一個調整鑽頭。「我真的很抱歉，」他說，「我沒辦法讓它飛得跟舊的那架一樣。」

發明家露出溫暖的微笑：「但是你試過了！」他說，「親自嘗試才是最棒的，這很重要。繼續修補吧，下次新FFM說不定會飛得更高。」

接著發明家回到工作室，從口袋裡掏出一把鑰匙、打開儲藏室，裡頭堆滿了一大堆各式各樣的新材料。「這裡的東西，請任意使用。」他一面說著，一面把鑰匙交給了學徒。

有了這一大堆新材料可以選用，學徒繼續做他的新機器。每試飛一次，它就往天上多升高一點，同時也能愈飛愈遠。一開始，它越過了森林，接著穿過小鎮、越過山峰，最後它飛越了大海，而且總是能找到回家的路。

時間不斷過去，隨著時序遞嬗，學徒一直在努力改進新FFM設計，讓他的師父非常驕傲，也很高興。多年之後，他的機器飛得那麼高、那麼遠，相機捕捉到的畫面那麼獨特，現在這些照片——羽毛似的雲彩、彎彎的彩虹、海洋的條紋、長長的金色海灘、以及在陽光下閃閃發光的蜿蜒河流，已經被世界各地成千上萬的人分享了。

〈貝貝再見〉作者：伊凡・多諾霍

適合年齡：年齡稍大的孩子和家庭成員。
應對狀況：失去珍貴寶物。

這是個敘述失去最珍貴寶物的故事，是為年齡稍大的孩子和家庭成員寫的。

當伊凡的孩子突然死於意外事故，她失去了比自己生命更寶貴的人。接下來幾年，她開始深刻理解了療癒悲傷的力量。在她的著作《被剝光的靈魂——在悲痛中成長》中，她分享了自己在經歷了巨大失落後，強大的生命故事。伊凡慷慨的讓本書收錄這個短篇故事。

珍妮好喜歡海灘啊。

　　沒有比感受腳趾間溫暖的細沙，和臉上鹹鹹的水花更棒的事了。她喜歡聽海鷗叫，也喜歡在岩石形成的水窪裡探險。每當珍妮看到陽光在水面上舞動，她總想像那是美人魚正撒出百萬顆鑽石。

　　只要有時間，珍妮每天都會去海灘，但她住的農場離海岸很遠很遠。從臥室的窗戶望出去，珍妮看見的是牧場和馬匹，而不是沙丘和海豚。這時候，她看到新來的農場狗布魯伊蹦蹦跳跳著，興奮的朝坐在曳引機上的爸爸吠叫。爸爸一直都在河邊種西瓜，她想到再過幾個月，西瓜成熟的時候就是夏天了。而夏天到了的意思，就是要去看住在海邊的爺爺奶奶。

　　這個時間珍妮應該要寫功課，但她一直盯著自己最珍惜的東西──去年夏天發現的大貝殼。珍妮喜歡在海灘上搜尋寶物，她看到這個貝殼的時候，簡直不敢相信自己的眼睛。它被早潮沖上了岸，帶著粉紅和珍珠光澤，是她見過最美麗的東西。奶奶對珍妮從海灘上帶回來的東西總是很嚴格，通常她都得把寶貝留在原地，因為那是它們的家。奶奶教了珍妮關於棲息地和生態系統的知識，珍妮也很愛環保。但當時奶奶看到她這麼喜歡這個貝殼，就讓珍妮留下了──只此一次，下不為例。

　　假期結束，珍妮帶著貝殼一起回到農場。她找了一個小盒子，裡面放滿了媽媽幫她做芭蕾舞裙時剩下的緞布，又軟又亮。她小心翼翼的把貝殼放在緞布窩裡，然後擺在自己的書桌上。每天下午珍妮寫功課的時候，她都會看著貝殼，忍不住泛起微笑。她甚至還跟貝殼說話，問它：「七乘八等於多少啊？」之類的問題。貝殼當然答不出來，但它似乎總能幫助她找出答案。

　　每天晚上，珍妮都會把盒子放到床頭櫃上，到了睡覺前，她會把貝殼貼在耳邊，聽大海的聲音。閉上眼睛時，她會想像自己就在海灘上，而貝殼正在告訴珍妮，它在海洋裡的冒險故事。珍妮很想知道，在找到它之

前，它去過哪些地方。它去過熱帶小島嗎？美人魚是不是用它裝過美麗的珍珠？說不定它還跟海盜一起冒險過呢！

珍妮幫貝殼畫了圖畫，做了一本小小的故事書，叫做《貝貝的冒險》（「貝貝」是她為貝殼取的名字）。珍妮甚至把自己的祕密都告訴貝貝，每次說完，她都會覺得好一點。她的憂鬱似乎消失了，恐懼在說出來之後也消失了，貝貝就像她最好的朋友。

很快，夏天就到了，珍妮正在收拾行李準備去海邊度假。她列了一張清單：游泳用具、帽子、蛙鞋、衣服、牙刷，和特別用大字寫的「貝貝」。媽媽問珍妮，真的需要帶貝殼去海邊度假嗎？

「拜託，媽媽，求求妳好嗎？要是整整六星期都不在，貝貝在這裡會很寂寞的。」珍妮懇求著。當媽媽終於用她特有的眼神看著珍妮，意思是：「好吧，不過我還是覺得妳有點傻。」的時候，珍妮跳了起來，給了媽媽大大的擁抱。

第二天，長途旅行之後，珍妮的爺爺奶奶到火車站接她。沒過多久，她就奔向大海，在海浪中戲水了。能夠重回海邊，她真的好快樂。爺爺奶奶家隔壁搬來了一戶新鄰居，他們有個女兒和珍妮同齡，名字叫「麥蒂」，兩個人很快就形影不離了。

一天，浪太大了，兩個女孩不能下水游泳，所以她們花了很長時間建了有史以來最好的沙堡。裡面有很多房間、彼此連通的隧道，外面還環繞著巨大的護城河。珍妮小心的把貝貝放在其中一個房間裡，假裝貝貝是海洋女王。她撿了很多小貝殼放在貝貝身邊，彷彿它們正端坐在那裡聽貝貝說話，完全被貝貝的冒險故事迷住了似的。

女孩們決定去岩石水窪那裡探探險。奶奶懶洋洋的躺在她最喜歡的沙灘椅上，她從書中抬起頭，看了看女孩們是不是戴好了帽子之後，就跟她們揮手說再見了。她們大叫著跑向海灘另一頭，岩石圍成的水窪裡有一大

堆有趣的海洋生物。

她們花了很多時間探索水窪。珍妮發現了一些刺刺的海膽，麥蒂找到了一些有趣的海參，還有幾百顆玉黍螺。玉黍螺是珍妮最喜歡的海洋生物，她最愛看牠們用一片小門板把殼封上，但總是會確保在觀察完之後，小心的把牠們放回原處（就像個真正的科學家）。她們看海洋生物實在看得太專注了，忘了時間。她們完全沒有意識到，潮水就要漲上來了。

珍妮一轉身，看到海浪迅速往上湧。她們沿著海灘跑，回到奶奶坐著的地方，人們都忙著把毛巾和袋子搬離漲潮線。珍妮立刻意識到這個動作代表的意義——她們的城堡可能要被沖走了。

「跑啊，麥蒂，跑！在海浪把貝貝捲走之前，我們必須把它救出來。」

兩個女孩像風一樣狂奔，她們已經拚盡全力在跑，但珍妮還是擔心趕不上。當她們距離沙堡還有一百公尺左右的時候，一個巨浪沖上海灘，沙堡瞬間夷為平地。

「不——！」珍妮邊大叫邊跑。她跑到沙堡原本所在的地方，沙子已經完全平了，小氣泡在她腳邊啵啵作響。哪裡還看得到貝貝的影子！

「喔不，喔，不要啊。」她在沙灘上瘋了似的拚命挖，然後又跑到水邊。珍妮找了又找，但哪裡也找不到貝貝。湧上來的潮水不斷把她推回來，最後她不得不放棄，淚流滿面的走回奶奶身邊。

「出了什麼事？」奶奶問。珍妮一面大聲抽泣，一面解釋了經過。奶奶知道貝貝對她來說很特別。「我不知道它在城堡裡，要是我知道，一定會幫妳把它救出來的。」

珍妮爬到奶奶腿上。她一點也不在乎自己已經10歲，就要上五年級了，也不在乎誰看見她在哭。她覺得自己麻木了，心好像碎成了一百片。

奶奶安慰著她，一邊搖著珍妮，一邊哼著搖籃曲。這樣搖著感覺很

好，但珍妮還是感到前所未有的悲傷。上一次這麼難過，是在她們的老狗哈尼去世的時候。

奶奶開始用非常平靜的語氣說，「喔，珍妮。我真的很遺憾，親愛的。我知道貝貝對妳有多重要。妳知道，妳和貝貝之間的美好回憶永遠都在。」她甚至答應，要買個相框放珍妮最特別的那張照片——就是去年夏天，珍妮第一次見到貝貝時拍的那張，「妳可以把它掛在牆上，一看到它，就會讓妳想起和貝貝度過的快樂時光。」然後奶奶說了些意料之外的話，「妳知道，珍妮，儘管貝貝不在身邊，但它依然在某個地方，要是妳有什麼愛和快樂的想法，還是可以隨時告訴它。」

「妳覺得它回到海裡會快樂嗎？」珍妮輕輕的問。

「我確定它會想妳，但我想，它就要展開新的冒險了，一定很開心。它只是來跟妳見見面，但大海才是它真正的家。」奶奶說。

珍妮開始想像貝貝踏上全新冒險之旅的樣子。想到它騎在海龜背上，和五顏六色的海葵玩耍的樣子，珍妮笑了。她甚至還想到貝貝回到美人魚身邊，也許被拿來裝美人魚的珠寶或特製的梳子。珍妮知道自己會很想很想貝貝，但一想到貝貝很開心，她的心情就好多了。能有這一段在一起的時光，珍妮永遠都會為此感到高興。

奶奶始終沒有說的一句話是：「妳總是會找到另一個貝殼的。」珍妮很高興奶奶這麼聰明，知道說這種話一點用也沒有。珍妮再也不想要別的貝殼了——她只要她的貝殼，她美麗的貝貝。雖然還會有其他貝殼出現，但貝貝永遠是最特別的。

〈留不住的小星星〉作者：潘蜜拉・瑟蕾絲汀・柏金斯（教育碩士）

適合年齡：父母與其他家人。
應對狀況：孩子剛出生便夭折。

　　這個故事是為孩子剛出生便夭折的父母（以及他們的家人）寫的，本文獻給諾拉，和照耀著我們的每一顆小星星。美國某家醫院採用了這個故事，做為新生兒重症監護病房關愛包裹中的其中一樣物品。義工們製作了羊毛編織的包巾作為孩子的裹屍布，還附上毛氈做的小星星寶寶（如果媽媽想要的話），以及法蘭絨做的「愛」字。

　　當你仰望夜空，看到成千上萬顆星星在黑暗中閃爍放光時，你知道它們當中曾經有一些，在人世間和我們一起短暫生活過嗎？

　　據說，有極少數特別的星星被賦予了微妙而重要的任務：要在人類心中播下愛的種子。這種愛如此強烈、如此深奧，讓無數人的生命因為它的光而永遠改變。

　　這種光雖然有著精巧的美，卻是那麼亮，亮得讓人在看見它時感到深刻的疼痛，卻也同時感到喜悅；有時候人們會把這樣的經歷描述成「被一位天使觸摸過」。

　　你看，在一段短短的時間裡，這些獨特的星星以小小的人類嬰兒樣貌出現，留下光之禮物，接著又必須再次回到那深邃無垠的藍色中，但它們留下的光之禮物卻將一直閃耀下去，直到永恆。

　　當你在某個晴朗的夜晚待在戶外時，請帶著敬畏和崇拜的目光凝望天空。要知道，在我們地球母親之外的那片神祕之地，閃爍著一顆小星星，它曾經短暫來到地球母親上的某個家庭，但是它不能留下來，如今它依然閃耀著它的愛與光，這是它送給所有真誠心靈的禮物。

〈做個甜美的夢〉 作者：琳恩‧麥考密克、查爾斯‧金斯萊[18]

適合年齡：父母與其他家人。
應對狀況：孩子剛出生便夭折。

以下這些文字和故事畫面，是祖母琳恩在一個完美但寧靜的小寶寶慶生兼追悼會上所說的。

我一想到他，腦海中就會出現他裹在我為他織的紅色毯子裡，被我父親抱在懷裡的景象，而他們的身邊是其他家人——是比他更早之前過世的。自從他們過世之後，他們就會互相照顧，也照顧我們的小寶貝，他們周圍環繞著美妙的金光……

我的心與你們同在……小寶貝的媽媽和爸爸，他們對此毫無準備，卻依然是希望與愛的鬥士。

我無法用言語向這對父母表達我對這孩子的愛和關心，所以我要轉述一段查爾斯‧金斯萊在《水孩子》這本書裡說過的話：

18　在〈做個甜美的夢〉這個故事中，引用了英國文學家查爾斯‧金斯萊（Charles Kingsley）作品《水孩子》（The Water-Babies）中的一段文字。

有人問水孩子的女王……她都去了哪裡？她解釋，她一直在為生病的人鋪平枕頭，並且在他們耳邊低語，讓他們做個好夢。然後她說……「然而我為你帶來了一個新的小弟弟，並且一路緊盯著他，直到他平安抵達。」仙子們一想到有個小弟弟即將到來，都高興的笑了起來。

現在，這個又熱、又渴，身體又不舒服的小傢伙，用最快的速度跳進了清澈涼爽的小溪裡。不到兩分鐘，他就睡熟了，進入了他這輩子最寧靜、最陽光，也最舒適的睡眠——他夢見了一切，卻也什麼都沒夢見。

他為什麼睡著了？……答案很簡單……只不過是仙子把他帶走了。

有些人認為世界上沒有所謂的仙子。但這個世界這麼大，給仙子一點空間綽綽有餘，除非人們找對了地方，否則他們根本看不到仙子。你所知道世界上最奇妙、最怪異的事，就是那些沒人看得見的事。你身體裡有生命存在；正是這生命讓你成長、讓你活動、思考，你卻看不見它；所以，這個世界說不定也有仙子，也許正是她們讓整個世界運轉，然而，除了那些心靈對上了頻率的人之外，可能誰也看不見她們。

啊，接下來是這個奇妙故事中最奇妙的部分。接著，小傢伙醒了，他當然會醒——孩子們睡著之後總是會醒，只要對他們有好處……他發現自己外在的軀殼已經被溪水沖掉了，美麗的小傢伙從裡頭被沖了出來、游走了，就像破繭而出的蝴蝶……

〈彩虹鴿〉

適合年齡：各年齡層。
應對狀況：失去女兒。

這是為一位特別的朋友所寫的故事，她的女兒不幸在火災中喪生。她女兒是傑出的年輕女子，一直致力於幫助他人，並探索生命中更深的精神層面。我用「彩虹鴿」這個形象來捕捉她美麗的特質。

後來，這個故事也用來紀念一些逝去的朋友和親人——有一次我還為在場的聽眾發了漂亮羽毛。

從前有一隻美麗的白鴿，牠總是想飛得更高。牠沒有把時間花在覓食上，也沒和其他鴿子一起在森林的枝葉間穿梭玩樂，比起這些，牠對探索天空的祕密更感興趣。

終於，白鴿飛得好高好高，牠飛到了彩虹的頂端。在那裡，牠遇見了彩虹精靈，彩虹精靈把色彩的智慧傳授給牠。利用這種新智慧，白鴿可以把雙翅上的白羽毛都變成七彩羽毛。牠實在太高興了！

白鴿回到森林，在樹和樹之間飛進飛出，留下全新的亮麗羽毛，讓家人和朋友去尋找這些色彩鮮豔、可以永存不朽的寶貝。

然後，白鴿拍了拍七彩的翅膀，飛向高高的天空，和太陽會合了。

✦ 小活動

在花園、公園或森林中收集羽毛——把羽毛分別做成嬰兒房掛飾、「捕夢網」底部的流蘇，或者放在特別的罐子或花瓶裡——當你撿到羽毛或想起更多特殊回憶時，不斷在罐子或花瓶裡添加羽毛。

〈回憶寶盒〉

適合年齡：所有年齡層家庭與社區成員。
應對狀況：家中或社區有人得了絕症、死於疾病或事故。

這是為家庭或社區中，有人得了絕症而寫的故事，適用於所有年齡層的家庭與社區成員。它也是為幫助那些有祖父母、父母、朋友或親戚

最近死於疾病或事故的家庭與社區而寫的。

死亡並不是經常被談論的話題，在西方文化中尤其如此，這可能是件讓人覺得非常孤獨的事。讓親朋好友分享回憶的故事，可以在失去親人後的幾星期、幾個月，甚至幾年內有所幫助。這個故事已經讓一些家庭與社區製作了「回憶之書」，並且為回憶寶藏準備了一個盒子。

我也為兩個姪女做了這樣一本書，她們的父親（也就是我弟弟）在她們很小的時候就去世了。這本書用圖片和文字，幫助她們了解他生命中更廣泛、更豐富的一面。因為我弟弟年輕的時候曾經到處流浪，他做過什麼、去過什麼地方都沒有留下紀錄，所以很難收集到每一件事，因此我把這本書取名為《拼湊回憶》。

留下回憶是人類的一種深層特徵。從洞穴藝術到壁畫，再到我們家中的現代拼貼照片，最重要的是找到方法來珍惜和保存回憶寶藏。在一些文化中，做拼布被子的人用針線和布料記錄家庭故事和記憶。傳統的地毯編織工，用羊毛在地毯上織出故事；繡花的人用彩色繡線繡出家庭回憶。不管如何保存這些記憶，在可能出現的孤寂時光，這樣的故事都渴望鼓勵當事人與記憶對話。故事中的「皇后」可以改成「國王」，「男孩」也可以改成「女孩」，以符合實際情況。

皇后生了重病。於是國王把家人都召集到城堡裡。因為全國頂尖的醫生都告訴他，皇后的日子不多了。

國王的子女和孫輩從王國各地回到這裡。大人坐在母親床邊，孫子們則整天都在城堡內外到處玩耍。

但是，最小的孫女很快就厭倦了這些遊戲，走到花園角落獨自坐著。她太悲傷也太心慌了，根本玩不下去。她很愛奶奶，希望她沒有生病。但是有人告訴她，已經沒有其他辦法了。

她坐在花園裡，突然，一根金色的羽毛飄下來，落在她的腳邊。她撿起羽毛、拿在手裡。這根羽毛讓她想起了奶奶還健康的時候，她們一起散步的情景。她們曾經一起待在森林裡，一隻翅膀彷彿金色陽光般的鳥兒飛過她們行經的小徑。

她拿著那根羽毛，這時，園丁走了過來，於是小女孩把那個特別的回憶告訴了他。園丁叫女孩跟在身後，把女孩帶到他的工作棚，然後搬下來一個大木盒，木盒有個堅固的蓋子，和閃亮的黃銅鎖。「收下這個盒子吧，」園丁說，「裝滿妳對奶奶的回憶。這麼一來，即使她不在了，它也能讓她永遠貼近妳的心。」

女孩向園丁道謝，把金色的羽毛放進盒子裡，並且小心翼翼的把它帶回城堡。其他孩子看見女孩捧著盒子，都搞不清楚她在幹什麼。當他們得知這個盒子是用來存放回憶寶藏的，都開始回想自己對奶奶的記憶，盒子很快就裝滿了各式各樣特別的東西：一個孫女找到一塊閃亮的藍色石頭──「這讓我想起奶奶閃亮眼睛的顏色，」她一邊說著，一邊把寶石放進子裡；另一個孫子拿來幾枝蠟筆和一大張紙，畫了一幅畫，是他最心愛的一段回憶──和奶奶一起在城堡的池塘裡玩水；年紀最大的孫子的回憶比其他孩子多了好幾年，他做了一張折疊起來的拼貼畫，放進了盒子。

過了一段時間，大人對這個盒子很好奇，也開始添加屬於他們的回憶寶藏，像是手鐲、茶杯、日記、書、彩繪石頭。把盒子裝得滿滿的。

皇后去世後的許多天、許多星期、許多個月裡，全家人都會圍著寶盒坐成一圈，熱淚盈眶的分享著具有特殊回憶的故事。

1. 做一個木頭寶盒，當成家庭木工活動；或者在二手店或二手市場找一個；也可以用紙板鞋盒，在上面貼上圖畫裝飾（更多點子請參見附錄）。

2. 做一幅回憶拼貼畫。你可能需要下列材料（全部或大部分）：
   · 硬紙板、木板或厚紙。
   · 剪刀和膠水。
   · 各種有顏色的紙——衛生紙、玻璃紙、色紙都可以。
   · 雜誌和照片（可以切割的）。
   · 零碎布片、緞帶、鈕釦。
   · 小型自然物——葉子、羽毛、押花。
   · 蠟筆、彩色筆和彩色鉛筆以及（或者）麥克筆。

〈花園〉 作者：寶拉·鮑爾斯（心理學家）

適合年齡：各年齡層。
應對狀況：失去心愛的孩子、親人或朋友。

這是為失去心愛的孩子、親人或朋友的家庭寫的療癒故事，他們失去了傾注所有愛和關懷的人。

寶拉發自內心的發表了下面這段回應：「經歷了痛苦且令人心碎的失落，這個故事幫助我，和『有一天要重建生活』的想法產生了連結。而這樣的生活，是在正確的時刻、自發且逐漸成長出來的；也是由支持、愛，和摯愛的珍貴記憶所構成的。」

從前有一座花園——美麗的花園。花園很大，園裡的花總是色彩鮮

豔，為走進花園的人們帶來希望。花朵的香氣濃烈甜美而動人。這座花園由園丁細心打理，她把花園照顧得極好。鳥兒在花園周圍的樹上築巢，一整天都在唱歌應和。到了傍晚，花草樹木通常都沐浴在夕照的餘暉中。

到了春天，這裡的花更是整個國家最好的。

花園實在太美了，因此人們會走很遠的路，只為了經過這裡，參觀的人一年比一年多。園丁就住在對面，她早上第一個來，晚上最後一個走。每個人都喜歡這座花園，但最愛它的是園丁。

時間一年年過去，季節一個換一個。然後，冬季某一天，一個氣旋在外海形成。整整一天，氣旋一面朝陸地移動，一面增加強度。國家發出了暴風警報，建議大家務必小心。

暴風襲擊了陸地，各種碎片到處亂飛，樹木倒了，擋住了道路，造成了很大的破壞。

接著，暴風在花園肆虐。周圍有些樹被連根拔起、砸在花上。雨太大了，引發了洪水，鳥兒和動物都逃離花園，找地方避難。暴風雨持續了好幾天，所到之處無一倖免。

等到暴風雨過去，水也退了之後，園丁去了完美花園，想看看還剩下什麼。

什麼都沒有了。

園丁傷心欲絕，所有喜悅都消失了。她覺得所有的照料和愛，都成了一場空。枯死的樹木沒辦法移開，大洪水沖走了植物和土壤，只剩下滿是岩石的地面。園丁鎖上了通往花園的木門，再也不想看見這個地方。

人們聽到這個消息都非常悲傷，也很為園丁難過。他們來到花園，有些人主動提出要幫忙移開倒下的樹。但園丁什麼都不想做，因為土地已經是一片荒蕪。

就這樣過了一年。

冬天某日，園丁出門去買吃的東西，她走著走著，注意到前方有一片小田地——以前動物們會在那裡吃草。但是如今，那裡已經雜草叢生、無人照料。她走到籬笆前看著那塊地，到處都是亂草。她探聽了一下這塊地的情況，也問了地主是誰。有人告訴她，這塊地的主人已經搬走了。

幾天之後，園丁又回來了，清掉了那片地上一些大型雜草，種了幾個球莖。那時候冬天還沒有過去。

過了一、兩個月，她又去了那塊地。鬱金香球莖已經變成了春天裡可愛的花朵，在雜草中顯得格外亮眼。之後，園丁聯絡了這塊地的主人，令她吃驚的是，地主說：他很樂意把這塊地捐給鎮民。

園丁又多種了一些花。她種了一些藥草，花和藥草不需要太多關注，因為它們可以互相照顧——草藥的氣味可以防止很多昆蟲來吃花。

當地人都來幫園丁的忙，他們很感謝她做的一切。大家聽說了捐贈土地的事，也非常高興。當中很多人是沒有花園的，很高興有地方可以種食物。

園丁看見大家一起參與、合力照顧植物，覺得很開心。

一年之後，春天又來了。園丁從窗口往外望，正好看見幾個孩子翻過籬笆，爬進了她那座荒廢的舊花園，勾起了她很久都沒有想起來的回憶。幾分鐘後，孩子們又翻過籬笆爬回來，高高興興的走了。

園丁穿過馬路，從舊花園大門往裡面看。她微笑了起來，因為她看見，在岩石和瓦礫之間，開著幾朵美麗的野花。

〈於是，靜夜降臨了〉 _{翻譯及改寫：班達娜·巴蘇}
（印度新孟買教育學士，「什夏學校」共同創辦人）

適合年齡：年齡較大的兒童與青少年。
應對狀況：應對死亡。

班達娜是這樣介紹的：「這個故事來自《梨俱吠陀》的神話，《梨

俱吠陀》是印度古經典，也是吠陀梵文讚歌、故事和注解的總集，用來說明人間看得見或看不見的各種存在。

「『梨俱吠陀』的意思是『讚美知識』，是古印度傳統四部吠陀本集（或神聖的印度雅利安經文）的第一部，這些故事溫柔的為每個人帶來智慧和覺知。此處稍微修改了這個故事，以符合年齡較大的兒童和青少年需要。

「原版故事是關於『應對死亡』。閻摩和閻蜜是人間第一對雙胞胎。他們是兄妹，也是最早出生在世界上的兩個凡人，而閻摩也是第一個死亡的凡人。經歷了作為永生之門的死亡之後，他憑藉自己的身分獲得了神格，成為『亡者之王』。

「這個故事講述了時間是永恆的，以及最後被創造出的黑夜，這讓時間得以流逝、悲傷得以治癒。」

很久以前，有一個男孩和一個女孩，他們是世界上最早出生的孩子。他們是一對雙胞胎，名叫閻摩和閻蜜，是當時唯一的人類。他們彼此深愛著對方，總是一起玩得很開心。

整個世界都是他們玩耍的地方。河流、樹木、森林、動物、鳥兒、昆蟲和花朵——他倆都很喜歡和它們在一起。那時候，一天還沒有盡頭，所以歡樂也沒有盡頭。他們想吃什麼就吃什麼，想玩多久就玩多久，還一邊唱著快樂的歌。太陽一直照耀著他們，永遠都是白天，所以月亮和星星從來沒有從明亮的天空後頭露面的機會。

有一天，當他們和動物玩過，也吃完果子之後，他們便想爬上樹，坐在那裡唱歌。就在閻摩開始爬樹的時候，閻蜜看見有隻美麗的小鳥坐在那棵樹上，牠身上的羽毛色彩斑斕，歌聲悅耳至極。閻蜜被牠的歌迷住了，想再聽牠多唱一會兒。可是閻摩一爬上樹，鳥兒就飛走了。

「停下來啊，閻摩！別爬了！」她喊。但這時鳥兒已經飛走了。

「看吧，小鳥飛走了！」她很失望，「我本來想再跟牠玩一會兒的。」

「我看到牠停在另一棵樹上，」閻摩說，「為什麼不過去跟牠玩呢？」

「你會跟我一起去嗎？」閻蜜問哥哥。

「不需要我去啊，」他說，「妳可以自己去那裡待一會兒。我在這棵樹上唱歌，妳在那棵樹上看鳥。回來以後我們再一起玩。」

閻蜜喜歡這個提議，於是她跟著那隻從一棵樹飛到另一棵樹的小鳥走。她喜歡這隻鳥的聲音，還跟著牠一起唱歌，這首歌實在太好聽了。她跟著小鳥走了好久好久，直到牠飛遠，再也看不見為止。她嘆了口氣，看看四周，意識到自己離哥哥所在的地方已經很遠了，於是她回頭去找哥哥閻摩。閻蜜很快樂，決定要把鳥兒這首可愛的歌唱給哥哥聽。

她走到跟閻摩分開的地方，看見他躺在樹下，好像睡著了似的。她低聲叫哥哥的名字，但他沒有回應。她在他身邊坐下，為他唱了那首好聽的歌，但閻摩動也不動。閻蜜輕輕搖了搖閻摩，叫他的名字，他還是沒有反應。她搖得更用力了，想要搖醒他。就在這時，閻蜜注意到閻摩的呼吸停了，他的身體是冰冷的、不會動了。

閻蜜悲痛萬分。哥哥閻摩死了！她環顧四周，不知道該怎麼辦。她開始意識到自己有多麼孤單，這讓她感到更悲傷。時間一點一滴過去，她的悲痛愈來愈深，她大聲哭喊：「閻摩今天死了！閻摩今天死了！」

鳥兒、花朵、昆蟲和動物都在一旁看著她，但都沒有辦法減輕她的悲傷。

她的悲傷像海一樣深，當她悲傷的時候，淚水湧上她的眼睛，順著臉頰流下來。她忍不住痛哭起來，淚水開始在地上累積，漸漸淹沒了整個世

界。地球上所有生物都開始慌亂，樹木被連根拔起、動物被洪水沖走。因為完全沒有辦法止住閨蜜的淚水，所以洪水也無法結束。

照顧世界的眾神和天使們，這時都在為閨蜜和世界擔心，很想保護他們。眾神下凡來擁抱她，祂們想盡辦法安慰她，但她的悲痛彷彿永無止境。閨蜜完全無法想像沒了哥哥之後，日子該怎麼過，嘴裡不停說著：「閻摩今天死了！」

在絕望中，眾神和天使們開始思考該怎麼幫助閨蜜。祂們希望她忘記過去發生的一切，這樣她就可以重新開始快樂的生活。突然，其中一個天使說：「我希望這一天能夠結束，這樣她的悲傷也能結束，她就可以感覺好一點了。」

這時，眾神才意識到，在那之前，世上的一天是永恆、永遠不會結束。閨蜜只知道今天，沒有昨天，也沒有明天。而為了減輕閨蜜的痛苦，今天必須結束、明天必須開始。所以祂們決定，必須從結束當下的這一天開始。眾神開始創造日落，當太陽開始慢慢移出天空，柔和的深藍天幕便落了下來，露出了藏在明亮天空後面的美麗月亮和星星。

閨蜜被眼前的景象嚇了一跳。她凝望天空，夜晚帶來的美讓她驚訝得愣住了。月亮和雲朵玩耍，雲朵和星星嬉戲，現在連風也涼了。閨蜜感覺到清涼的晚風輕撫著她的臉，漸漸的，她覺得自己的眼皮愈來愈沉重。她不知道自己發生了什麼事，但覺得很舒服。慢慢的，在她意識到之前，閨蜜第一次睡著了。黑暗的天幕籠罩著她，她蜷縮在黑夜溫柔的懷抱裡。睡覺的感覺真好啊。

她一睡著，眼淚就止住了，大地的洪水平息了。動物、鳥兒、蜜蜂和昆蟲也都平靜下來，睡著了。

第二天早上，閨蜜感覺到臉上暖烘烘的陽光，聽到鳥兒的啁啾聲和蜜蜂的嗡嗡聲。她睜開眼睛、環顧四周，她覺得有點不一樣。她意識到這是

新的一天，也記得「閻摩昨天死了」。她依然為這件事感到悲傷，但謝天謝地，已經沒有昨天那麼痛苦了，一切似乎都輕鬆了一些。她四處走動，忙著做事，然後抬起頭望著天空，等待一天的結束。寧靜的夜緩解了她的悲傷，每過一天，她都覺得自己比前一天又好了一點。

從那時開始，世間每過了一天，總會出現一個寧靜的夜晚，可以慢慢幫人治癒所有悲傷和痛苦。

Chapter 4

不得已離開所愛的人，
讓故事療癒孩子的悲傷

本章包括為父母分居的孩子們寫的故事，被收養或待在寄養家庭的孩子的故事，以及因為各種原因，只能和家中某些成員短暫相處的故事。為了更容易找到符合需求的故事，我把每個故事的大致背景列在這裡：

◆ 〈閃閃的兩個家〉（第131頁）：為父母分居的小小孩（3歲～5歲）寫的故事。

◆ 〈袋鼠媽媽和袋鼠寶寶〉（第133頁）：為3歲半女孩寫的故事，為了幫助她「接受」不斷出現的變化和分離，因為她的母親為了逃離家暴，經常搬家。

◆ 〈三隻熊和兩艘船〉（第135頁）：為3歲半男孩寫的故事，他從來沒有見過自己的爸爸（孩子尚未出生，爸爸就離開這個家了）。現在這男孩開始問：「爸爸在哪裡？」。

◆ 〈無尾熊的三張床〉（第136頁）：這是幫助有分離焦慮的孩

子離開父母的床和房間，到自己的床和房間睡覺的故事。

◆〈黃色小火車〉（第138頁）：為了幫助4歲女孩和她的大哥重新建立關係而寫的故事。

◆〈小小鳥和鳥爸爸〉（第141頁）：為父親入獄的5歲男孩寫的故事。

◆〈家庭船〉（第142頁）：為收養了外國男嬰的家庭所寫的故事。男孩在5歲時得知了自己原本家庭的故事，他想回去原生家庭，但這是不可能的。

◆〈裂縫〉（第144頁）：母親寫給她收養的一對雙胞胎男孩的故事，他們已經5、6歲大了，依然會因為憤怒（以及對過往經歷的恐懼）而大發脾氣。

◆〈夢見了一朵花的種子〉（第147頁）：為一對夫妻寫的故事，他們收養了5個月大的小女孩；現在這個女孩6歲了，想要知道她出生及幼年生活的事。在慢慢告訴她這些事的同時，媽媽也希望能有個故事幫忙，以富有想像力的方式傳達事實。

◆〈杯子塔〉（第150頁）：為父母分開的8歲女孩所寫的故事。

◆〈贛南橙〉（第153頁）：寫給14歲的女孩。父母離異之後，她被留在寄宿學校，由校方照顧。

◆〈鯨魚與珍珠〉（第155頁）：寫給生活在不穩定環境中的寄養青少年的故事。

◆ 〈森林護管員與鳥兒〉（第157頁）：為無法在女兒幼年時期和她就近生活在一起的父親所寫的故事，希望能給他一些希望和力量。

〈閃閃的兩個家〉

適合年齡：3～5歲。
應對狀況：孩子生活在分居家庭。

這是為生活在分居家庭中，3～5歲大的孩子寫的故事。故事最尾端的那首歌，可以讓父母用來幫助孩子保持一致性。

從前，在海邊岩石大水潭裡住著小魚一家。他們整天都快樂的玩耍，在家裡的水窪裡扭來扭去、跳水、到處滑行。

其中有條閃閃發光的小魚叫「閃閃」，她正在跟兄弟姊妹學習怎麼在水潭邊的珊瑚礁上，做一張夜晚使用的床。他們教她如何收集海草讓床變軟，這樣她就能睡得更舒服了。

「擺一擺，閃一閃，
小魚閃閃和全家一起休息一起玩，
擺一擺，閃一閃，
小魚閃閃的海草床要多軟就有多軟。」

某天早上，閃閃正在和兄弟姊妹玩耍，天空突然傳來一陣轟隆聲。一開始閃閃並沒有注意，但很快的，她就和其他人一起游到岩石水潭的頂

端，想知道發生了什麼事。

烏雲開始在天空聚集。沒過多久，雷聲隆隆、閃電劈了下來，雨開始下，風也開始刮。魚兒們都擠在水窪中央，等待暴風雨過去。大家都安安靜靜的。

突然間，他們的水潭出現了好大的動靜，巨浪一波又一波灌進來。海浪翻滾著打進岩石水窪，還持續了好久。浪實在太強了，沖走了將近一半的珊瑚礁。

終於，波浪平息，水也變清澈了，小魚一家終於可以看看發生了什麼事。

因為波浪打壞了太多珊瑚礁，有些家族成員不得不去附近另一個岩石水潭，搭建夜裡睡覺的床。幸運的是，暴風雨在岩壁的一側弄出了一條長長的隧道，可以從一個水潭通往另一個。

閃閃覺得，游過這條岩石隧道去拜訪另一個水潭裡的家人實在太令人興奮了。她還收集了海草，在另一邊也做了一張床，如果自己想在那兒過夜就可以使用了。

「擺一擺，閃一閃，
小魚閃閃的海草床要多軟就有多軟，
擺一擺，閃一閃，
小魚閃閃和家人分享兩個家。」

如今，魚兒一家住在兩個岩石水潭裡，閃閃在兩個地方都有床鋪，所以不管她待在哪個水潭，都有舒服的床可以睡。每次當她游過岩石隧道的時候，嘴裡都哼著她舒適的睡覺之歌。

「擺一擺，閃一閃，
小魚閃閃的海草床要多軟就有多軟，
擺一擺，閃一閃，
小魚閃閃和家人分享兩個家。」

★ 小活動

製作一條毛氈魚，請參考第320頁的樣版。

〈袋鼠媽媽和袋鼠寶寶〉

適合年齡：3歲半。
應對狀況：生活中不斷出現的變化與分離。

這是為3歲半女孩寫的押韻故事，幫助她「接受」不斷出現的變化和分離。她的媽媽為了逃離家暴經常搬家，加上需要工作，所以孩子經常要由不同的人照顧。這位母親對故事的回饋是：在還沒把故事說給女兒聽之前，自己就從這個故事得到了安慰，並且變得堅強。這是療癒故事的好例子，原本是為孩子寫的，卻也能夠幫助成年人。

袋鼠媽媽實在太愛袋鼠寶寶了！她的愛那麼巨大，有時候都讓她覺得自己要爆炸了。當然，她知道這種事是不會發生的！因為她必須堅強。她必須把袋鼠寶寶裝在袋子裡，然後帶著他一起蹦蹦跳跳越過山丘、穿過平原，走得好遠好遠，無論如何都在一起，每一天都在一起。

袋鼠媽媽一直在尋找和袋鼠寶寶一起生活的最佳地點——有草吃、有

甜美的水喝，還能遮風避雨的家。

　　有時候，風會一直轉一直轉，揚起周圍太多的塵土。所以袋鼠媽媽和袋鼠寶寶會為了找新家而離開。當袋鼠媽媽蹦跳著前進時，就會對袋鼠寶寶唱起這首短短的歌：

　　「越過山丘、穿過平原，走得好遠好遠，
　　無論如何都在一起，無論什麼天氣，每一天都在一起。」

　　有時候，風暴會帶來太多雨水，弄得到處都是溼滑的泥土。所以袋鼠媽媽和袋鼠寶寶會為了找新家而離開。當袋鼠媽媽蹦跳著前進時，就會對袋鼠寶寶唱起這首短短的歌：

　　「越過山丘、穿過平原，走得好遠好遠，
　　無論如何都在一起，無論什麼天氣，每一天都在一起。」

　　有時候，袋鼠媽媽有好多事情要忙，所以離開了袋鼠寶寶，和其他袋鼠朋友在一起。袋鼠寶寶會跟新朋友一起玩。噢，袋鼠寶寶好喜歡整天玩耍啊！

　　當天稍晚的時候，袋鼠媽媽會回來，加入玩耍的行列，他們會一起蹦蹦跳跳，唱著這首短短的歌：

　　「草吃起來真新鮮，水喝起來那麼甜，
　　快快樂樂在一起，無論是什麼天氣，
　　每一天都在一起！」

〈三隻熊和兩艘船〉

適合年齡：3歲半。
應對狀況：父親離家。

　　這個故事是在成都療癒故事研討會上寫的。寫作對象是某位母親，她有一個3歲半的兒子，而他從來沒有見過自己的爸爸（孩子出生前，爸爸就從他們的生活中消失了）。現在孩子已經開始問：「爸爸在哪裡？」

　　這位母親向我解釋，她相信自己已經為兒子創造了一個「和諧之島」，儘管明知爸爸還活著，但是為了維持這份和諧，她很想告訴兒子，爸爸已經去世了。因此，我寫了有開放式結局的故事，既抓住了真相，又有助於保護這個「和諧之島」。

　　這個男孩最喜歡的玩具是一隻可愛的棕熊，每天晚上都抱著它睡覺。

　　從前有三隻熊——熊爸爸、熊媽媽，還有熊寶寶。他們一起生活在一片森林裡，這片森林曾經有過充足的食物——香脆的堅果、多汁的水果，和甜美的蜂蜜。但是，食物愈來愈少，於是有一天，三隻熊決定離開森林，尋找有足夠食物，也就是同樣有香脆堅果、多汁水果，和甜美蜂蜜的地方生活。

　　他們走啊走，走了好久好久，來到了一片沙灘。水邊停著兩艘小船。熊爸爸爬上其中一艘，熊媽媽和熊寶寶爬上了另一艘。

　　海浪輕輕托起了小船，開始前後搖晃，搖著搖著，他們遠離了海岸。風吹了起來，浪在搖，船在海上愈走愈遠。熊爸爸的船被帶往很遠的某個方向，熊媽媽和熊寶寶則被帶往另一個方向。波浪前後搖晃著船，搖著搖著，白天過去、黑夜降臨，然後，又過了一天。

終於，這艘船帶著熊媽媽和熊寶寶來到一座小島的岸邊，停在金色的沙灘上。熊媽媽和熊寶寶爬下船、穿過沙灘，走進了一片茂密的森林。他們很快就發現這裡有好多食物可以吃，有香脆的堅果、多汁的水果，和甜美的蜂蜜。

這片森林的食物太豐富了，而且在巨大的岩石和樹根之間還有溫暖舒適的地方可以遮風避雨，於是熊媽媽和熊寶寶決定把這片森林當作他們的新家……

據我所知，他們現在還住在那兒呢。

〈無尾熊的三張床〉

應對狀況：分離焦慮。

這是幫助有分離焦慮的孩子，離開父母的床和房間，到自己的床和房間去睡覺的故事。

無尾熊還很小的時候，他的第一張床是在媽媽的育兒袋裡。

那裡面又溫暖，又舒適。

他睡覺，然後長大；長大了，又睡。

這樣一邊睡一邊長，過了好幾個月，對這個育兒袋來說，他已經太大了，但是要讓他自己一個人睡，似乎又太小了。無尾熊該怎麼辦呢？

然後他聽到媽媽輕聲對他說：「爬到我背上來吧，小傢伙——這就是你下一張舒適的床了。」

小無尾熊爬到媽媽背上，緊緊抓住媽媽柔軟的毛。多棒的新床啊！他特別喜歡趁媽媽在桉樹上爬上爬下時看外面的世界，而她總是在找桉樹嫩葉吃。有時候，小無尾熊甚至可以自己伸出手摘脆嫩的葉子當晚餐。

當媽媽在彎曲的樹枝上睡覺時，小無尾熊就睡在她背上。不管白天或夜晚大部分時間，他們都在一起，不是在吃，就是在睡。

然而，這樣一邊睡一邊長大了幾個月，無尾熊又變得太大了，沒辦法攀在媽媽背上。她沒有那麼強壯，所以背不動他，他已經不再是一隻小無尾熊了！

現在，無尾熊需要自己爬樹了。無尾熊需要自己摘葉子當晚餐了，也需要自己去找睡覺的樹枝了。

他攀爬得很不錯，摘葉子也摘得還可以……但無尾熊並沒有自己睡。令人不舒服的干擾好像多得過頭了！樹枝太硬、光線太亮，氣溫也太熱了。

他還在媽媽的育兒袋裡時，從來沒有注意過這些事；依偎在媽媽毛茸茸的柔軟背上時，也從來沒有注意過這些事。小時候，似乎很容易就睡著了。

無尾熊該怎麼辦呢？他一天比一天累，他真的好想睡覺啊！但他就是找不到入睡的方法。

這時候，他聽見桉樹低聲對他說：「無尾熊，我可以給你一張舒服的床。在我的樹枝上找個彎彎的地方，我會幫你把樹皮弄軟，我會用葉子幫你遮光，我會召喚風，為你送來陣陣清涼。」

無尾熊好高興。他不明白為什麼之前沒有聽見樹說的話。他找到了一根彎彎的樹枝，感覺樹皮在身體底下變軟，可以當床了。接著，樹把綠葉聚在他頭上，不管黑夜白天都為他遮著光。沒過多久，他身邊吹起了涼爽的微風。

無尾熊睡著了，睡得好沉、好久。從那時候開始，那棵桉樹一直是他的床、他的家，也是他的朋友。

〈無尾熊的搖籃曲〉

睡吧，無尾熊睡吧，

讓你疲憊的頭靠一下，

在柔軟的樹皮床上，讓我的樹枝抱著你。

睡吧，無尾熊睡吧，

緊緊閉上你的眼睛，

讓我的綠葉為你遮蔭，讓強烈的陽光照不著你。

讓我的綠葉為你遮蔭，讓明亮的月光照不著你。

〈黃色小火車〉

適合年齡：4歲。
應對狀況：重新與哥哥建立關係。

這個故事是為4歲小女孩寫的，目的是幫助她重新和大哥哥建立關係。這是住在倫敦的巴基斯坦母親提出的請求，在面對女兒的叛逆行為時，她碰到很多困難。女兒的哥哥因為腦性麻痺必須坐輪椅，小女孩曾經是他最好的朋友，如今卻決定和他斷絕關係。她從學校回家之後不會再告訴哥哥當天發生了什麼事，也不跟他一起玩了，完全無視他。她還開始假裝自己有病痛，好吸引別人的注意。

媽媽希望能有一個故事，幫助女兒接受並同理哥哥的殘疾、停止裝病裝痛。我問了她一些問題，是關於女兒的喜好和興趣的，她列了一份清單作為答覆，當中包括「玩火車」這項，黃色則是她最喜歡的顏色。

前一年，我和先生去了地中海地區的庇里牛斯山旅行，乘坐著名的「黃色小火車」穿山而過——這段經歷給了我設定故事背景的靈感，藉著黃火車和藍火車的互動，反映出期望中的結果。

送出故事兩週後，我收到一封電子郵件，裡面有一張小女孩推著哥

哥輪椅的照片。信件內文是：「我們都過得很好。只是想和妳分享這張照片。故事真的有用⋯⋯她現在和我兒子相處得很好，也很願意幫助哥哥。運用我幫她塗成黃色的木頭小火車，我用演偶戲的方式把這個故事講了很多遍。她還有一個藍色的木塊，我們把它當成藍色火車頭，用一只空箱子當火車調車場，一個蓋了布的墊子當成山，還拿了小木屋模型當商店和鎮上的房子。然後我用自己的手當人偶，把記在腦子裡的故事講出來。」

在很遠很遠的大海另一邊有個國家，那裡有一種人人都喜愛的黃色小火車。這個國家有很多山，對汽車和馬路來說都太陡峭了，所以人們想從一個地方到另一個地方去，唯一的方式就是搭黃色小火車。城市家庭會搭黃色火車去山區度假，山區家庭會搭黃色火車去城裡買東西。

小火車很喜歡每天的旅程，亮黃色的車廂裡載著許多形形色色的乘客。他特別愛冒險，喜歡穿過黑暗陰涼的山間隧道、穿過高高的橋樑，還有行經山坡上的花叢。他會拉響嘹亮的汽笛，黑色的輪子一路向前，還歡快的唱著歌⋯⋯

「咔噠咔噠，咔噠咔噠，沿著我們每天飛奔的軌道往前跑，

咔噠咔噠，咔噠咔噠，越過這片大地尋找我們該走的路。」

每天晚上，黃色小火車都會回到鐵路調車場清潔、擦亮，然後就在那裡休息到第二天早上。

調車場裡還有一部藍色的大火車頭。他運轉得不太好，所以不能離開他所在的軌道。火車技工一直都在修理這台火車頭的零件，住在調車場的孩子有時候也會到調車場裡或車頂上玩。藍色大火車頭從頭到尾都很有耐

心，也很喜歡孩子們來玩。到了晚上，他特別喜歡聽黃色小火車說它的冒險故事。

藍色大火車頭真希望有一天，自己也能有這樣的冒險……穿過黑暗陰涼的山間隧道、穿過高高的橋梁，還有行經山坡上的花叢。

有天晚上，黃色小火車有了個點子。他不得不守了整夜的祕密，直到第二天早上司機來上班。當司機一爬進車廂，黃色小火車就興奮的把想法低聲告訴他。沒幾分鐘，司機就笑容滿面的把黃色小火車放到藍色大火車頭後面，然後很慢很慢的，把藍色大火車頭推出了調車場。

這個景象多麼美妙啊。當黃色小火車推著藍色大火車頭沿著鐵軌開出城市、進入鄉間時，人們都在歡呼，並對他們揮手。藍色大火車頭高興得簡直要爆炸了，他那從來沒有使用過的汽笛，開始劈哩啪啦發出小小的歡聲，吱吱作響的輪子也拚命隨著黃色小火車，一起哼起歌……

「咔噠咔噠，咔噠咔噠，沿著我們每天飛奔的軌道往前跑，

咔噠咔噠，咔噠咔噠，越過這片大地尋找我們該走的路。」

第一次旅行並沒有走太遠。黃色小火車要推動這麼大一台藍色火車頭，可是個非常艱辛的任務！那一天，黃色小火車還有別的行程要跑，於是過了一條短隧道、一座高高的橋，和一片美麗鮮豔的花叢之後，司機在下一站把火車轉了彎，黃色小火車慢慢把藍色大火車頭推回了調車場。

這是藍色大火車頭有生以來最快樂的一天，黃色小火車也很高興能和朋友分享他的冒險經歷。從那次開始，只要黃色小火車有空，就會把藍色大火車頭推出調車場，找個地方去冒險。當他們前進的時候，這個地方的人們就可以聽見輪子在唱……

「咔嚓咔嚓，咔嚓咔嚓，沿著我們每天飛奔的軌道往前跑，

咔嚓咔嚓，咔嚓咔嚓，越過這片大地尋找我們該走的路。」

〈小小鳥和鳥爸爸〉

適合年齡：5歲。
應對狀況：父親入獄。

　　這是為5歲孩子寫的故事，他爸爸入獄了——孩子非常沮喪，他什麼事都不想做，也不想參與學校裡的所有事物。這個故事的目的，是希望給孩子的生活帶來一些光明和動力。

　　小小鳥坐在灌木叢裡的一根樹枝上，頭縮在翅膀裡。他不想飛，也不想唱歌，他只想坐著，什麼事也不做。

　　灌木叢就在一棟灰色的大房子外面。小小鳥知道，爸爸就在那座灰色的大房子裡。如果他從翅膀裡抬起頭，就可以透過窗戶看見掛在鉤子上的竹籠子。他多麼希望爸爸能從籠子裡出來，和他在一起啊！

　　鳥爸爸坐在籠裡的棲木上。就算他想飛，也飛不了。他可以唱歌，但他不想——他太難過了，沒辦法唱。他知道自己冒了太多險，這就是他被抓起來關在籠子裡的原因。

　　好幾天，好幾夜過去了，接著又是好多天。小小鳥一直坐在樹枝上……鳥爸爸也一直坐在籠子裡的棲木上。

　　然後有一天，鳥爸爸碰巧抬頭看了看窗外，看見小小鳥坐在灌木叢裡。看到小小鳥一動也不動，鳥爸爸嚇著了。一開始，他也不知道自己能做什麼——他困在籠子裡，不能飛出去迎接他。接下來，慢慢的，很慢很慢的，鳥兒歌聲的記憶在他心裡出現了，鳥爸爸開始唱歌……起初他唱得很輕，然後他愈唱愈用力，愈唱愈大聲。

「要是你能飛，就飛高一點，再高一點，直上雲霄。

要是你能唱，就用力一點，唱得又響又甜，唱一整天。」

　　鳥爸爸的歌聲傳出籠子、穿過窗戶，傳到了外面的世界。小小鳥從翅膀裡抬起頭來聽。接著，他也跟著爸爸的歌聲唱了起來……起初唱得很輕，然後他愈唱愈用力，愈唱愈大聲。

　　過了一會兒，小小鳥展開翅膀飛出了灌木叢。接著他飛過那扇窗、飛過灰色建築的屋頂，直上雲霄。

「要是你能飛，就飛高一點，再高一點，直上雲霄。

要是你能唱，就用力一點，唱得又響又甜，唱一整天。」

〈家庭船〉

適合年齡：5歲。
應對狀況：無法回到原生家庭。

　　這個故事是為澳洲家庭寫的，他們從哥倫比亞收養了一個男嬰。男孩5歲的時候得知了自己原本的家庭故事，想回到原生家庭去。

　　這對養父母和男孩在哥倫比亞的家人簽署過法律協議，規定在他18歲之前不能和他聯絡。故事試圖反映這種限制，所以我用「家庭船」這個隱喻來幫助男孩接受目前的處境，慢慢處理伴隨這種新意識而來的悲傷和失落。

　　媽媽告訴我，這個故事幫助他們家找到了一條攜手前進的道路，對所有人來說，這故事都是一劑「良藥」。

　　從前有一艘漂亮的船，有彩色的絲綢船帆和金黃色的船身。這艘金色

的船正在進行一次漫長的家庭旅程，要穿越一片非常廣闊的大海，途中還要遊覽許多島嶼。

　　爸爸媽媽是這艘船的船長，孩子們是船員。爸爸媽媽輪流掌舵領航，白天跟著太陽的光，晚上就跟著月亮和星星的光。

　　有時候，孩子必須幫忙完成任務，有時候可以玩耍。有那麼多令人興奮的事情可以做——爬桅杆、用帆繩盪鞦韆、在救生艇上划槳，以及在海面平靜無波的時候，繞著金色的船身游來游去。

　　他們一起經歷的，是一場奇妙的冒險。每天這家人都會吟唱：

「嘿嗨喲，
跟著光走，夜以繼日，
我們冒險去嘍，
嘿嗨喲。」

「嘿嗨喲，
不畏風雨，接受考驗，
我們冒險去嘍，
嘿嗨喲。」

　　漫長的旅途發生過各式各樣的事。有些很棒，有些不怎麼好；有許多美麗的島嶼值得探索，但也有棘手的暗礁必須航行，而且還得小心的靠近懸崖和布滿亂石的海岸。

　　銀色的海豚會和船同游，有時候還會讓孩子騎在牠們的背上；但也會有滑溜溜的海蛇，牠們喜歡在船上四處滑行，必須把牠們抓起來，放回海洋家園。

有時候，海鷗會停在桅杆上尖銳響亮的唱歌。其他日子，會有美麗的鳴鳥來訪，唱著甜美的歌、訴說甜蜜的故事。

在這漫長的旅程中，這家人必須面對各種天氣──狂風暴雨、閃電雷鳴。除此之外，日子也會平靜晴朗，有美麗的日出和晴朗的星空。每天這家人都會吟唱：

「嘿嗨喲，
跟著光走，夜以繼日，
我們冒險去嘍，
嘿嗨喲。」

「嘿嗨喲，
不畏風雨，接受考驗，
我們冒險去嘍，
嘿嗨喲。」

在這首歌的幫助下，船長和船員一直很堅強。他們平穩的向前航行，一起通過了天氣的考驗。

經過一段非常非常漫長的旅程，金色的船終於到達了大海的另一邊，登上了陸地。

〈**裂縫**〉 作者：妮娜・奈加特（故事作者、老師、建築師）

適合年齡：5、6歲。
應對狀況：寄養之家的經歷，讓孩子因憤怒和恐懼而亂發脾氣。

妮娜寫這個故事，是為了唸睡前故事給她收養的雙胞胎兒子，當時

他們5、6歲大，還是會因為憤怒和恐懼亂發脾氣。這兩個男孩在保母極稀少、卻有幾百個孩子的寄養之家長大。他們在3歲半的時候來到了位於丹麥的「家」。

幾年來，妮娜和她先生每天晚上都要花一個小時抱抱他們、搖晃他們，讓他們平靜下來。妮娜表示：「感覺就像他們被迫一次又一次回到孤單留在寄養之家，或者某個黑暗絕望的地方。這兩個孩子在5、6歲大的時候，就一直問很多關於他們生命之初的問題。所以我想，這個故事可以幫助他們安定下來，讓他們知道，在他們回到家之前有一段漫長且不那麼美好的旅程——但這沒問題！兩隻小老鼠互相抱著說故事，這個美好的畫面能展現他們關係。所以，這個故事說的其實就是接受事情原本的樣子。覺得害怕、亂發脾氣、發現自己在媽媽（或爸爸）的懷裡，都很正常——一點問題都沒有！」

妮娜還表示：「某方面來說，這個故事對說故事者來說也有用——可以讓他們變得非常有耐心——不管怎樣，都沒關係！當然，那隻只會數到10的老鼠會讓他們大笑起來，然後開始數數——數到10以上！」

要注意的是，在這個故事裡，有些輕鬆幽默的地方是用來平衡黑暗無望的時刻——顯然那對雙胞胎都喜歡聽有好多老鼠寶寶的那位老鼠媽媽的部分，她的孩子實在太多了，甚至不知道自己有幾個孩子，因為她也連數到10都不會。

從前有隻老鼠媽媽，她有一大堆老鼠寶寶——超過20隻！事實上，老鼠媽媽連數到10都不會，所以她也不知道自己究竟有多少個孩子。

有一天，她用一部大大的嬰兒車載著所有老鼠寶寶，每一隻寶寶都在車裡的墊子上玩耍。因為實在太好玩了，每隻老鼠寶寶都在哈哈大笑。所以當兩個小傢伙從嬰兒車邊緣掉下去的時候，老鼠媽媽並沒有注意到。

兩隻老鼠小寶寶掉進了地上的一道裂縫，突然間，周圍一片漆黑，他們唯一能感覺到的就是冰冷的泥土。幸好兩隻寶寶都抓住了對方的尾巴，他們在黑暗中緊緊靠著，嚇得一直發抖。

兩隻寶寶在裂縫裡待了好久好久！住在附近的鼴鼠發現了他們，覺得他好可愛。她幾乎每天都會來餵他們，還會抱他們一會兒——老鼠寶寶很喜歡這樣。鼴鼠每天都會帶一些草根來給寶寶們吃，但是當鼴鼠不在身邊的時候，他們會覺得好孤單、好害怕。他們抓著彼此的尾巴，望著那片無盡的黑暗。

這種情況持續了很長一段時間，直到春天某一天，住在那裡的農夫正在種蘋果樹。他把鐵鍬插進土裡，位置就在裂縫旁邊，當他把土翻過來的時候，他看到了兩隻抓著彼此尾巴的老鼠寶寶。農夫把他們帶到穀倉，放在牆上的老鼠洞外面，他曾經看過一對老鼠在那裡跑進跑出。

老鼠媽媽不久就發現了這兩個小傢伙。她叫來老鼠爸爸，他們都愛上了這兩隻漂亮的小老鼠。多幸運啊！老鼠夫妻真是太高興了！他們想要更多的孩子！他們住在舒適的房子裡，還有好多食物——比草根好吃多了！

他們為老鼠寶寶取了名字，一個叫「波波」，一個叫「莫頓」。兩個都是男孩，也都過得很幸福——大部分時間是這樣。因為波波和莫頓有時候會不敢相信自己已經從裂縫裡出來了。他們會睡著，然後夢到自己還在裂縫裡。或者他們去了某個地方，那裡的泥土氣味會讓他們想起裂縫裡的味道。但是老鼠媽媽和老鼠爸爸會抱著他們、安慰他們，跟他們說：「那都結束了，寶貝，媽媽和爸爸哪裡都不會去。」

有一天，他們來到原本裂縫所在的地方，那裡長著一棵蘋果樹，它的根牢牢長在裂縫裡。蘋果樹的旁邊則是一個鼴鼠丘。

老鼠媽媽烤了甜甜的派，寫了封信給鼴鼠。

親愛的鼴鼠：

我漂亮的孩子們在裂縫裡迷路的那段時間，謝謝你照顧他們。

希望你喜歡這個派。

致上愛的問候，

老鼠媽媽 敬上

〈夢見了一朵花的種子〉

適合年齡：6歲。
應對狀況：收養家庭。

這個故事是為一對40多歲的印度夫妻寫的，他們收養了5個月大的小女孩（這對夫妻沒有其他孩子）。他們為她取名「莎悠璃」（日文的意思是「小百合」），因為當他們第一次看見她的時候，她那麼小，看起來那麼嬌弱，就像一朵百合。

這家人住在公寓7樓，有窗戶但沒有陽台，只有個寬寬的窗台，有柵欄保護，莎悠璃每天早上都坐在那裡餵鳥，家裡也會在那裡種些植物。莎悠璃喜歡戶外活動，總是說想住在農場裡，這樣就可以種桑椹、藍莓，和各種有機會生長的水果了。

6歲時，莎悠璃詢問了關於自己出生和幼兒時期的真相。除了慢慢告訴她這些（她的親生母親未成年，她在寄養家庭中被照顧了5個月），媽媽希望我能寫一個故事，以富有想像力的方式來傳達真相。故事中的風，代表幫莎悠璃和收養家庭牽線的寄養家庭以及收養過程。對於使用風這個

點子，我要感謝兩位中國年輕男子——雙胞胎摩根和奧蘭多。我有幸在丹麥遇到了他們，也聽了他們自述的領養故事，他們把風當成引發改變的人（本書中也收錄了這對雙胞胎媽媽的故事，請參考第144頁的〈裂縫〉）。

跟莎悠璃分享這個故事的同時，她也非常喜歡〈必須待在家裡的小地精〉的故事（請參考第176頁），她特別喜歡小地精這個角色，還把花的故事和它交織在一起。對她來說，這不是小女孩和植物的故事，而是小地精和植物的故事。但隨著故事融合，這位媽媽告訴我們，小種子的旅程已經在她心裡「播種」了，某種程度，她知道自己是被收養的，並開啟了富有成效的對話。

這個故事也可以改成其他版本。我先生也是被收養的，當他看到這個故事時，立刻就聯想到種子和風的主題，但他希望自己的故事是「夢見了一棵樹的種子」——描述了一顆種子被風帶到另一個花園，長成了一棵樹，而不是花盆裡的一顆花種。我們可以改成各種不同的種子，以因應不同的情況。

小種子孤伶伶躺在草叢和岩石之間，渴望有溫暖的泥土圍繞、渴望有金色的陽光照耀。最後，她發著抖，沉沉睡去。

睡著之後，小種子夢見自己變成了一株閃閃發光的綠色植物，懷裡藏著一朵她從未見過的、絕美的花。

當她醒來的時候，身邊似乎有什麼動靜。剛開始她覺得很奇怪，但隨後她聽到一陣低語：「我是風，是妳的朋友。我可以帶妳去讓妳夢想成真的地方，請相信我。」

知道自己有了朋友，小種子很高興。她讓風把自己吹起來，離開了岩石和草地。

風帶著她飛了好遠——越過青山、穿過山谷……然後繼續飛；越過河

流和森林⋯⋯還是繼續飛;經過陽光下長著紅莓和藍莓的農場⋯⋯他們依然繼續飛。

小種子驚奇的發現,世界居然這麼美。她興奮得發抖(不是因為寒冷!),不知道她的朋友會把她帶到哪裡去。

不久,風吹到一座城市,吹過了高高的樓頂。風一直打轉,然後吹向其中一棟房子的窗戶。敞開的窗戶裡有一對父母捧著一只陶盆⋯⋯他們是在等小種子嗎?

風用最輕柔的動作吹進窗子,吹著陶盆頂周圍,在土裡挖出一個淺坑,讓小種子像躺在床上似的躺在裡面。然後,朋友溫柔的和她吻別,繼續自己的旅程,還答應會不時回來看看她。

小種子窩在花盆中肥沃的褐色泥土裡,很快就睡著了。經過這麼長一段時間的冒險,她實在累壞了。爸爸媽媽小心翼翼把花盆放在窗台上溫暖的陽光下。小種子睡覺的時候,太陽把她的泥土床晒得暖暖的,她的新家人也很細心的為她澆水。

過了好多天,她醒了,覺得自己活得強健而快樂。她慢慢把根扎進土裡,手臂伸向太陽。當她從花盆頂伸展出來的時候,小種子可以看見自己正在變化,變成夢裡那株閃閃發光的綠色植物。

太陽繼續照耀,這家人也繼續為她的土壤澆水。很快的,小種子的綠葉裡就開出了一朵從來沒有人見過、絕美的花。

好多鳥兒飛了下來坐在窗台上,為這位新來的美人所在的世界歌唱。這家人仔細照料他們的寶貝花朵,世界每天都為她的可愛、魅力和優雅歡欣鼓舞。

〈杯子塔〉作者：佩特拉・卡波維奇・維德瑪（克羅埃西亞老師）

適合年齡：8歲。
應對狀況：父母離異。

　　這個故事是為父母離異的8歲小女孩寫的。

　　以下是佩特拉的介紹：「今年，我參加了妳在奧帕蒂亞舉辦的療癒故事研討會，便寫了這個故事。我所帶的班上有24個學生，其中13位和離了婚的家長住在一起。我想為這些孩子寫一個故事，但每個人的情況都很不一樣。其中一位學生的媽媽最近跟我談到正在辦離婚，讓我有了寫這個故事的靈感，我為她女兒寫了這個故事，希望能給她一點幫助，或許也能幫助其他正在面對父母離異的學生。

　　「在上美術課之前，我把這個故事當成『勵志故事』講給大家聽。聽完故事之後，每個孩子都完成了一個作品——畫畫並設計杯子。我尤其希望這個故事能幫助其中一個特別的女孩，讓她做好準備面對生活中的新變化。她非常愛乾淨，喜歡一切都井井有條。這個學生知道自己的父母要分開了，她是獨生女，過去8年一直和父母同住在一棟小房子裡，但爸爸現在要搬到自己的公寓去了。

　　「我也和那位媽媽見了面，將故事複印給她，讓她在暑假時唸給女兒聽。我建議她，說完故事之後可以和女兒一起為爸爸的新廚房買幾個杯子，或者把她的作品當成禮物送給爸爸。我跟她說明了這個故事可能會產生的幫助。有一點我可以肯定——它幫助了這位媽媽（也許還有爸爸）；有時候，這就是好的開始！」

　　海灣中部有一座五顏六色的小房子，它有紅色的屋頂、白色的牆、綠色的窗戶、黃色的窗簾，和開滿了各色鮮花的小陽台，簡直就是完美的房

子。所有房間都很小，但有著合適的裝飾，而且非常乾淨。

　　廚房很小，但陽光充足。廚房的碗櫃、桌椅都是白色的，但像洗碗巾、花瓶之類的細節卻色彩鮮豔，為廚房帶來歡樂的氣氛。

　　廚房裡有六個顏色亮麗的杯子，整齊疊放在碗櫃裡。你可以透過碗櫃的玻璃門看到它們，它們也可以看見你，看起來就像是在觀察廚房裡發生的事情。小小的碗櫃沒辦法讓這六個杯子帶著自己的小碟子放進去，所以它們是一個疊著一個放置的。就這樣，它們成了一個團隊——一座小小的杯子塔。

　　每天早上，全家人都要用這些杯子喝熱茶，下午喝咖啡牛奶，晚上則是喝牛奶，所以每只杯子每天都有一趟行程。

　　行程從一大早開始，它們被擺在餐桌上、倒入茶。大家都覺得熱，因為肚子裡裝著茶包和熱水，水會被染成紅色、黃色或橙色。肚裡裝著茶的時候，它們的臉頰都變得紅紅燙燙的。這家人喝茶喝得很小心。等到杯子空了，也涼下來了，它們就會被移到廚房的水槽裡享受泡泡浴。洗過澡、擦乾身體之後，它們很快就會回到廚房碗櫃裡休息，直到下午的咖啡時間來臨。

　　上咖啡的時候，杯子們會聽鄰居講故事，也會聽鄰居讚美它們色彩鮮豔的外表。咖啡會把杯子弄得很髒，所以它們在水槽裡享受泡泡浴的時間會稍微長一點。現在，杯子又亮又乾淨，準備好在晚上呈現牛奶漂亮的樣子。

　　經過漫長而辛苦的一天，杯子們都很累，但很快樂。它們都被放進了廚房的碗櫃，疊成一座小小的杯子塔。

　　有一天早上，它們不像以往那樣跑例行行程，而是被放進了大紙盒。它們在黑暗的盒子裡驚恐的等待著自己的命運。過了幾天之後盒子才被打開，雖然陽光亮得讓它們睜不開眼，但它們還是很高興能從盒子裡出來。

它們很快就發現，廚房碗櫃已經不在原來的地方，也不在廚房的其他地方。它們看見的是完全不同的碗櫃和架子，有三個杯子帶著自己的小碟子被放在一個廚房碗櫃裡，另外三個杯子放進了新碗櫃，比舊櫃子還要大。

這是杯子們生平第一次被分開。雖然現在它們有了更大的空間，但每個杯子都覺得自己所在的地方很奇怪。而且，都很想念原來的玻璃門。它們再也看不見廚房裡發生什麼事了。

碗櫃裡的兩只杯子都很想知道，另一個碗櫃裡的三只杯子在做什麼。它們很想念彼此。

然而，接下來幾天，它們意識到自己會和以前一樣離開碗櫃，在廚房桌上或水槽裡和分開的杯子見面。啊，它們又快樂起來了！分開也沒那麼糟糕，因為除了在碗櫃裡的位置，其他都沒有改變。再說這樣也不壞，因為每個杯子都有了自己的空間，還能坐在各自的小碟子上，而且離其他杯子依然很近。

分開的杯子們幾乎每天都會在跑行程時和其他杯子見面。就在享受最喜歡的泡泡浴之前，它們疊了一座杯子塔，就和以前一樣。

新的事情真是太令人興奮了！

小活動

設計不一樣的杯子（每位家人各一個）。你可以在厚紙板上設計，然後剪下來；或者用陶瓷顏料把這些設計畫在真正的杯子上（請參考第321頁的樣版）。

〈贛南橙〉 作者：白春燕

適合年齡：14歲。
應對狀況：父母離異。

　　這個故事是為14歲女孩寫的，父母分開之後，她被留在寄宿學校由校方照顧，而且父母都不想接她回去——女孩是個非常聰明、勤奮的學生。這個故事是學校輔導員寫給女孩的，用另一種方式告訴孩子事實——父母委託輔導員把這個艱難的消息告訴她。輔導員除了告訴她這個消息之外，還把故事複印給她。輔導員說，這個故事給了這個女孩一些小小的東西，讓她撐下去，也給了她力量。

　　在中國有一種水果叫「贛南橙」。贛南橙以甜美多汁聞名，每逢收穫季節，四面八方的商人都會來到贛南，把贛南橙從山區運到世界各地。這是每一顆贛南橙的驕傲。

　　有一顆漂亮的贛南橙在運貨的火車上，被水果商人拿了起來，她之所以從箱子裡被拿出來，是為了要招待某位火車上的工作人員。但突然間，火車震了一下，橙子從商人手裡掉出來、滾出了窗外。

　　橙子彈跳了幾下，就滾進了離鐵路很遠的一大片雜草裡。她聽著火車嘎吱嘎吱開走的聲音，絕望的哭了起來。她知道自己不會有機會看見山外頭的風景、享受人們的讚美。她知道，自己就要一直留在這片孤單寒冷的野草地裡了。「太不公平了！」她想。她多麼渴望被帶離這個地方，哪怕是被牧羊人帶走也好，牧羊人說不定會剝開她漂亮的外衣，享用她的甜美……

　　一天天過去，橙子一次次希望，又一次次失望。慢慢的，她感覺自己被白天的烈日和夜裡的寒風搾乾了。最後，橙子裂開了一道口，一顆種子

掉出來，掉進了地上的小裂縫。沒有母樹的落葉為她蓋被子，家現在只是個回憶了。

當橙子孤單躺在地上時，常常想起家鄉的橙子園。深秋時分，一層層的落葉蓋在母樹腳下，葉子底下的種子姊妹們總是暖暖的。果農和家人在橙樹旁邊幹活，踩在葉子上，劈啪劈啪、劈啪劈啪，在熟悉的橙香中，把種子踩進土壤深處。

雖然這顆種子沒有得到溫柔舒適的照料，但幾場雨之後，她發現自己已經被埋在夾雜碎石和雜草根的土裡。大地彷彿有種她無法抗拒的吸引力，她開始往土壤深處推進。

當她努力向下伸展，用新生的根在土裡挖出一條路來的時候，她感覺到前所未有的自由，新希望在心裡燃燒，心中只剩下兩個字——扎根！扎根！

種子懷著成長的希望度過了接下來的冬天。怨恨、不滿和悲傷都被拋在腦後，全心全意投入到成長和蛻變的過程中。她意識到，靠自己的力量才是她真正的出路！

在這片寂靜的土地上，每一分鐘，每一天她都小心翼翼，絕不放棄任何一次伸展根系的機會。現在，她相信有一天她會發芽，沒有任何人能阻擋。

啊！春天終於回到這片荒蕪的土地，大片的草地冒出了嫩葉！太陽融化了殘雪，讓這顆種子有足夠的水喝。她在地底下待了這麼久，為這一刻儲備的能量終於爆發，一棵柔嫩的橙樹苗在這片不毛之地發芽了！

太陽似乎特別愛護這棵幼苗，為她帶來了溫暖和光明。在大地的支撐和太陽的召喚下，她一點一點向上伸展。

當炎熱的夏天來到時，她已經長到成年男人那麼高了，兩年後，她長出了五顆橙子，被一個牧童摘下，品嘗了清新的滋味。

三年後，她不但結了滿樹的橙子，還在這片乾荒的土地上長出了許多橙樹苗，這都是牧童吃橙子時隨地亂吐種子的功勞。就這樣，她的後代也長大了。

漸漸的，牧童長大了，也變成了水果商人，因為只有他知道在這片荒地裡有一片橙樹園。

這顆橙子和她的後代形成的果園變得愈來愈大，終於，這些橙子被搬上了火車，運送到全國各地。

這裡不再有哀嘆，只有自豪、勇敢和成就感！

〈鯨魚與珍珠〉作者：凱特琳・提格（澳洲昆士蘭兒少安全保護人員）

適合年齡：青少年。
應對狀況：生活環境非常不穩定。

這是為生活環境非常不穩定的寄養青少年寫的故事。

以下是凱特琳的介紹：「讓我寫出這個故事的15歲少女非常喜歡它。我跟她說過這個故事後不久，她就被趕出了家門。在離開之前，她只能匆匆帶走幾樣屬於自己的東西……當我試著幫她找個新家時，我在她的包包裡看到了這篇打好字的療癒故事。我指著這個故事，她說：『是啊，我隨身帶著它！』」

從前有一隻鯨魚，住在藍色海洋裡很深很深的地方。鯨魚生活的海底非常暗，意思是她沒辦法看得太清楚。有時候，她甚至很難在黑暗廣闊的水裡找到要走的路。

有一天，鯨魚正在海底愉快的游著，突然間，她游進了一張舊漁網，然後被纏住了。鯨魚非常害怕，掙扎著想脫離結實的繩子。她一邊掙扎，心裡卻想著，或許她不夠強壯，無法讓自己重獲自由。

「說不定我就要永遠困在海底的這張網裡了。」她想。但是她沒有放棄，一次又一次和繩子奮戰。終於，她自由了，鯨魚從很暗很暗的地方往上游，直到周圍變得稍微亮了一點。因為不那麼暗了，鯨魚可以看見自己身邊的一些魚。

一段時間之後，鯨魚還快樂的和魚朋友們一起游泳，突然，她游進了一片奇怪的黑色液體，並且立刻意識到這是石油！游過這片油汙讓她覺得好噁心。一片漆黑中，她再也看不見魚兒朋友了。她覺得害怕，因為現在只剩下她了。她好像在黑油裡游了好多好多天，她覺得自己好像再也見不到清澈的藍色海水了。

「說不定我就要永遠被困在這片黑油裡，再也見不到我的朋友了。」鯨魚想。她想要放棄，再也不游泳了。

接著，鯨魚看到前面有個小小的亮光穿過厚厚的油汙，那個光看起來好像很遠。鯨魚朝那個光游去，因為她真的很好奇，透過油汙閃閃發光的，究竟是什麼東西。她游了好幾天、好幾個星期、好幾個月──她覺得游了好久好久。

慢慢的，她離那個亮光愈來愈近了──它愈來愈大，水裡的黑油也愈來愈稀。終於，她又徜徉在清澈的海水裡了，而且……在海中央的沙地上，有顆好漂亮的珍珠！

鯨魚知道那顆珍珠是她的，而且一直在等待她的到來。鯨魚看見珍珠繫在一串長長的海藻上，她把海藻繞在脖子上，珍珠就這麼傲然的臥在她胸前，用自己的光照亮鯨魚前方的路。。

從那之後，鯨魚無論到哪裡都會戴著珍珠。現在，當她游過那好暗好暗的大海時，有一道白光可以引領她了。

〈森林護管員與鳥兒〉

適合年齡：成人。
應對狀況：無法與女兒同住在一起。

這個故事是為了給我兒子帶來希望和力量而寫的，他是個森林科學家，由於個人和現實因素，在他女兒小時候，沒辦法跟女兒住得近一點，但可以定期並持續去探望她，每次見面都要花好幾個小時開車往返。這個故事做成了卷軸，和一隻藍色玻璃小鳥一起當作生日禮物送給了我兒子。

隨後，在兒子回寄給我的訊息中，他對故事中的意象和那隻玻璃小鳥護身符表示了感謝。

從前有個善良的好人，他的工作是與樹木為伍。他的家在森林裡，周圍環繞田野和農場，離海不遠。為了維持森林的生機和健康，這位森林護管員每天都必須做一些工作，像是種樹、除草、澆水和保護林木。

這片森林裡有各式各樣的樹，有矮有高、有粗有細。空閒時，他喜歡挑一棵樹爬上去、坐在樹枝上。從高處可以看見很多東西，聽著鳥鳴，看著陽光在樹葉上閃閃發光，一切都很寧靜。

森林中心位在一座高高的山上，那兒有一棵很高的樹，他甚至看不見那棵樹頂端的枝葉——看起來就像真的消失在天際一樣。這棵大樹實在太難爬了，所以多年來森林護管員都沒有理它——樹幹布滿了樹瘤，樹枝不但粗糙還帶刺。若想要找放鬆的地方，這棵樹並不是個舒適的選擇。

然而有一天，森林護管員朝著山上走向森林中心的時候，他聽到了一陣銀鈴般悅耳的歌聲。他抬頭一看，發現最高的那棵樹上有個新的鳥巢，他可以看見有著珠光藍小腦袋的鳥兒，正在鳥巢頂上往外窺探。

噢，森林護管員多希望能靠近這隻美麗的鳥兒啊！他看著牠，只見牠展開了雙翅，那對翅膀像兩道小彩虹似的，在高高的樹枝上閃閃發光。森林護管員從來沒見過這麼美的鳥，也從來沒聽過這麼美妙的歌聲。他知道自己必須找到方法，好接近這隻天堂之鳥。

他開始艱難的爬上樹幹。這棵樹好像永遠也爬不到頂，但他離鳥巢終於夠近了，可以清楚看到鳥兒，也可以清楚聽見牠的歌聲了。他在樹枝上坐了好幾個小時，享受這份生命中前所未有的美。他曾經聽說過「幸福的青鳥」，以為那只是歌曲裡的一句歌詞，但現在，他知道這樣的鳥是真的存在的。

從這次之後，只要有空，森林護管員就會到森林的那座山頭去，希望看見那隻美麗的小藍鳥，聽聽牠唱歌。爬上那棵高大的樹總是要花很多時間，下來比上去更難，而且花的時間更久，但他在樹頂上新發現的寶藏完全值得這一切。

經過多次拜訪，森林護管員發現對於自己的存在，小藍鳥愈來愈自在，也願意讓他更靠近。很快的，森林護管員就能坐在鳥巢旁邊的樹枝上了。

然後有一天，最神奇的事情發生了。那隻珠光藍的鳥兒居然張開翅膀、拍了幾下便飛出鳥巢，停在護管員的肩上。牠就坐在那裡，在森林護管員的耳邊唱著那首銀鈴一樣的歌。森林護管員想，他一定是上天堂了！

從此以後，小藍鳥開始注意牠的新朋友，當他爬樹的時候，牠會飛下來在半途就開始迎接他。很快的，這隻鳥變強壯，也變勇敢了，可以一路飛到地面上。

噢，這兩個朋友會有多麼特別的冒險啊！

有那麼多事情要做、要看、要探索。

當森林護管員沿著小路大步走出森林的時候，這隻藍鳥會坐在他的肩

上，穿過森林、越過田野和農場，有時候還會一直走到海邊。要是鳥兒需要舒展一下翅膀，牠就會上上下下的飛來飛去。當鳥兒需要休息的時候，就喜歡停在森林護管員的肩上，一邊走，一邊唱著銀鈴似的歌。

　　森林護管員和珠光藍鳥兒這一對朋友，真不知道會有多快樂的冒險呢。

Chapter 5

當心愛的寵物離去，
用故事與牠們好好說再見

這一章很短，只有三個故事，但每一個故事和當中的建議都可以調整，以適用於各種心愛寵物死亡，或者是不得不對恢復健康的鳥兒或動物說「再見」的情況：

- ◆ 〈唐娜與史考夫〉（第161頁）：這是為了鼓勵孩子（以及全家）在心愛的寵物去世後進行對話和紀念儀式而寫的故事。

- ◆ 〈新的曙光〉（第164頁）：為了幫助9歲男孩而寫的故事，他與附近一隻流浪狗失去了聯絡。

- ◆ 〈該和袋鼠寶寶說再見了〉（第167頁）：寫給7歲男孩的故事，幫助他和照顧了好幾個月的小袋鼠說再見。

〈唐娜與史考夫〉

適合年齡：各年齡層。
應對狀況：寵物過世。

　　這故事是為了鼓勵孩子（以及全家），在心愛的寵物去世後進行對話和紀念儀式寫的。故事中的角色可以改成貓、兔子或鳥兒——事實上，改成什麼寵物都可以。

　　以下是一位朋友對這個故事的回應。最近，在家裡的狗去世後，她為孫子們讀了這個故事：「說完故事之後我們出去散步，收集了一些松果和野花，並且圍繞放置在牠墳墓的花瓶周圍——就跟故事中的唐娜一樣——這真的幫助了他們，將一種前所未有的體驗『正常化』了。他們很喜歡故事最後的小曲。這也是我未來幾天要特別關注的事，好強化這個概念。」

　　唐娜還是個小嬰兒的時候，和史考夫就是朋友了。唐娜第一次走路的時候，史考夫就在她旁邊走著；唐娜第一次跑的時候，史考夫和她一起跑。他們做什麼都在一起，在後院花園裡玩、在公園玩、在海灘上玩。晚上，史考夫睡在牠的狗窩裡，就在唐娜窗外的陽台上。每天早上起床之後，唐娜第一個打招呼的朋友就是史考夫。

　　等唐娜大一點，她會幫媽媽把史考夫的水碗刷洗乾淨，裝入乾淨的水。最重要的是，她會在狗狗洗澡日幫爸爸的忙。唐娜會站在大圓盆旁邊的凳子上，在史考夫的棕色毛皮上搓肥皂泡泡，多好玩啊！等到史考夫洗完澡，把身上所有水都甩掉，在太陽底下曬乾之後，唐娜最喜歡的事，就是把臉埋在史考夫溫暖柔軟的皮毛裡。

　　但是狗狗的壽命沒有人類長。許多年過去，唐娜愈長愈高，跑得也愈

來愈快，史考夫卻似乎變得愈來愈慢，睡覺時間也愈來愈長。牠再也不想和唐娜一起奔跑、玩追逐遊戲了。牠最想做的事，就是躺在陽台的床上。牠的腿變得又老又疲乏，骨頭也總是僵硬痠痛。

有一天，唐娜醒來時，對史考夫喊了聲「早安」，但是牠卻沒有像平時那樣回應。牠沒有叫、沒有動，甚至連眼睛都沒有睜開。唐娜把爸爸媽媽叫到陽台，爸爸跪在狗窩旁邊，悲傷的搖了搖頭。

「看來史考夫在我們睡覺的時候跟這個世界說了『再見』。現在牠很平靜，不再痛苦了，我們該在花園裡為牠做一張床，讓牠安眠。」

唐娜眼裡都是淚水，幾乎看不清楚東西了，但是當爸爸抱著史考夫走下屋後的台階時，她還是跟著去了。他們一起走到花園盡頭的樹蔭下，媽媽一手拿著一把大鐵鏟，一手拿著一棵小小的盆栽樹。他們輪流挖洞。洞挖好之後，唐娜充滿愛意的摸摸史考夫——這是最後一次了——然後爸爸小心翼翼的把牠放進了牠的新土床。

爸爸把洞填上，但在頂部為小樹留了個空間。他做這些事的時候，唐娜和媽媽撿了一些光滑的圓石頭，繞著樹排成一圈。然後全家一起站在墓前，每個人輪流分享他們對史考夫的美好回憶。回憶真多啊！

當他們說著各自的回憶時，一陣微風吹過花園。它吹著的時候，彷彿在唐娜耳邊低聲唱著一首歌：

「在生命的輪迴中，我們起舞、流動；
在生命的輪迴中，我們來了又走。」

唐娜聽見歌詞，也開始唱：

「在生命的輪迴中，我們起舞、流動；

在生命的輪迴中，我們來了又走。」

很快的，爸爸媽媽也唱起來：

「在生命的輪迴中，我們起舞、流動；
在生命的輪迴中，我們來了又走。」

過了一會兒，這陣微風吹出了花園、吹上了高高的天空。它把雨雲從山上吹下來，然後穿越了小鎮。當唐娜和爸爸媽媽回到屋子裡，濛濛小雨開始灑在小樹上。

那天夜裡，全家伴著雨點落在屋頂上的柔和聲音入睡了。

隨著時間過去，唐娜的悲傷漸漸平復，小樹也變得更強健了。對史考夫的回憶有時候會讓唐娜覺得難過，有時候又感到快樂。她知道自己永遠不會再有一條像史考夫那樣的狗了。但也許……在某個地方……有個新朋友正等著要來她家，和她住在一起。

不管什麼時候，只要唐娜在花園裡玩，新種下的那棵樹的葉子，就會在微風中跳起舞，唐娜就會唱：

「在生命的輪迴中，我們起舞、流動；
在生命的輪迴中，我們來了又走。」

小活動

在花園，或在陽台、窗台上的花盆裡，種一棵樹或開花植物。

〈**新的曙光**〉 作者：班達娜‧巴蘇（印度新孟買商學碩士、教育學士，
以及「什夏學校」教師兼共同創辦人）

適合年齡：9歲。
應對狀況：分離與失落。

　　班達娜創作這個故事，是為了幫助9歲男孩解決分離與失落的問題。這個孩子搬進了新公寓，但依舊想念，也放不下舊家附近的一隻流浪狗。男孩過去經常餵食這條狗兒，並且與牠成了朋友，因此狗兒也成了他玩耍時的夥伴。因為太想念這個朋友，男孩在新家很難安頓下來。

　　男孩的母親是個單親媽媽，曾經和班達娜說過這個情況。這個故事在男孩身上效果顯著，後來他還要求媽媽帶他去花園。

　　這篇故事加上他去了花園一趟，於是現在住在公寓7樓的男孩問媽媽，他們可不可以養「鳥」（儘管故事裡關於蝴蝶的敘述更多[19]）。媽媽帶了幾隻愛情鳥回家，男孩也細心照料牠們。後來，他們開始在陽台上留下鳥食，吸引住在附近樹上的鸚鵡。最後這些鸚鵡為了食物，居然開始叫喚他們。男孩已經恢復了，且直到今天，賞鳥依然是他的愛好。

　　班達娜寫道：「這很了不起，男孩向母親伸出手並一起重建生活，這個故事讓母子倆有了連結。同樣精采的是，他們找到了如何實現願望的方法。在孟買，因為空間匱乏，難以想像有自己的花園。然而多數人都有陽台，上面擺滿了盆栽。他們家就是這樣，有個生氣勃勃的綠色陽台，充滿了生機與歡樂。」

　　那是個夏天的午後。雅利安坐在他家小屋的門檻上，望著遠方的道

19　根據印度傳說，蝴蝶象徵新的開始，或者承諾新的開始。雖然通常會被解釋為婚姻，但也和進入生活的新階段有關。

路，視線不斷在尋找他親愛的朋友「陽光」。當雅利安意識到再也找不到陽光的時候，從雅利安浮腫的眼睛可以看出，過去12天，他流了多少眼淚。

雅利安和爺爺奶奶住在一起，爸爸媽媽都在國外工作。他叫爺爺「達杜」，叫奶奶「塔瑪」。兩個月前，陽光從禮盒裡蹦出來，正好跳到雅利安的腿上，還舔了舔他的臉。這隻18天大的小狗有金黃色的毛，這個柔軟、蓬鬆、可愛的禮物是達杜送的，雅利安尖叫起來，興奮得要命。

從那時候開始，雅利安都是陽光唯一的照顧者。他幫陽光餵食、洗澡、散步。雖然雅利安只有8歲，但他照顧這隻小狗照顧得非常好。雅利安最喜歡遊戲時間，陽光喜歡咬硬的東西，邊咬邊用力扯，而雅利安喜歡拉住陽光咬住的東西。他們的拔河比賽非常歡鬧，雙方都在地上打滾，陽光會憤怒的對雅利安發出奶聲奶氣的狂吠。雅利安總是聽不夠，恨不得能聽牠多叫一點，於是就繼續逗牠。每天結束之後，兩個小傢伙總會抱在一起進入夢鄉。他們是彼此最好的夥伴，幾乎形影不離。

在那個命中注定的週日，雅利安堅持要帶陽光去商店幫塔瑪買麵包。當他付錢給老闆的時候，陽光開始對馬路對面的一隻狗吠叫。那隻狗引誘陽光跟著牠，然後在雅利安還來不及採取行動時，陽光就撲向那隻狗，然後一前一後消失在街道上。雅利安在陽光後面大喊，但他只能聽見陽光的叫聲，最後連叫聲也消失了。

雅利安在商店台階上坐了很久，臉上帶著無比擔心的表情，他希望陽光會回來，心裡不斷祈禱。過了好長一段時間，達杜才到商店來找他們。雅利安一躍而起，抱住達杜哭了起來。雅利安一邊抽泣，一邊努力告訴達杜發生了什麼事。為了找陽光，他們手牽手在街上走到很晚，但完全沒有牠的蹤影。直到深夜，他們才帶著沉重的心情回家。

事發到現在已經12天了，雅利安依然坐在小屋門口，希望陽光會從

某個地方突然跳出來，叫個不停。他幾乎不說話，也不吃東西。達杜和塔瑪都很擔心，希望能有辦法讓雅利安克服悲傷。

接下來那一週，雅利安的導師宣布週末要舉辦自然之旅。儘管雅利安並不感興趣，他還是在週六早上收好了書包。達杜把他送到學校，跟他說了再見。23個學生和老師一起走過茂密的花園。雅利安注意到，這個地方雖然在城市裡，感覺卻完全不同。這裡比外面的世界安靜得多，也令人愉快得多。老師把孩子們分成三組，要求他們去花園各處，尋找附近的所有花卉和生物。

雅利安和同組的同學一起走。他們走到指定地點，開始四處張望。花園裡到處都是漂亮的花朵，讓這兒聞起來棒極了。細細的光線穿過高大的枝葉、照亮了地面。鳥兒嘰嘰喳喳玩著捉迷藏，從一頭飛到另一頭，消失在樹枝間。柔美的小蝴蝶在花朵和灌木上飛舞，有一些在花和花之間穿梭、互相玩耍；有一些在雅利安頭上盤旋了一會兒，然後飛向遠方。

雅利安的眼睛跟著每一隻蝴蝶，在沒有意識到之前，就笑了。他很快拿出筆記本，寫下他看到的一切；然後他拿出畫筆盒，畫起看見的東西。雅利安坐在茂密的花園中央，完全被眼前的景象吸引住了。蜻蜓在周圍飛翔，還有一隻嬌弱的小蝴蝶落在他的膝蓋上。他慢慢朝牠舉起手，用手指摸著牠細緻的翅膀。這是雅利安第一次意識到這對翅膀有多麼精美，這實在太讓他驚嘆了。雅利安被蝴蝶的美迷住了。

遠足結束時，雅利安回到學校，把作品拿給老師看。老師很喜歡。當達杜來接他放學時，他驚訝的看見雅利安臉上燦爛的笑容和眼裡的興奮。過了這麼久，雅利安終於又變回了那個快樂的他！

第二天早上，當達杜幫屋子周圍的植物澆水時，雅利安問他可不可以在後院弄個花園，這樣蝴蝶也可以來他們家了。達杜聽了很高興，問雅利安願不願意幫忙，這樣的話，就能更快建造出花園。雅利安大喊：

「好！」一邊上下揮動著手臂，就像環繞著屋子飛舞的蝴蝶。

　　幾個月後，後院變成了小花園。某天早上，雅利安照顧完一棵開花的樹，一隻小蝴蝶飛過、停在雅利安的手臂上。他強自鎮定，眼睛發亮的看著牠。雅利安真的好愛蝴蝶啊！

〈該和袋鼠寶寶說再見了〉

適合年齡：7歲。
應對狀況：與短暫接觸的小動物道別。

　　這個故事是為了幫助7歲男孩和他照顧了幾個月的小袋鼠道別而寫的。故事可以修改，以適用孩子短暫接觸過的不同動物或鳥類等等——有時候是幫助小動物恢復了健康，有時候是幫忙照顧失親的小動物。結尾提到的相簿完美補足了這個故事，孩子可以幫忙編排相簿，或者和故事結尾一樣，把它當成驚喜的禮物。

　　賈拉住的農場周圍滿是灌木叢。透過農場圍欄往外看，賈拉常常看見住在灌木叢裡的許多袋鼠。他喜歡看牠們這裡蹦蹦，那裡跳跳，在滿是雜草的灌木叢裡尋找新鮮的綠芽。賈拉特別喜歡看小袋鼠從媽媽的育兒袋裡探出頭的樣子，有時候牠們會鼓起勇氣跳出來，稍微探索一下再跳回舒適的家。

賈拉家農場的一側靠近繁忙的高速公路。通常，袋鼠會離飛馳的汽車遠遠的，安全待在灌木叢裡。但是有一年，天氣異常炎熱乾燥，灌木叢裡的草都被晒得枯黃，於是袋鼠開始到別處去尋找食物。高速公路兩旁還找得到一些綠草，於是可怕的事故就這樣發生了。

　　賈拉聽見刺耳的車輪聲和砰的一聲巨響。他跑到自家車道上，想看看發生了什麼事，等著他的是一幅可怕的景象——袋鼠媽媽在路邊啃著青草，但是太靠近繁忙的道路，於是被急馳而過的汽車撞到了頭，當場死亡。

　　賈拉喊爸爸過來幫忙從馬路上移開袋鼠屍體。爸爸拿了把大鏟子，在圍欄附近挖了一個洞，準備埋葬袋鼠。

　　賈拉看著這一切，令他驚訝的是，當死去的袋鼠躺在洞口邊時，賈拉注意到育兒袋裡有微微的動靜。

　　賈拉脫下棉T恤、鋪在地上，然後慢慢把手伸進育兒袋裡，小心翼翼拉出一隻小袋鼠。賈拉輕柔說著安慰的話，希望別嚇著牠。幸運的是，小袋鼠可能真的嚇壞了，牠一動也不動任由賈拉用柔軟的棉T恤把牠包起來。「我會叫你『喬伊』，」賈拉低聲說，「這是『小動物』的意思。我不會傷害你的，請相信我。」

　　現在，喬伊被安全的包在新的人類育兒袋裡，賈拉終於可以把牠帶回農舍。一進門，賈拉就找了小籃子，把小布包放進去。他把籃子拿回自己的房間、放在床邊。布包不再扭動，因為喬伊很快就睡著了。

　　賈拉躺在床上看書，眼睛不時的盯著籃子。同一時間，媽媽開車到鎮上去找獸醫。過了一小時她回來了，還帶著特殊的配方奶、奶瓶，和如何照顧小袋鼠的說明書。

　　接下來幾星期，賈拉一手包辦照料和餵養喬伊的工作，甚至整夜沒有闔眼！還好需要晚上餵奶的時間並沒有太久，小喬伊開始睡過夜了。

媽媽用縫紉機幫喬伊做了小袋子，裡面是從舊睡衣上剪下來的法蘭絨，外面是厚棉布，上面有個特殊的接縫可以穿進一根木棒，然後掛在賈拉床尾的兩個鉤子上。當然，接下來幾個月，當喬伊愈來愈大，就得做更大的袋子。

除此之外，隨著喬伊長大，牠開始吃固體食物，所以賈拉會陪牠穿過草坪，在花園四周散步。賈拉拿著木棒，讓喬伊窩在前面的袋子裡，這樣喬伊就可以把小腦袋伸出來，一點一點啃著新鮮的綠草芽和樹葉。

喬伊已經夠大，可以跳出袋子去冒險了。幸運的是，農舍花園周圍有一圈高高的圍欄，所以小袋鼠跳不了太遠！

賈拉和喬伊在屋子前面寬闊的草坪上共度了許多美好的玩耍時光。賈拉真不希望這些時刻結束。

但是喬伊在長大……一直在長大……長大！終於，到了必須野放的時候了。

賈拉很害怕這一刻到來。「為什麼牠不能永遠跟我們在一起呢？」他懇求著爸媽。

對此，獸醫提供的說明書上有明確的指導方針，爸爸媽媽對這點十分感激。一旦小袋鼠夠大，可以在育兒袋外面生活並自行覓食，就該讓牠回到袋鼠群裡去了。他們反覆向兒子解釋：「如果你愛你的新朋友，就必須讓牠走。讓牠就此離開自己的同類，就太殘忍了。」

他們很幸運，這一年雨水充足，灌木叢裡有很多食物。到了選定野放的那天，賈拉撫摸、擁抱喬伊和牠說了好多次再見，然後他打開花園的門，看著朋友跳走。喬伊跳著穿過圍場，一直跳到通往森林的農場大門處。爸爸在那裡等著幫牠開門，讓牠自由。

幾分鐘後，喬伊就和灌木叢裡的袋鼠群會合了。

賈拉難以適應沒有喬伊的生活。一連好幾個星期，每天下午放學後，

他都會坐在農場圍欄上，看著遠處吃草的袋鼠群。

喬伊從來沒離開袋鼠群並靠近賈拉，但賈拉確信喬伊知道他在，就在遠處看著牠。

喬伊野放幾個月後，賈拉要過生日了。當他在那個特別的早晨醒來時，床邊桌上放著用喬伊的舊袋子包著的禮物。

賈拉小心翼翼的解開布包的結，驚訝的發現了一本裝滿回憶的相簿。相簿裡有他第一天帶喬伊回家的照片，一直收集到告別那天的最後擁抱。

這是賈拉收過最好的禮物。

「我會一輩子留著它，」賈拉對爸媽說，而他也確實這麼做了！

小活動

做個「喬伊袋」：澳洲野生動物保護組織在網頁上有製作袋鼠寶寶育兒袋的樣版。請在 https://wildcare.org.au/ 搜索「Making Joey Pouches」（製作『喬伊袋』）。

Chapter **6**

當失去平安健康，
故事能帶來生活的勇氣

這一章包括有關長期疾病、對細菌的焦慮、喪失行動能力、失聲（包含選擇性緘默症），以及失明的故事。

為了更容易找到符合你需求的故事，我在此條列故事的大致背景：

- ◆ 〈小玫瑰〉（第173頁）：為小小孩說的故事，關於生病時休息的重要性。

- ◆ 〈一盒手帕朋友〉（第174頁）：為需要長時間臥床的孩子準備的活動故事。

- ◆ 〈必須待在家裡的小地精〉（第176頁）：為新冠肺炎大流行期間，被要求待在家裡的幼兒（建議年齡3～7歲）所寫。

- ◆ 〈給小負鼠的手帕〉（第179頁）：因應新冠肺炎大流行所寫的故事，目的是幫助那些對「細菌」和「生病」過度焦慮的小朋友（4～8歲）。

- ◆ 〈唱歌的小兔子〉（第183頁）：為極度害羞的兩歲半男孩寫的故事。

◆〈孩子與河流〉（第187頁）：為情境性緘默症寫的東非文化故事。

◆〈公主與珍珠〉（第189頁）：為6歲的選擇性緘默症女孩寫的故事。

◆〈釣單字的漁夫〉（第192頁）：寫給失語和語言遲緩的兒童（和稍大的孩子）的故事，鼓勵他們要有耐心和毅力。

◆〈亮光〉（第195頁）：為患有退化性眼疾的8歲小女孩寫的故事。

◆〈以言語治癒〉（第199頁）：引自「我們的孩子」計畫的詩歌，由患有慢性及嚴重疾病的年輕人所寫的三首詩。

◆〈青蛙與一桶鮮奶油〉（第201頁）：簡短的俄羅斯故事，鼓勵人們在對抗疾病與逆境時保持力量和決心；適合兒童及家庭。

◆〈癒合的骨頭〉（第202頁）：寫給因為腳踝或腿骨骨折而暫時無法行動的大孩子或青少年。

◆〈黑石〉（第204頁）：寫給一位17歲少女，幫助她接受自己必須使用輪椅。

◆〈小貝殼與跳舞的珍珠〉（第206頁）：一則親身經歷的故事，說的是在童年時單眼失明又患有皮膚病的女子的成長過程。

〈小玫瑰〉

適合年齡：小小孩。
應對狀況：了解身體不舒服就需要休息。

　　寫給小小孩、帶著簡單訊息的簡單故事——小朋友不舒服了，就需要休息。

　　某天清晨，一隻金色蝴蝶飛進花園拜訪花兒朋友。但當她飛到花園中央的小玫瑰那兒時，卻發現有些不太對勁。

　　小玫瑰沒有把長著粉紅色花苞的手臂舉向太陽，而是無精打采，一副很需要睡覺的樣子。

　　金蝴蝶在花園裡飛來飛去，對所有花兒輕聲說：

　　「小玫瑰很累，很虛弱。

　　小玫瑰需要睡個好覺。」

　　花兒張開鮮豔的花瓣，對上面的樹輕聲說：

　　「小玫瑰很累，很虛弱。

　　小玫瑰需要睡個好覺。」

　　樹木搖擺著綠色的樹枝，對微風輕聲說：

　　「小玫瑰很累，很虛弱。

　　小玫瑰需要睡個好覺。」

　　微風轉起圈圈，它轉啊轉，轉啊轉，一段時間之後，它變成了旋風，可以飛得很高很高。它在高高的天上對早晨的太陽說：

「小玫瑰很累，很虛弱。

小玫瑰需要睡個好覺。」

太陽露出溫暖的微笑，讓金色的光芒透過天空、照進花園，溫柔的灑在小玫瑰身上。

〈一盒手帕朋友〉

適合年齡：兒童。
應對狀況：了解身體不舒服就需要休息。

故事靈感來自我的童年。有一次我病了好幾個星期，最美好的記憶（它似乎蓋過喉嚨痛和其他不舒服的症狀）是媽媽給我的一本書。除了這本書之外，還有一盒彩色手帕，以及如何將手帕打結後做成娃娃的說明。我確信是手帕一家幫忙照顧我，才讓我恢復健康的！

這本書讓我好幾個小時都沉醉在其中，可惜已經絕版，只能在古董書店才能買到了。幸運的話，說不定你會在二手書店找到它。這本書叫《阿拉明塔，阿拉貝拉和阿麗絲蒂德》（*Araminta, Arabella and Aristide*），作者是羅娜·諾斯（Lorna North），由菲利斯·哈拉普（Phyllis Harrap）繪製插圖。

從前，小女孩床邊的抽屜裡有一個盒子。

如果大人打開盒子，他們看見的只是一疊折得整整齊齊的彩色手帕。

小女孩是唯一一人，知道盒子所隱藏的真相。她學會的祕密手藝，可以把盒子裡所有手帕都變成床邊的朋友。小女孩只有在生病臥床好幾天，甚至好幾週的時候，才會使用這個祕密。

盒子裡有十條手帕，意思就是有十個床邊的朋友。小女孩要做的就是

把每一條手帕都拿出來，一次一條，在手帕中央打一個結，這就是頭；兩個角各打一個結，代表手。還有一些手帕，她想了個在四角都打結的方法，這樣娃娃就有了長長的手臂和腿；其他手帕雖然沒有腿，但有著飄逸的長裙。

每天清醒的大部分時刻，小女孩都在和不同顏色的手帕朋友玩。她會用床單和毯子做成山丘和山谷，以及小山洞、長隧道，還有房子和臥室。這裡有個完整的世界等著她探索。

有時候，房間裡的其他玩具也會獲邀加入。泰迪熊、老虎、小紅車和小花茶具組都在玩具架上等著，期待被選中。它們知道不可能每一個玩具都能參加睡前遊戲，因為床上沒有足夠的空間。

但就算沒被選上，至少它們可以在架子上看。

就這樣，日子一天天過去……用舒適放鬆的方式玩個幾小時，接著睡個好幾小時的覺……然後是更多的玩耍和更多的睡眠、更多的玩耍和更多的睡眠……正好是這個小小孩恢復健康所需的時間。

★ 小活動

用手帕製作娃娃：絲巾、手帕和純棉方巾，都可以輕易製作出有創意的娃娃——甚至連餐巾紙都可以拿來製作使用期限不太長的娃娃。你只需要一些小羊毛球或其他用來填充頭部的東西，以及一些紗線或綑綁用的繩子。在方形布中央放一團球狀填充物，接著綁起來當頭，然後在兩個角打結做成手。

或者你可以打一個大結當頭，兩個小結當手（請參考第322頁的樣版）。

〈必須待在家裡的小地精〉

適合年齡：3～7歲。

應對狀況：因為新冠肺炎自由嚴重受限。

　　這個故事適用於在新冠肺炎大流行期間，被要求待在家裡或者自由嚴重受限（例如他們也許可以上學，但不能參加特殊集會、節日、派對或活動）的幼兒（建議適用年齡3～7歲）。結尾的歌曲留了一些調整空間，讓老師和家長根據孩子的想法創作出更多詩歌。故事也可以改動或調整，以適應不同的情況——例如媽媽樹可以改成爸爸樹，也可以是奶奶樹或爺爺樹，或者也許你想省略「地精學校」的部分。主角也可以更改（例如不使用地精，而是寫困在小屋中的老鼠，或者必須待在巢裡休息的小鳥）。

　　我選擇用「鏡射」結構來寫這個故事——故事只是反應當時的情況，並且在這個基礎上進一步擴展，用圖像分享那些因為太過強烈、無法直接告訴小小孩的訊息。我並沒有承諾任何時間表，這樣做太不負責任，因為在我寫這篇故事時還沒有人知道時限何在。這個故事的寫作目的是鼓勵大家接受目前的「社交距離」狀態，並協助激發孩子們的動力，讓他們去尋找並享受那些可以在家裡做的活動。

　　我把這個故事放上網頁，並且在社交媒體上發布了連結，一週之內，這個故事就傳遍了全世界，被翻譯成27種語言，還變成了偶戲、戲劇、短片，甚至還有編織玩偶漫畫。我被人們的反應震撼了——它向我證明了，在艱困時期，今日的世界有多麼需要故事語言。雖然這個故事是為幼兒所寫，但也有很多大人留言表示：對於被「困」在家裡，這個故事讓他們有了更積極的態度。一位80歲的男性朋友聯絡了我，說：「這個故事是為我寫的！」

小地精完全不懂為什麼。

為什麼他一定要待在家裡呢？

難道大家不知道小地精有多愛到處跑嗎？

他不能去地精學校，不能和朋友在森林裡玩，連朋友也不能來找他。

小地精完全被困在樹根中的家裡了。

不過至少他還可以透過樹根往窗外看。他很訝異居然有這麼多東西可以看——小螞蟻在眼前匆匆走過，色彩鮮艷的甲蟲吸引了他的目光；垂著大耳朵的兔子在灌木叢裡跳上跳下、進進出出，到處轉來轉去。

但是儘管有這麼多東西可以看，小地精還是愈來愈不耐煩。為什麼他得一直待在家裡呢？為什麼他不能到處跑呢？這根本沒有道理。

然後，樹媽媽輕聲對他說：「情況跟以前不一樣了——不過，相信我，你很快就會自由的——相信我、相信我。」

小地精心裡明白，他永遠都可以相信樹媽媽。

樹媽媽要多聰明就有多聰明。

樹媽媽擁有整個森林的智慧！

樹媽媽什麼都知道。鳥兒和風是她的朋友，牠們每天都會來看她，從遠方帶來消息。

鳥兒飛過的時候，小地精聽得見，他可以聽見牠們在樹媽媽的高枝上快樂歌唱。

風兒吹過的時候，小地精看得見，他可以看見樹枝左右搖擺，有時快、有時慢。他常常得關上窗戶，把塵土和落葉擋在外面，免得被風朋友從地上吹起來。

每天，樹媽媽都會繼續低聲說：「情況跟以前不一樣了——不過，相信我，你很快就會自由的——相信我、相信我。」

所以，小地精必須相信、小地精必須等待。很快他就會知道，自己可

以自由離開樹根中的家了；很快他就會知道，他又可以在森林中自由的跑來跑去了——噢！小地精多愛到處跑啊！

而在他等待的時候，他驚訝的發現，在樹根之家，他居然可以找到這麼多一個人能做的事。

小地精可以跳舞，

小地精可以唱歌，

小地精可以畫畫，

還可以在地板上翻筋斗。

小地精可以跳舞，

小地精可以唱歌，

小地精可以清潔做飯，

還可以窩著看圖畫書。

小地精可以跳舞，

小地精可以唱歌，

小地精可以編織縫紉，

還可以揉麵做麵包。

小地精可以跳舞，

小地精可以唱歌，

小地精可以拿起鐵鎚和螺絲，

切一切，黏一黏，

做一鍋香噴噴的燉菜。

要是覺得難過，

就往窗外看一看，

小地精有那麼多事可以做！

小地精有那麼多事可以做！

小地精有那麼多事可以做！

〈給小負鼠的手帕〉[20]

適合年齡：4～8歲。
應對狀況：過度擔心細菌與生病。

這是為新冠肺炎大流行而寫的韻文，以幫助那些過度擔心「細菌」和「生病」的小朋友。

故事包括「手帕合唱」，可以用〈我們繞著桑樹叢走〉（*Here we go 'round the Mulberry Bush*）的曲調來唱——你也可以自己編曲！

重要提示：請不要對太小、連細菌和病毒是什麼都不知道的小孩說這個故事。

20　負鼠是一種澳洲有袋類動物，母親把寶寶放在育兒袋裡照顧，和袋鼠一樣。

小負鼠好擔心，
一整天，一整夜。
森林新聞和閒聊，
簡直嚇壞了他。

樹上掛了大牌子，
「要小心！要小心！」
樹皮寫著大大的字——
「到處都有細菌」。

小負鼠好擔心，
到處都在談細菌，
森林變成這個樣，
他要怎麼呼吸？

負鼠媽媽對他說：
「我們家，很安全，
只要在我身邊玩，
包你完全沒問題。」

小負鼠還是好擔心，
一整天，躲袋裡。
到處都有壞細菌，
我還出去幹什麼？

負鼠媽媽天天求：
「出來吧，上樹玩，
樹枝之間任意跳，
要多自由都可以。」

小負鼠還是好擔心，
上樹玩，他不肯。
小負鼠心裡只想著：
「沾了細菌怎麼辦？」

一陣微風吹樹梢，
清晰歌聲輕輕飄。
負鼠媽媽歡呼著，
因為好消息已來到！

樹上的蜘蛛朋友，
全都被她喊出來。
「為了我們的安全，
需要很多條手帕！」

手帕可以防細菌，
手帕可以天天帶。
它讓森林更安全，
所有擔憂踢一邊。

森林裡的蜘蛛們，
在樹上，努力做，
你紡紗來我織布，
做了好多絲手帕。

隔天早上天一亮，
小負鼠呀探出頭。
看見一份好禮物：
蜘蛛絲織的絲手帕。

禮物送給每個人，
細菌啊，變少了，
我們家的小負鼠，
終於安全爬出袋。

森林裡的負鼠們
如今都在樹上玩。
手帕放在口袋裡，
使用起來真容易。

手帕可以防細菌，
手帕可以天天帶。
它讓森林更安全，
所有擔憂踢一邊。

手帕之後還沒完，
蜘蛛還有活要幹。
織起柔軟絲毛巾，
小負鼠擦擦手人人愛。

要是你來負鼠森林，
找找樹上洗好的衣，
好多毛巾和手帕，
飄在風裡等晾乾！

手帕可以防細菌，
手帕可以天天帶。
它讓森林更安全，
所有擔憂踢一邊。

〈唱歌的小兔子〉 作者：貝琪‧惠特科姆（早期幼教人員）

適合年齡：兩歲半。
應對狀況：過度害羞。

　　這個故事是為兩歲半的男孩寫的，他非常害羞，除了爸爸媽媽、兄弟和奶奶之外，他不敢和社區裡的任何人說話，也不敢和人有眼神交流。他家裡說兩種語言，也許這是其中一個成因。媽媽擔心男孩在面對老師和共學團領隊時太封閉，希望他能找到可以自在以某種形式和他們交流的聲音……於是，故事就這樣誕生了。

　　故事創作者貝琪的感想：「我真的很努力向這個小男孩傳達『他的聲音很重要，無論音量大小都值得被聽見』這個訊息。只要他開口說

話，就會有神奇的事情發生——其他人會仔細聽，他們喜歡聽他的聲音。雖然這個故事很長，但這個小男孩非常喜歡。」

媽媽的感想：「我發現整個過程難以置信的豐富且有價值，對我們兩個都很有幫助。面對直系親屬之外的人，我兒子現在也會特別說幾句話了。他現在和人交流的方式變多了——會用微笑、點頭和眼神交流來示意，與他人的交流也比以前多了。他還會在別人面前和家人說話，在聽這個故事之前，這是很少發生的，而這些都是細微但有力的變化。當他第一次聽故事的時候，似乎是真的有了反應，好像幫他打開了通向外面世界的大門，並且和其他人使用非語言交流。他還曾經跟我一起唱過故事裡的歌呢！」

老師的感想：「孩子聽完故事之後，在我第二次見到他時，他第一次和我有了眼神接觸。光是這一點就是個巨大的進步，就像他把這個信任的表示當成禮物送了出來，這份禮物真是太美了！在兒童共學團裡，他幾乎沒有在別人面前跟媽媽說過話。他會用第二語言很小聲的說。現在他說起話來都不怕了，聲音也很洪亮！」

從前有個兔子家庭，住在非常溫暖且舒適的洞穴裡。這一家有兔媽媽、兔爸爸，還有兩隻小小兔，他們都有柔軟蓬鬆的金棕純白相間的兔毛，又乾淨又亮眼，還有個亮亮的粉紅色鼻子。

最小的小兔子很愛唱歌，醒來第一件事就是唱歌。

他特別喜歡對家人唱歌，而且只唱給家人聽。為大家帶來很多樂趣和歡笑。

「啦啦啦，我唱歌，

每天每天唱唱唱；

啦答答，啦滴滴，
唱歌真開心。」

當他們離開洞穴去找食物的時候，小小兔會緊緊跟在旁邊，當大家蹦跳前進時，他就輕輕的唱：

「啦啦啦，我唱歌，
每天每天唱唱唱；
啦答答，啦滴滴，
唱歌真開心。」

但只要兔子一家和其他森林動物擦身而過，小小兔就會低下頭、停止唱歌。等到動物走遠了，小小兔才會抬起頭，繼續邊跳邊唱歌。

「啦啦啦，我唱歌，
每天每天唱唱唱；
啦答答，啦滴滴，
唱歌真開心。」

有一天，兔子一家出門去找剛成熟的當季莓果，其他動物也都在附近。小小兔想要非常小聲唱歌給家人聽，但四周的動物實在太多了，他們也都在找莓果。對小小兔來說，這一切超出了他能承受的範圍，所以他乾脆閉上嘴，不唱了。

但小小兔不知道他擁有神奇的聲音，能讓森林出現彩虹的顏色。他的歌聲似乎能穿越整個林地和天空，傳到所有爬的、走的和飛的動物耳朵

裡。

所有鳥兒和蜜蜂，所有花和樹都在聽他唱歌。他的聲音讓森林煥發出最美麗的色彩，什麼顏色都有！所以當小小兔不再唱歌的時候，森林開始失去光澤，也開始褪色了。

所有爬的、走的和飛的動物都變成灰色了。

所有鳥兒和蜜蜂，所有花和樹也都變成了灰色。

兔子一家互相看了看，發現他們也失去了光澤和顏色，變成灰色了。

所有東西都沒有顏色了。

兔子一家採莓果採得好累好累（連莓果也是灰色的），所以他們回到自己的洞穴，睡了一整夜。

等到大家都睡醒了，小小兔又開始唱起歌──

「啦啦啦，我唱歌，

每天每天唱唱唱；

啦答答，啦滴滴，

唱歌真開心。」

突然間，兔媽媽棕白相間、乾淨亮麗的兔毛回來了，美麗閃亮的粉紅色鼻子也出現了。她好驚訝。她看著小小兔，說：「繼續唱！繼續唱！」

他繼續唱下去，家人棕白色的兔毛都變回來了，又乾淨又亮麗，閃亮的粉紅鼻子也回來了。

接著，兔媽媽帶著小小兔走到洞穴門口，小小兔唱起歌來，森林的顏色又開始出現了。灰色慢慢消失，草是可愛的春天翠綠色，花兒開出了紅色、紫色和粉紅色。歌聲迴盪在森林裡，鳥兒拍著彩色的翅膀，天空變成了明亮的藍色。

兔媽媽對小小兔說：「是你，是因為你！就是你的聲音和你的歌，讓整座森林都有了色彩。」

從那天起，小小兔開始為自己的歌聲感到驕傲，他會快樂的唱歌給所有人聽了。森林也比以往任何時候更美麗、更多彩。

如果仔細聽，你會聽見鳥兒和蜜蜂都在跟著他唱，花和樹也都在他甜美的歌聲中搖曳起舞。

「啦啦啦，我唱歌，

每天每天唱唱唱；

啦答答，啦滴滴，

唱歌真開心。」

〈孩子與河流〉 口述：安奈特・穆基亞拉

應對狀況：情境性緘默症。

這是來自東非烏干達巴尼奧羅人（Banyoro）的故事，由安奈特口述，並由本書作者轉錄。這是關於情境性緘默症的文化故事範例。

從前有個男人和妻子帶著五個孩子，四女一男，生活在一起。

父母把孩子照顧得無微不至，他們在菜園裡努力工作，種出足夠的玉米和蔬菜養活全家人。

然而，偏偏他們家的男孩不肯說話。父母和女兒們想盡辦法讓他開口，但都沒有用。

有一天，父母去菜園幹活，孩子們決定自己去井邊打水。但是當他們

快要走到井邊的時候，卻碰到了一條從來沒有注意過的大河，他們根本找不到地方可以穿越。

大姊走近河邊，開始唱：

「瑪瑪 納 塔塔 巴坎帕卡納 恩塔里真達 海記巴
姆貝雷 阿邁記 卡特 克依雷 尼呀尼呀 伊威 姆匹基札 恩達貝荷」
（爸爸媽媽要我去有平靜水的井邊。

河水啊，請讓路，好讓我過去。）

河就這麼分成了兩半，為她開了一條路。等到她過了河，河水又合起來了。

接著二姊也來了，唱著同樣的歌：

「瑪瑪 納 塔塔 巴坎帕卡納 恩塔里真達 海記巴
姆貝雷 阿邁記 卡特 克依雷 尼呀尼呀 伊威 姆匹基札 恩達貝荷」

河又分成了兩半，為她開了一條路。她一過河，河水又合起來了。

然後輪到三姊，接著是四姊。她們都唱了同樣的歌，然後河都會分開，每個人都有一條路走，等到她們過了河，河就會再度合起來。

輪到從來沒說過話的弟弟站在河邊同一個位置了，他試著像姊姊們那樣唱，但就是唱不出來，於是水淹到了他的膝蓋。他又試了第二次，但還是發不出聲音，於是水淹到了他的腰。他試了第三次，還是唱不出來，於是水淹到了他的脖子。

然後男孩舀起一些河水靠近嘴巴，並且喝了下去，水又清涼又爽口。

他試著再唱一次，這次他唱得好極了，於是河水分開，為他開了一條

路！

　　他過了河，發現姊姊們都在另一頭等他。他們一起幫忙打水，帶著水高高興興的回家去了。

　　回程的時候，他們卻怎麼樣也找不到那條河了。

　　回家之後，父母非常高興，因為兒子能說話了。於是一家人舉行了盛大的宴會慶祝這個特別的日子。

〈公主與珍珠〉

適合年齡：6歲。
應對狀況：選擇性緘默症。

　　這是為有選擇性緘默症的6歲女孩所寫的故事──在家裡她會說話，但在學校一句話都不說。我之所以使用「蝴蝶」作為協助她的隱喻，是因為我看了她的畫──每一幅畫裡都有蝴蝶。

　　我寫了這個故事，準備在女孩6歲生日後不久送給她。沒想到，她挑選生日禮物時，就選了一頂前面鑲了顆珍珠的毛氈皇冠。有時候，故事就是會出現這種「共時性」[21]！生日那天，小女孩戴著皇冠去學校。這讓老師很驚訝，因為她本來打算下星期才要說故事給全班聽的。

　　這位老師告訴我：慢慢的，女孩的行為有了細微的變化。用這位老師的原話來說：「對於讓自己的聲音在學校裡（教室裡和操場上）被我聽到，並且讓我看到她唱歌以及和朋友說話的樣子，這個故事讓女孩更有自信了。」

　　我們也複印了這篇故事給她的父母，讓他們可以在家讀。他們表示，很高興能夠收到這份送給他們一家的禮物。

21　也可稱為「同時性」，代表「有意義的巧合」。

從前有個公主，她住在位於海邊岩石懸崖高處，且閃閃發光的白色城堡。公主因為有一頂美麗的珍珠皇冠而遠近馳名，從早上起床到晚上睡覺，她都一直戴著。

公主戴著珍珠皇冠在城堡花園裡和蝴蝶捉迷藏；她戴著珍珠皇冠在城堡的鞦韆上盪來盪去；她戴著珍珠皇冠在海邊懸崖的草地上蹦蹦跳跳。

每天晚上，公主在睡覺前都會拿下皇冠，仔細擦亮乳白色的珍珠，然後把皇冠放在柔軟的天鵝絨盒子裡，直到第二天早上。

有一天，公主在海邊懸崖的草地上蹦蹦跳跳時，被石頭絆倒了。珍珠皇冠從頭上滑下來，沿著小路滾下去，一路滾到懸崖邊。幸運的是，它停在一塊突出的岩石上，再往前一點點，就會掉到底下的海灘去。

公主小心翼翼爬過去、撿起皇冠。當她拍去皇冠上的泥土和草葉時，注意到皇冠前面少了一顆大珍珠。她到處查看——它不在懸崖頂上的土石間；她沿著長滿青草的小路往回走——它不在小路上，草地上也沒有它的影子。她小心爬回懸崖頂，從崖邊往下看。在遠遠的底下，她看到一顆圓圓的白色珍珠躺在沙灘上，在陽光下閃閃發光。

她看著它，但是一個大浪沖上沙灘，等到浪退回去，珍珠不見了。海浪把它帶回了大海家園。

公主不知道該怎麼辦。海那麼大，她那麼小，要怎麼樣才能找回丟掉的珍珠呢？這似乎是不可能完成的任務。

她回到城堡，把皇冠放回柔軟的天鵝絨盒子裡。沒了珍珠，這頂皇冠彷彿失去了它的美。公主再也不想戴了。

從那天起，城堡裡的生活發生了變化。公主不想在花園玩了，她不想在鞦韆上盪來盪去，也不想在草地上蹦蹦跳跳了。

蝴蝶是第一個注意到這個變化的，牠們每天都很期待公主出來一起玩捉迷藏。但現在她只是坐在城堡裡、凝視著窗外。

蝴蝶對「知道一切祕密」的風低聲訴說牠們的擔憂。公主跌倒那天，風在崖頂不斷吹著，於是它看見了珍珠從皇冠上滾出來、滾下了懸崖。風兒看見了海浪沖上海灘，把那顆圓圓的白珍珠帶回了大海家園。

　　於是現在，「知道一切祕密」的風把整件事告訴了蝴蝶。

　　蝴蝶馬上就知道該怎麼做了。牠們拍著翅膀飛了起來，像一片彩色的雲。牠們飛出了城堡花園，越過懸崖、飛向大海，飛到下方的海灘，也就是海浪來回沖刷的地方。蝴蝶對海浪低聲說了珍珠不見的事，接著又像一片彩色的雲，拍著翅膀飛上了懸崖，很快就安全回到了花園。

　　就在這個時候，海浪帶著蝴蝶的低語潛入水面，一直潛到海豚跳水玩耍的地方。聽到珍珠不見了，海豚也開始行動。牠們往下潛並四處張望，在岩礁裡游進游出，沿著砂質海床搜尋，花了好幾天找那顆珍珠。最後，一隻海豚興奮的往空中一跳，然後向海灘游去。在牠嘴裡的，是一顆閃閃發光的白色珍珠。

　　這時，「知道一切祕密」的風恰巧吹過。它看見一個浪頭從海豚那兒帶走了珍珠，把它沖到高高的沙灘上。於是那顆珍珠就停在那裡，在陽光下閃閃發光。

　　風趕緊吹向城堡。公主正坐在裡面，透過窗戶往外看。風兒用盡一切辦法想引起公主的注意。它晃著窗戶閂子、吹著玻璃、搖著樹枝，並且在花床新鮮的泥土上旋轉。但公主好像完全沒有注意到。

　　這時，風兒有了個點子。它在城堡門上找到一個小洞，擠了過去。一進入城堡，它就在公主身邊輕輕吹拂，唱起最美麗的歌。它唱著蝴蝶幫了什麼忙、海浪幫了什麼忙、海豚又幫了什麼忙。最後它唱，那顆閃閃發光的白色珍珠現在正躺在沙灘上。

　　公主聽了風兒美妙歌聲便站起來、打開城堡門走了出去。她一進到花園，就被蝴蝶朋友包圍了。蝴蝶拍著翅膀飛起來，像一片彩色的雲。公主

跟著彩雲走過懸崖上的草地，再慢慢沿著石崖的小路往下走，一直走到海灘上。她一踏上沙灘，就看見了她的白色珍珠，在陽光下閃閃發光。

這是多麼快樂的一天啊！對「知道一切祕密」的風是這樣，對蝴蝶、對海浪、對海豚也是這樣，對公主來說尤其是。皇冠立刻修好了，很快就帶著完美的樣貌再次出現在公主頭上。

據我所知，公主現在還戴著它，從早上醒來一直戴到晚上睡覺。她戴著珍珠皇冠，在城堡花園裡和蝴蝶捉迷藏；她戴著珍珠皇冠，在城堡的鞦韆上盪來盪去；她戴著珍珠皇冠，在海邊懸崖上的草地蹦蹦跳跳。

〈釣單字的漁夫〉

適合年齡：各年齡層。
應對狀況：言語失用症與語言遲緩。

這是鼓勵有「言語失用症」（speech apraxia）[22] 和語言遲緩的兒童保持耐心並堅持下去的故事，因為許多聲音和單字他們常常很難發出來。「在冰洞裡釣魚」的想法來自我兒子傑米，寫下這個故事也是為了他6歲的兒子——他喜歡和水相關的東西，尤其是瀑布。當他沒辦法讓爸媽理解他想說的某個詞時，我鼓勵他們用細微的方式提及這個故事中的意象，像是說「再繼續釣」或者「把洞再挖大、挖深一點」。

這個關於漁民的故事，也可以用在那些為失語症[23]掙扎的成年人身上——他們都曾經懂得這些詞語。我先生和我，現在也用「釣魚」這個比喻協助鍛鍊我們的思考——我們太習慣靠對方來回答我們自己想不起來的那個詞。現在，當對方說：「你還記得那個誰……的名字是……」

---

22 因左腦額葉受損，腦部無法有效控制並協調肌肉以說話。
23 由於大腦病變造成言語功能障礙。

時，回答已經成了：「再繼續釣！」

很久以前，在單字國這個地方，要找到詞來造句的方法很多。有時候單字夠了，就可以創造出一個故事，甚至充足到可以弄出好幾個故事！

單字國裡有一片單字森林，森林裡每棵樹上都覆滿了字，就像樹葉。還有一片單字沙灘，沙灘上的每一塊石頭底下都能找到一個字。

但最棒的是，單字國的正中央有個單字湖。這個湖裡住著很多很多字，就像到處游來游去的小魚──事實上，這個湖裡有世界上每一個字。每天都有新單字從瀑布那端落進湖裡，它們會歡快的撲通一聲跳進水裡，加入到處游來游去的單字魚行列。

有個捕魚的小男孩住在瀑布邊的小房子裡。小漁夫很喜歡釣單字魚，天天都會去，想看看自己究竟可以捕到多少字。

有時候他抓到的字只能夠湊成一個句子，有時候足夠編成故事，有時候抓到的字多得可以編出好多個故事。

但是，當單字國的天氣變得很冷很冷的時候，湖水會結冰。小漁夫就必須努力鑿、挖，在冰上弄出小洞來，這樣才能繼續釣魚。只要穿著非常暖和的外套，他就能坐在冰洞旁邊的凳子上釣魚。但是用這種方式要抓到單字並不容易。

有時候釣到了，但是字從鉤子上掉下來，他就得再試一次。

有時候，那個字太大了，他甚至沒辦法把它從冰洞裡拉出來。

於是小漁夫就得又鑿又挖、又鑿又挖，把洞再挖大一點。他工作的時候，嘴裡經常唱著釣魚歌：

「釣啊釣，釣整天……
釣單字……它們會說什麼呢？

湊句子，也編故事，

釣單字是我最愛的事！」

小漁夫很喜歡造句，也喜歡編故事，天氣冷的時候，他只要多努力一點，就能從冰洞裡抓到單字。

他必須又鑿又挖、又鑿又挖，把洞再挖大一點⋯⋯他必須很努力工作！他工作的時候，嘴裡經常唱著他的釣魚歌：

「釣啊釣，釣整天⋯⋯

釣單字⋯⋯它們會說什麼呢？

湊句子，也編故事，

釣單字是我最愛的事！」

他真的抓到了那些單字！

你知道嗎，小漁夫長大之後，成了這個國家最受歡迎的說故事者，因為他抓到了這麼多字，創作出這麼多的句子和這麼多故事。

在卡片上寫許多簡單的字並貼上金屬扣子，接著把一小塊磁鐵繫在一段線上，線的另一端繫在木棍上。

把所有卡片放在桶子裡，開始「釣單字」。可以根據孩子的年齡玩不同的遊戲──字夠多了，就可以創造出一個故事。

另一種玩法是在卡片上寫英文字母，然後「釣字母」──被「抓到」的字母可以用來創造不同的單字或複合字。

〈亮光〉

適合年齡：8歲。
應對狀況：退化性眼疾。

這個故事是為患有退化性眼疾的8歲英國小女孩所寫的──這是一份禮物，希望能以某種微不足道的方式，幫助她在虛弱的身體狀況下找到未來幾年的勇氣。故事中強調的，是以其他感官來引領方向。

在我構思故事時，女孩的阿姨幫助了我（說她的外甥女很喜歡狐狸）。

就我個人而言，這個故事也幫助我接受自己的眼睛隨著年齡增長而日漸衰弱。它也鼓勵我找機會使用其他感官，讓視覺休息。有時候，如果家附近的海灘沒什麼人，我就會閉上眼睛沿著沙灘走，靠觸覺和聽覺找到前進的路。有時候我會坐在花園裡、閉上眼睛，享受環境中鳥兒和昆蟲顯現的聲音，享受微風吹在皮膚上的感覺；或者在夜裡，即使半閉著眼也能看到月光。這些體驗結束後，我的眼睛總會有得到休息的感覺，也準備好再度工作了！

從前有一隻小狐狸，她出生在這個世界上時，眼睛就跟流星一樣明亮。她的爸爸媽媽立刻愛上她明亮的眼睛，幫她取名為「亮光」。這隻活潑的小狐狸和家人一起住在大森林邊。晚上，她和森林精靈玩捉迷藏；白天，就和兄弟姊妹玩新遊戲。

時間一年年過去，亮光的眼睛不再那麼亮了。眼睛變暗這件事讓小亮光非常難過。她慢慢不再和精靈朋友嬉戲，也不創造各種新遊戲和兄弟姊妹一起玩了。

有一天晚上，亮光坐在樹下，獨自唱著悲傷的歌。

「我多麼希望，多麼希望，多麼希望眼睛能和以前一樣。
我多麼希望，多麼希望，多麼希望我能有雙新眼睛去看。
我多麼希望，多麼希望，我的心真的好痛啊，
我多麼希望，太希望了，我的心都要碎了。」

森林精靈聽見小狐狸悲傷的歌聲，於是如魔法般從她那枝葉茂密的房子裡現身，站在那裡聽著小狐狸的傷心事。亮光一開始沒有注意到精靈女士，因為她已經被淚水模糊了視線。但就在這個時候，她聽見一道聲音，於是抬起了頭。

「親愛的亮光，」森林精靈說，「我將指引妳一段旅程，可以讓妳找到苦苦尋找的東西。只有妳能踏上這段旅程，也只能自己上路。妳會需要且已經擁有的工具就是妳的「感官」。我有個小禮物，可以幫妳找到路。」

森林精靈深深探進樹屋的根部，拔出一塊光滑的水晶，它閃耀著所有樹木的智慧。她用藤蔓把水晶串成一條項鍊，然後把項鍊交給亮光，讓她戴在脖子上。

接著，精靈指著森林中的一道缺口，這是亮光從來沒有注意到的。「如果沿著這條路走，它會帶妳到達一片空地，那裡有個又深又寬的池塘。妳會在這裡找到妳要找的東西。」說完這些話，森林精靈就神奇的消失了，一如來時，只留下亮光和她的新禮物。

　　這時的小狐狸還從未去過森林深處。她聽說那裡有可怕的東西，所以一點也不想靠近。就在這個時候，月亮媽媽透過樹枝照下來，讓她沐浴在銀色的月光中。月亮媽媽輕聲對她說：「這趟旅行，我也可以幫助妳。當我又圓又亮時，便可以用光來引導妳。」

　　在森林精靈和月亮媽媽強力的幫助下，亮光深吸了一口氣。她檢查了一下脖子上的水晶，確定它還在，便慢慢沿著小路出發了。奇怪的聲音和氣味包圍著小狐狸，但她知道自己必須向前走。

　　她在森林裡愈走愈遠，爬過岩石和扭曲的樹根，然後聽見了轟隆轟隆的雷聲，愈來愈近、愈來愈響。「噢，不要啊！」亮光想，「我必須趕快找個可以躲的地方──暴風雨馬上就要來了！」

　　小狐狸摸索著離開小路，進到又深又黑的洞穴。她小心翼翼爬進洞裡，用毛茸茸的尾巴裹住自己保暖。至少在這個土穴裡，狐狸很安全──即使她什麼也看不見。她的胃因為恐懼而翻騰，但她緊緊握著水晶項鍊，等待暴風雨過去。過了一段時間，她可以聽見雷聲和風聲已經過去，也能聞到並且聽到雨停了。她的觸覺引導她回到小路上。噢，擁有這些感覺是多麼令人高興的事啊！

　　一走出黑暗的洞穴，亮光就注意到有月光從樹枝間照下來，幫助她找到了前進的路。現在她放鬆一點了。雨水撫平了腳下的土地，月亮也更亮了。她甚至還哼了一首小曲兒。

　　但是當她拐過另一個彎，森林又變暗了。她撞到又硬又溼的東西。剛剛那場暴風雨鐵定把大樹刮倒在小路上了，現在有一座滿是折斷樹枝的山

要爬，但她必須爬過去，沒有別條路可走。

觸覺和平衡感主導著，亮光開始搖搖晃晃的爬上樹枝山。樹枝亂七八糟掉了滿地，小狐狸只能用全身每塊肌肉防止自己摔下來。觸覺幫助她小心的放上爪子，平衡感讓她不會仰天摔倒。終於，她爬上了那堆樹枝的頂端，坐下來喘氣。

這裡的月光更亮了，亮光好感激。「謝謝妳，月亮媽媽，太感謝妳的銀光了。」月亮媽媽笑了，她一笑，臉上的光芒更明亮，她低聲回答，「要堅強，亮光，妳是隻聰明的狐狸。在我當月亮的幾千年裡，妳是我見過最聰明、最勇敢的小狐狸。」

在月亮媽媽的幫助下，亮光安全走下了樹山，然後繼續沿著小路走，曲曲折折，在森林裡愈走愈深，像是永遠也走不完。

她走著走著，發現自己陷入了沉思。她在想，她的兄弟姊妹這時正在洞穴家裡無憂無慮快樂玩耍，為什麼她必須走這一趟呢？為什麼她不能回家去快樂玩耍，完全不管這個世界發生了什麼事呢？

思緒在心中湧起。不久，亮光發現自己不自覺唱起了那首悲傷的歌：

「我多麼希望，多麼希望，多麼希望眼睛能和以前一樣。
我多麼希望，多麼希望，多麼希望我能有雙新眼睛去看。
我多麼希望，多麼希望，我的心真的好痛啊，
我多麼希望，太希望了，我的心都要碎了。」

淚水溢滿了她的雙眼，並順著臉頰流下來，流到水晶項鍊上。水晶項鍊感覺到她的眼淚，開始發光，愈來愈亮、愈來愈溫暖。水晶的愛和溫暖慢慢傳遍了她全身。當水晶發光時，小狐狸聽到森林精靈低聲說：「亮光，掉下悲傷的淚水是沒關係的，我們在人生的不同時期都哭過。我們都

在自己的旅途上，每個人的路途都天差地別。而我們必須選自己的路、爬自己的山、轉自己的彎，然後發現自己。沒有低谷就沒有高峰，沒有下坡就沒有上坡，沒有黑暗，就沒有光明。」

這段智慧之言鼓舞了亮光，她繼續沿著小路前進。前進時，脖子上的水晶依然溫暖著她。森林似乎比之前更黑了，她聽見了令人毛骨悚然的詭異聲音……但她沒有停下來聽。她用最快的速度，在轉彎處又爬又衝，她沿著小路奔跑，直到突然衝進了一片空地。

一進入空地，可怕的聲音全都停止了。事實上，小狐狸什麼也聽不到。樹沒有被風吹出一絲聲音，所有動物都寂靜無聲。

亮光一動也不動的站著，享受著這個寧靜的地方。這時，她注意到空地中央有個池塘，又深又寬。月亮媽媽的光那麼亮，池水也閃閃發光。

在水光的吸引下，亮光慢慢靠近池塘。她走到水邊，俯身往水裡看。在那裡，回望著她的，是自己的狐狸眼睛。

亮光從來沒看過自己的眼睛。它們好美，太美了。

〈以言語治癒〉作者：班傑明・奧克蘭、奧斯丁・克拉克－史密斯，以及凱蒂・赫普頓

適合年齡：7～15歲。
應對狀況：有慢性病與重大疾病。

柯普醫生（Hilton Koppe）是澳洲東海岸新南威爾斯州北河地區的家庭醫生。他開發了一些創造性寫作課程，在冰冷的科學和真實的人類經歷之間架起橋梁。他的研討會幫助病人解決醫療問題，也幫助醫療專業人員努力找回心中的人性。

近年來，這些研討會已經有所轉變，改用在慢性病和重大疾病的人身上。對於年輕患者，柯普醫生強調寫作應該是有趣的事。他鼓勵病患用字詞描述自己的病情，然後用這張字詞表寫出一首短詩。

以下是澳洲新南威爾斯北部利斯莫爾基地醫院「我們的孩子」工作坊中，三位年輕病患的作品。

7歲的班傑明・奧克蘭患有脊柱裂[24]，他的腿上有夾板，他稱它為「班的靴子」。這是他的詩：

有時候，它很痛
有時候，它讓我很難過
它總是在那兒
永遠都不走開
我要跑，它擋不住
我要走，它擋不住
它讓我變強
我要做什麼，它都擋不住我。

11歲的奧斯丁・克拉克－史密斯患有先天性腎上腺增生症（CAH）[25]。這是他的詩：

我白天晚上都要吃藥
有時候會感覺有點不一樣
我希望它能離開我
我知道是它讓我成為我

---

24 先天疾病，患病兒童的脊椎會有一節或多節缺口，就像破洞，可能會有下肢無力或是無法自行行走的狀況。
25 先天缺少某種製造腎上腺皮質素酵素造成的腎上腺疾病。

我不會讓它控制我

因為如果這麼做，我就不是我了。

15歲的凱蒂‧赫普頓有肌肉疾病，從4歲就開始使用電動輪椅。這是她的詩：

我在18個月大的時候認識了他──他的咆哮嚇壞了爸媽，

他像強力膠一樣緊緊抓著我──不肯放手。

感覺被困住了，他一直把我往回拖，

毫不內疚，也不羞愧──他把它們帶走了──我再也沒見過它們。

留下我為自己而戰，

感覺被困住了，他一直緊緊拉著我，

到現在已經14年了──沒有遺憾、沒有痛苦，

我把每一天都當成最後一天在過，

感覺被困住了，他一直緊緊拉著我，

我得了一種病，治不好的病，

我得了一種病，我還有希望。

〈青蛙與一桶鮮奶油〉

適合年齡：兒童與家庭。
應對狀況：激勵力量與決心以對抗疾病。

這個故事來自俄羅斯，並由本書作者重述，用來激勵力量與決心以對抗疾病與逆境。適合兒童及家庭。

從前有隻青蛙跳進了一桶鮮奶油。他游了一圈又一圈，又踢又潑，想

找辦法出去。每隔一段時間，他就停下來休息一下。他也不知道自己能不能找到擺脫困境的辦法。

接著，他開始邊游邊唱。他發現唱歌可以讓他更堅強。

「我是一隻小青蛙，如果我一直很堅強，

不用多久，就能找到出路了！」

青蛙不肯放棄。

他游啊游、唱啊唱，不知不覺中，小小腳居然把鮮奶油打成了奶油。

最後，他爬上奶油塊、跳出來──正好在擠奶女工回來拿桶子之前！

〈癒合的骨頭〉　作者：迪迪・阿南達・戴娃普利亞（羅馬尼亞新人文主義教育協會會長、阿南達瑪迦泛宇救難隊隊長）

適合年齡：兒童、青少年。
應對狀況：難民兒童、腳踝或腿部骨折。

　　這個故事是為「教育之路」（Pathways to Education）課程計畫中的敘利亞難民兒童所寫的，他們的家庭因為愈演愈烈的內戰危機，逃到黎巴嫩。在課程中，足球是孩子們最喜歡的活動之一，很快的，連女孩都可以自在的參加比賽。故事中的「足球」比喻，反映了他們對足球這項運動的熱情。「受傷這件事突然影響了生活，導致孩子們比同齡兒童落後」這個隱喻是為了反映計畫中敘利亞難民兒童生活突然被戰爭打亂的情況。當難民兒童進入黎巴嫩學校系統時，他們發現比起同年齡的孩子，自己處於相當不利的地位，他們已經錯過了好幾個月甚至好幾年的學習時間。這很可能導致他們成為被欺凌的目標，而他們必須付出額外的努力，才能趕上同齡朋友，就像奧瑪拆掉石膏之後不得不努力鍛鍊，好讓虛弱無力的肌肉恢復。

這個故事也可以運用在因腳踝或腿部骨折而暫時不能活動的孩子。

奧瑪好愛踢足球啊！到了夏天，每天下午，他都會和住在附近的朋友，在鄰近村裡學校的田野見面。納薩、薩瑪和瑪雅是他最好的朋友，他們總是同一隊。這四個朋友是附近跑得最快的孩子，當他們踢起足球，四個人之間好像有一條看不見的線連在一起。奧瑪就是能感覺到他們在場上的位置，也知道該把球傳到哪裡。

有一天，他們正在踢球，薩瑪把球傳給了奧瑪，就在他伸出腳要踢球的時候，另一隊的諾沃和瑪麗亞也同時碰到了球。他們的腳糾纏在一起，發生了一場混戰，一群孩子摔倒在地。當奧瑪倒在一堆孩子底下時，他感覺到右腳踝在身下被扭轉，發出了一聲脆響。劇痛讓他尖叫，然後他開始哭、蜷縮在地上。他的腳沒辦法動了。其他孩子都嚇到了，他們停止踢球、圍在奧瑪身邊。所有人立刻大叫，有人跑去找大人，他們很快就把奧瑪帶到了急診室。奧瑪的踝骨斷了，醫生幫他的腿打上了石膏。

剛開始那幾天，奧瑪的腳踝非常腫，而且很痛。幸運的是，疼痛消退得很快，在拐杖的幫助下，奧瑪開始在家裡走動。他很想念朋友，於是決定要去看看他們。這並不容易，所以奧瑪小心翼翼、一瘸一拐的走過散落著石頭的田野，來到鄰近孩子天天聚在一起玩耍的地方。他坐在一塊石頭上，那塊石頭被太陽晒了一整天，很溫暖，於是他把枴杖靠在上面。朋友們見到奧瑪都很高興，薩瑪過來給了他一個大大的擁抱。但有一群孩子在竊竊私語，看著他的方向暗暗笑著。奧瑪聽不見他們說什麼，但還是覺得自己的臉又紅又燙。他把目光從他們身上移開，專注的看著朋友薩瑪和瑪雅踢球，為他們歡呼。

奧瑪的骨頭花了將近8個星期才癒合。石膏又癢又熱，他迫不及待想把它拿掉。時間似乎過得特別慢，當其他人都在外面踢球、玩得很開心的

時候，只能坐在家裡是很無聊的。

終於到了拆石膏的時候了。醫生用電鋸鋸石膏，石膏貼著他的皮膚發出嗡嗡聲，他覺得好癢，然後醫生用剪刀把它剪開。他的腿感覺又涼又輕，但他注意到，它似乎比另一條腿要細。事實上，當他站起來走路的時候，已經痊癒的那條腿感覺很無力，只能小心翼翼的移動。

醫生教奧瑪做一些強化肌肉的練習，讓腿恢復正常。雖然這些練習比每天為了練足球做的熱身還簡單，但卻比奧瑪預想的難得多。但奧瑪決心要再度能跑得快、能踢足球，所以他不斷練習再練習。一天天過去，他的肌肉變強壯了。

暑假結束了，這個暑假，奧瑪在外頭踢足球的時間並不長，他只是一直在練習、練習，讓自己再次強壯起來。奧瑪和附近的孩子都回到了學校，放學後，孩子們聚在球場上踢足球。終於，奧瑪又和朋友們在一起了，雖然他還不能跑得很快，也有點怕再次受傷，但他還是很高興能和朋友會合。薩瑪和瑪雅也很想念和奧瑪一起踢球的時光。

終於，這支隊伍再次全員到齊！

〈黑石〉作者：安德列亞．克熱內克與艾瑞卡．卡塔契．科維奇（薩格勒布故事作家）

適合年齡：17歲。
應對狀況：需要使用輪椅。

這個故事是為了幫助17歲少女克莉斯汀娜接受使用輪椅而寫的（她強烈抗拒）。這個女孩被診斷出肌肉萎縮症。某天晚上，媽媽送給她這篇列印出來的故事，以及一枚紫水晶戒指──第二天早上，女孩便告訴媽媽，她可以接受坐輪椅這件事了。

6年後，當我回到德國薩格勒布工作時，克麗斯汀娜和我見了面、分享了新鮮事，以及提倡殘障人士服務所取得的成就。她目前在克羅埃

西亞一所大學就讀，並爭取建立輪椅通道（結果大為成功）——現在坡道和電梯都已經裝好了！

在前往另一個世界之前，奶奶把一塊黑石頭交給了孫女，還囑咐這塊石頭絕對不能離身，因為它藏著一個巨大的祕密。

女孩收下了這塊石頭，並且到哪裡都帶著它。隨著時間過去，石頭好像愈來愈重……因此女孩開始調整自己的活動。她再也不能溜冰了，因為石頭會把她往下拉、讓她摔倒，就連起床也很困難。她也沒辦法滑輪式溜冰鞋，或者跑步……也不可能騎腳踏車。女孩沒辦法自己游泳，因為石頭會把她往水底拖……每天上學路上要爬的台階，現在成了她必須克服的障礙，而且愈來愈難做到。其他人幾乎察覺不到，她正按照石頭的重量調整日常生活和看似微不足道的活動。女孩梳頭的方式不一樣、刷牙的方式不一樣，就連吃飯的方式都不一樣了……她放慢了腳步，但並沒有放棄。女孩遵照奶奶的要求，每天承受著石頭的重量，但依舊保有自己的尊嚴。

有一天，當她緩慢吃力的行走時，她絆了一下並摔倒了。之前她也摔倒過，但這一次，就在她摔倒的時候，石頭從她身上滑落、摔在地上裂開了，露出了燦爛耀眼的紫色，那是它內在的色澤和光芒。在石頭的光芒照耀下，女孩繼續著她的人生旅程。

獲得這個故事幫助的克莉絲汀娜寫了一封信：

親愛的蘇珊：

感謝妳在寫療癒故事方面的知識和協助，加上艾瑞卡和我

媽媽參加了妳的研討會，她們寫了這個美麗的故事，給了我繼續前進的方向，讓我抬起頭來——不管偶爾會碰上多大的困難，每天都要站起來、保持微笑。

在我們的人生中，每個人都有某種形式的石頭要背負，我們必須找到石頭中的美，帶著它才會容易一點，也才能和我們的命運和平共處。

這個故事很特別，而且對我來說非常珍貴；它有一些特定的元素，讓我覺得和它有種特別的連結。

謝謝妳分享的禮物。妳是個偉大的老師，妳的研討會學生寫的不只是故事，他們的故事有特殊的動人之處，這是很多故事沒有的。

克莉絲汀娜・伊娃托維奇 敬上

〈小貝殼與跳舞的珍珠〉

作者：薩斯卡・克萊門奇
（斯洛維尼亞理學碩士、教育學士及成人教育碩士、實踐與神經語言規劃訓練碩士、自我管理訓練員）

適合年齡：各年齡層。
應對狀況：人生中的艱困挑戰。

這是忍受多年悲傷和失去後，得以成長的故事。故事歷程和隱喻，對許多艱難情況和不同的年齡層來說，都有所幫助。薩斯卡參加了我在斯洛維尼亞首都盧布爾雅那舉辦的療癒故事研討會，後來她寄了電子郵件給我，告訴我她是在研討會上「使用隨機單字／符號進行故事練習」中得到用珍珠和貝殼寫作的靈感（見第211頁的「隨機故事寫作練習詞彙表」）。

薩斯卡是這樣說的：「這個故事是為我自己寫的。要敘述我碰過的

挑戰，沒有比寫這個故事更好的方式了。故事中的『紅斑』至少代表了三件事：我的義眼（我3歲時失去了一隻眼睛）；我的皮膚病（異位性皮膚炎），不時會出現在我的臉上和手上；以及我的負罪感、憤怒、羞愧和痛苦，因為我相信了不值得信任的人。我被他們操縱、損失了很多錢。有些人跟我說，有時候我好像隱形了⋯⋯因為我⋯⋯我不想冒著不被接受的風險敞開心扉。講課的時候，有些人會說有時候我的態度並不一致，因為他們看見的是我的紅斑，而不是我的珍珠⋯⋯現在，我在這個故事裡得到了答案。」

小貝殼出生之後沒多久，身體就出現了一塊大紅斑，內外都有。紅斑有時候會大一點，有時候會小一點，但總是存在。它變得非常顯眼，很快就被周圍的人注意到了，其他貝類和海中生物都在問關於紅斑的問題。

因為貝殼身上有這麼大的紅斑相當不尋常，所以小貝殼談起這件事也非常不舒服。很快她就發現，最好的方法是始終把殼關得緊緊的，以某種方式隱身，這樣她就什麼都不必回答了。小貝殼雖然也有幾顆小珍珠，但遠不及她的大紅斑引人注意。

因此，小貝殼習慣了待在緊閉的殼裡。當她試著打開一點，就立刻會被銳利的小石頭攻擊。這些小石頭傷害了她，讓她痛了很久。所以她寧願閉殼不出。

她長得愈大，就愈注意到其他貝殼打開之後露出珍珠時變得多美。但小貝殼還是把自己關得緊緊的。

有時她也會暗自羨慕別人，如果沒有紅斑，她也可以像她們一樣驕傲的展現自己。

有一天，當所有貝殼都聚在一起時，她在陰暗的小角落稍微打開了一點。她只是想看看大家會有什麼反應。但是，完全沒有人注意到她，她就

像隱形了一樣。但小石頭還是一樣跑進了她的殼裡，提醒她曾經有過的疼痛。

那些不能對別人說的話，她只能對自己訴說。她用那些小石頭打磨自己的小珍珠。慢慢的，她的珍珠愈來愈大。

有一天，小貝殼覺得她的珍珠太大了，繼續緊閉著殼實在很痛。她覺得，不管別人會怎麼說，是時候打開自己，向世界展示珍珠了。但她很怕，怕那些銳利的石頭。她還有一些傷口沒有癒合，但是，她知道自己的珍珠裡有些東西很珍貴，她想讓這個世界看看。

她開始不時的打開殼展現自己，有時候只開一點點。但因為珍珠已經很大了，每次打開，都會有一些小石頭掉出來，她覺得舒服多了。然而因為折射進水面的陽光刺得她看不見東西，她又會把殼閉起來。

終於有一天，小貝殼張開了。她努力把自己開到夠大，這樣就不會有人注意到她的斑點。但她這麼做實在太不尋常了，其他貝殼和海洋生物開始盯著她看。在她美麗的珍珠旁邊，他們也看見了她的紅斑。他們實在不知道該看哪裡，到底該看珍珠，還是那個紅斑。她愈想把紅斑藏起來，他們就愈想看。最後，紅的不僅是那個斑點，整個小貝殼都變紅了。

在一個有月光的夜晚，浪頭把她捲到了海灘附近，她聽見了呼救聲。她環顧四周，發現有兩隻貝殼卡在岩石縫裡出不來。岩石間有個小洞，但她們看不見，因為殼沒辦法張得太開。

海浪對小貝殼說，她應該幫助那兩隻貝殼。她為她們感到難過，甚至沒想到自己的紅斑，只是張大了殼。就在這一刻，明亮的月光照亮了她的珍珠，她把珍珠光芒照在水面上。現在這兩隻貝殼可以看見走出黑暗的路了。她們可以跟著珍珠的光走，當她們一從岩石小洞游回寬闊大海，就立刻跳起了快樂的舞。

這個時候，小貝殼凝視著自己在水中的倒影，第一次真的看見了自己

的珍珠和紅斑。她意識到那裡並不像想像的那麼醜,斑點的紅讓珍珠的顏色更特別、更不平凡。如今,珍珠已經大到幾乎完全遮住了那個紅斑,大家能看見的是美麗的珍珠,只有一小片紅色。紅斑還在,但已經沒有人注意了。同時,小貝殼也為此感到平靜。她生平第一次可以敞開心扉,而且感覺非常好。終於,一切似乎都對了。

　　一回到海裡,獲救的貝殼就打開自己,把珍珠展現給救了她們的小貝殼看。月光也照亮了她們的珍珠。這時,三顆珍珠一起發光,她們的光實在太耀眼,紅斑點顯得更淡,銳利石頭留下的小傷口也開始癒合了。

　　強烈的光芒吸引了其他貝殼。她們一個接一個打開,珍珠發出光芒。月亮看著她們,臉上掛著燦爛的笑容——用自己的光芒擁抱了她們。貝殼讓自己的珍珠貯滿了月光,當珍珠充滿光的時候,她們便丟開了外殼。現在她們可以自由跳舞了。所有珍珠牽著彼此的手,歡樂的跳著。

　　從遠處看,她們就像一條珍珠項鍊,閃閃發光。

隨機故事寫作練習

　　這種故事寫作方式可以幫你繞過邏輯思考，讓想像力振翅高飛。隨機抽選兩張卡片（請見下方的卡片製作說明），並且用它們寫一個故事。這可以當成一個有趣的練習（甚至可以當成派對遊戲！）。有時候，如果你覺得卡住了，或者想像力受阻，這個練習可以幫助你突破。

　　絕大部分故事都有一個開頭（引出問題），一個中段（與問題爭論）和一個結尾（問題解決）。這樣解釋可能太過簡單，但是對剛開始寫故事的人是有幫助的。

　　我並不是說這是編寫故事唯一的方法，但你可能會很驚訝它對你的想像力有多大的幫助。

　　前一個故事《小貝殼與跳舞的珍珠》就是這樣創作出來的。作者被「困」在她對自己處境的主觀連結中，而這種隨機的方式幫助她擺脫了這種情況。她抽到了兩張卡片——「貝殼」和「珍珠」。

隨機故事寫作練習使用方法

1. 製作小卡片，每張卡片上有一個單字——我用的卡片是金色的。
2. 把所有卡片翻過來，放在托盤或桌子上（這樣就看不見字了）。
3. 挑選兩張卡片，並創作一個小故事——如果需要的話，可以在你的故事裡加入額外的人物，但要注意不要讓故事歷程變得太混亂。

空方格可以讓你加入自己的想法，以製作更多的卡片。卡片可以有成千上萬張，但我建議，最好把卡片控制在「容易管理」的數量內。

隨機故事寫作練習詞彙表

樹	鈴	門	王子	馬	茶壺	繩子	花
鏟子	羽毛	貓	月亮	鍋子	蜜蜂	洞穴	椅子
熊	小路	鑰匙	魔棒	棍子	爺爺	項鍊	奶奶
石頭	金子	小屋	農夫	帽子	戒指	手套	海豚
水晶	竹子	鞋	男孩	銀子	貝殼	珍珠	鏡子
女孩	橋	蝴蝶	烏龜	兔子	鼓	星星	城堡
外套	公主	鳥	河	青蛙	大象	國王	山
魚	桌子	狐狸	船	獅子	舞者	皇后	鐘
海灘	花園	螢火蟲	螞蟻	巢	袋鼠	太陽	牆
老虎	孔雀	蛇	剪刀	蘋果			

（更多故事寫作練習，請參考書末小練習1、小練習2。）

Chapter **7**

失去家園時，
讓故事陪你走過艱困與傷心

在這一章，你會找到在森林大火、洪水和其他環境災害中失去家園的兒童、家庭和社區、因各種原因不得不離開家園的人，以及被迫離開自己國家到其他地方定居的人的故事。

為了更容易找到符合需求的故事，我將故事大致背景列在這裡：

◆ 〈竹子一家〉（第214頁）：在颱風摧毀了許多房屋和農場之後，為一班4～6歲幼兒寫的故事。

◆ 〈螞蟻與風暴〉（第216頁）：在地震破壞了孩子們的幼兒園之後，為這些孩子寫的故事。

◆ 〈兔子與叢林大火〉（第217頁）：寫給4歲小男孩的故事，他的家被大火燒毀了。

◆ 〈鯉魚王子〉（第219頁）：2011年日本大海嘯後出版，關於武士娃娃的故事。

◆ 〈素馨娃娃〉（第221頁）：為了在自然災害中失去玩具、家

具和財產的兒童（4～8歲）所編寫的復原故事。

◆ 〈記憶毯子〉（第222頁）：關於編織的復原故事，適合所有年齡層的家庭和社區。

◆ 〈生命之歌與工作之歌〉（第225頁）：在自然災害後重建家園的故事，適合所有年齡層的家庭與社區。

◆ 〈繡花和服〉（第227頁）：為年齡大一點的兒童、青少年和成人寫的故事，讓他們獲得希望，並幫助他們在遭受自然災害損失後建立復原力。

◆ 〈候鳥〉（第229頁）：替難民兒童寫的故事，為那些被迫離開家園、長途跋涉尋找新住處的人帶來希望。

◆ 為敘利亞難民兒童寫的兩個故事：〈連根拔起〉（第233頁）和〈築巢的鳥兒〉（第235頁）是為難民家庭寫的故事，希望能幫助他們對未來抱持樂觀和希望。

◆ 〈林德薇的歌〉（第237頁）：關於歌唱療癒力的故事，目的是紀念南非人民在種族隔離制度壓迫下的抗爭與復原力。

◆ 〈薰衣草窩〉（第241頁）：為一對老夫婦寫的故事，他們即將被迫從夢想中的家搬進小公寓，希望這個故事能給他們一點力量。

〈竹子一家〉 作者：愛米‧蔡（菲律賓怡朗市精神病學家）

適合年齡：4～6歲。
應對狀況：家園被颱風摧毀。

這個故事是在海燕颱風襲擊菲律賓之後，為某班孩子寫的。當時許多房屋被摧毀，而颱風造成的大面積破壞，嚴重影響了該國的農漁業。

故事以偶戲的形式分享——只需要很少的材料，而且還加入動作和歌曲讓孩子們模仿。故事對白使用當地語言，所以裡面有關於雨、風和浪的當地詞彙。

老師說，這個故事似乎有助於減少孩子們的焦慮——孩子們對當中的角色「圖」最有共鳴，看見它就哈哈大笑，甚至在自己的遊戲裡模仿這個角色。

在海邊的一塊小空地，長著一叢竹子，無論嫩筍和老幹都生氣勃勃，愉快的生活在一起，在微風中咿咿呀呀的搖晃著。竹子一家經歷了烈日和風雨之後一起成長，和在竹葉及竹刺上築巢的小鳥、住在竹根附近洞裡的老鼠、在竹陰下棲身的螞蟻、蟲子和小動物們一起快樂生活。

「圖」是竹子家的一支嫩筍，鮮綠色，有一些葉子和刺，但是很細。事實上，他的身子實在太細了，所以媽媽艾拉幫他取名叫「圖」，指的是「圖扣格」（tukog），意思是椰子葉中間那根葉脈。圖經常被身邊的表兄弟欺負，只要風一吹，他們就對他又推又撞。這讓圖很傷心，但艾拉告訴圖要有耐心、要忍耐。她告訴他，在雨水、陽光和大地的滋養下，有一天他也會跟其他竹子一樣，長得又高又壯。

有一天，竹子一家醒來時，感覺吹來的風不一樣。這股風很熟悉，因

為許多風都來過竹子一家住的地方，但也有一些風很不同。這股風讓雲在高空中打轉，抽打著植物和樹木的葉子。圖的表姊妹很不高興，因為這股特殊的風把她們吹得亂七八糟——幫她們做了場意料之外的修剪和造型。昆蟲和小動物都嚇跑、躲了起來，圖也不知道牠們躲到哪裡去了。

風呼嘯、哀嚎著，它吹了又吹、吹了又吹。海上的波浪從土堆變成小丘，又變成大山。接著風帶來了雨，起初是毛毛雨，然後是陣雨，接著是傾盆大雨。雨帶來的水，和海浪帶來像山一般的水，都在岸邊徘徊，它們沖上海岸，然後消失了。

圖一開始看得很著迷，但後來也害怕起來，緊緊靠著媽媽。艾拉唱著搖籃曲安撫他……「以利，以利，圖洛格，阿餒，阿利，迪利，以莫，那餒」……他終於睡著了……搖啊搖，搖啊搖。

過了好幾個小時，圖睡眼惺忪的醒了。他看到眼前的景象，大吃一驚。接著，他更是嚇得葉子和莖都直了，因為他看見有些表兄弟被吹折、吹斷了，叔叔們被掃進海裡、阿姨們只剩下幾尺高，他自己也只剩下兩片葉子，其他都被拔光了。

艾拉顯得焦慮不安，圖害怕讓媽媽更難過，只敢輕聲的哭。但艾拉感覺到她的小筍子很痛苦，於是她哼著歌，輕輕搖擺著……嗯……先讓自己平靜下來，這樣圖也就不會再害怕了。

嗯……圖也搖擺起來，模仿著艾拉。他們看見了新景象中蘊含的祝福——被沖走的叔叔們會被附近的人拿去蓋房子，表兄弟現在變得更靈活了，而阿姨們會得到新的葉子……你還看見了什麼其他的祝福呢？

〈螞蟻與風暴〉

適合年齡：幼兒園孩子。
應對狀況：遭遇規模強大的地震。

2008年5月，中國四川省中心地帶的成都發生芮氏規模7.8的地震。成都一所學校的主結構嚴重受損，慶幸的是與該校的相關社群中，沒有成人或兒童在地震中受傷。學校關閉了好幾週，許多學生與其家庭住在操場的帳篷裡，直到家園修復。

幼兒園的孩子安全的從學校大樓中被救了出來，但他們目睹了牆壁倒塌，也親身經歷了地面震動。於是，在成都的某場故事編寫培訓中，我鼓勵老師創作出以下故事，以幫助孩子理解並應對創傷事件。學校操場中央有個大池塘，孩子最喜歡的散步方式就是在池塘邊探索昆蟲和鳥類，因此老師在故事中運用了這些點子。他們認為，用簡單的偶戲形式反覆講述這個故事，有助於減少孩子對地震事件的焦慮。

從前有個很大的螞蟻家族，他們住在池塘附近的許多小草屋裡。池塘周圍長滿了美麗的柳樹。螞蟻孩子在落下的柳葉中玩耍，而柳樹則為小草屋遮蔭。這是個適合螞蟻生活的好地方。

然而有一天，大風暴穿越山谷，把草屋的門窗都吹破了。風實在太大，連地面都在搖晃，所有螞蟻屋都倒塌了，掉進了地面的裂縫。

幸運的是，螞蟻媽媽早就知道有大風暴要來。她們及時帶著所有孩子離開屋子、來到池塘邊。樂於助人的柳樹掉了好多樹葉船在水面上，正好就在池塘邊。螞蟻家族一個接一個上了樹葉船、漂浮在水面上。螞蟻媽媽唱著舒緩的搖籃曲哄著孩子入睡，他們整夜都安全待在船上。

第二天早上醒來時，風和雨都已經停了，地面不再搖晃、陽光普照。

樹葉船漂回了岸邊，螞蟻又爬回了地面。螞蟻媽媽開始忙著在草地上建新屋子。

很快的，一切又恢復了原樣。螞蟻孩子在落下的柳葉中玩耍，而柳樹則為新的小草屋遮陰。這是個適合螞蟻生活的好地方。

〈兔子與叢林大火〉

適合年齡：4歲。
應對狀況：家園遭遇大火。

這是用於緩解焦慮行為的故事。

背景故事：這是很多年前為4歲小男孩寫的。某一天在學前班，平常很穩定的小男孩馬修像旋風一樣進了教室。他一來就開始打翻東西，把東西翻個底朝天。而到了下課時間，對所有人來說更具挑戰性。

馬修媽媽一邊把他的包包放進儲物櫃，一邊解釋：前一天晚上，大火把他們家的房子燒了一半。馬修和家人逃到花園，眼睜睜看著臥室被火吞沒。媽媽試著向兒子解釋，房子是有保險的，他們很快就能重建，但當然，馬修還是深深受到這場經歷的影響。那天早上在學校，馬修表現出來的行為就像一團火！

最後，午餐時間到了，然後是午休，馬修筋疲力盡，很快就睡著了。當孩子們休息的時候，我有了故事靈感，我想這個故事可以幫助馬修，讓他用更有想像力的方式理解前一天晚上的創傷事件。

「兔子」是馬修最喜歡的動物，所以我選擇以兔子家庭做為故事中的主要人物。我透過隱喻傳達的訊息有兩個：小兔子們很安全，而且他們的生活環境會慢慢恢復正常。

這個故事展現了「對幼兒使用想像力而非理性解釋」的強大效果。我一直等到馬修醒來，然後在父母來之前，把整群孩子集合在陽台上聽

故事。儘管我沒有時間為這個故事潤色，但孩子們都很喜歡。接下來兩星期，他們還要求再聽一遍——特別是馬修，他想一聽再聽。

這個故事對馬修產生了顯著的影響。說完這個故事的第一天，當媽媽來接馬修放學時，他跑到門口迎接她，拍著她的手臂說：「別擔心，媽咪，一切都會好起來的！」她看著我，說：「蘇珊，妳做了什麼啊？」我建議她晚一點等孩子們都睡了之後打電話給我，我講個故事給她聽。這就是我所做的事！

這個故事也可以用在其他狀況：2019年夏天澳洲發生可怕的森林大火時，我把這個故事貼上網。有位7歲孩子的媽媽積極的回應了我。以下摘錄自她的信件內容：

「我把〈兔子與叢林大火〉這個故事調整了一下，主角改用當地蕨類和『新荷蘭鼠』。妳的故事對我的小女兒非常療癒。我們早上散步時，她說：『世界會充滿蕨類植物。』她說的是大火之後的生活。重新長出來的蕨類植物新芽是火災生態的重要部分，可以幫助像新荷蘭鼠這樣的瀕危物種。這讓我整天都很高興！

「大人間的談話總是在說：我們極可能在未來幾週內失去家園；因為我的健康問題，我們必須暫時搬家；不然就是在考慮我們擁有的東西是不是有價值。而我最小的孩子想的，卻是蕨類植物的新芽、再生，以及小老鼠寶寶的美好時光。」

從前有隻兔媽媽，住在茂盛草地中間的洞裡。這個媽媽生了很多兔子寶寶，每天，小兔子都喜歡在家旁邊的長草間玩耍、奔跑、跳進跳出。

有一天，兔媽媽必須出門短程旅行一趟。她把孩子留在安全舒適的兔子洞裡睡覺，然後自己穿過田野、沿著塵土飛揚的小路出發了。就在她離家的時候，附近的山溝裡燒起了叢林大火，在炎夏的熱風推波助瀾下，火

勢席捲了綠色的草地。

那天稍晚，當兔媽媽回家的時候，她驚恐的看見大火在面前蔓延。綠色的草地只剩下焦黑的草梗，地面太燙，兔媽媽沒辦法行走，她很想知道：「孩子們還安全睡在家裡嗎？」

兔媽媽只能等到晚上涼一點，地面不那麼燙的時候才走過去。在閃爍的星光下，她小心翼翼到了兔子洞的邊緣，往下看了看。

她發現孩子們還在安全舒適的家裡睡得好香，鬆了一口氣。她好高興啊，趕緊加入孩子們的行列，大家一起在兔子洞裡睡著了，一直睡到第二天早上。

每天，小兔子都看見綠色的草地慢慢長回來。一開始，黑色的草地上冒出綠色的小嫩芽。小芽愈長愈高，最後田野又長滿了高高的綠草。小兔子又和以前一樣，在家旁邊的長草間玩耍、奔跑、跳進跳出了。

〈鯉魚王子〉

適合年齡：兒童與成人。
應對狀況：面臨可怕的海嘯。

這個故事是為日本的故事集《兒童心靈成長故事》（*Stories to Grow Children's Hearts*）而寫的，在2011年大海嘯之後出版。在這個簡單的故事中，破了的娃娃從泥裡被救了出來，還交了新朋友，孩子和大人都能從這個富有隱喻的故事中得到撫慰和強化——克服障礙、完成困難的任務，還有獲得改變的角色。

鯉魚王子是個武士玩偶，本來住在某個小孩子的臥室裡。鯉魚王子曾經是臥室裡所有玩具中，最讓人羨慕的。他又強壯又帥氣，穿著用小金屬片拼成的武士服，看起來就像閃閃發光的魚鱗。

但現在情況不同了。在大浪襲來、淹沒大地時，鯉魚王子從臥室的窗戶被沖出來，在黑色的河裡打轉，然後和一大堆泥濘的磚塊、石頭和木塊躺在一起。他的一條腿被扯掉，兩隻手臂和身體也有很多地方裂開了。而那件用閃亮金屬片做的、像鯉魚一樣的武士服，碎成了上百片，並且被水沖走了。

鯉魚王子再也不覺得自己像個武士王子了。許多天來，他一直躺在泥堆裡，頭和剩下的一條腿從亂七八糟的磚塊、石頭和木塊中探出來。鯉魚王子覺得，他精采的一生已經走到了可怕的盡頭。

然後有一天，一個小男孩路過。小男孩看到娃娃從亂糟糟的泥堆裡冒出來，興奮的爬上泥堆，把他從泥裡拉了出來、帶回家，然後洗得乾乾淨淨。接著，在父親的幫助下，小男孩黏好鯉魚王子的手臂和身體上裂開的地方。

小男孩的母親找到一些碎皮革，用針線縫了一件拼接的武士服，還有一頂皮帽子。

鯉魚王子對自己有裂痕的醜陋身體不太高興，對自己的皮衣和皮帽更是一點也不滿意。他為自己只有一條腿而難為情——誰聽說過武士娃娃只有一條腿的？

但是小男孩似乎沒有注意到新娃娃只有一條腿、不介意他手臂和身體上的裂痕，也不介意那件用碎皮革拼出來的武士服。

大浪來的時候，小男孩失去了所有的玩具。他很高興自己又有了新玩具可以玩。

男孩節[26]到了，小男孩帶著新娃娃參加了祭典。他在花園裡找到一根彩色的羽毛、縫在娃娃的皮帽上，然後喊他「羽毛帽王子」。

26　在日本，每年的5月5日為「男孩節」，人們會懸掛鯉魚旗，以祝福家中的男孩健康、快樂。

武士娃娃聽見自己的新名字很高興。時間逐漸過去，這個名字被簡稱成「帽王子」（Prince Cap），聽起來幾乎和原來的名字「鯉魚王子」（Prince Carp）一樣。

慢慢的，帽王子習慣了破碎的身體和拼接的皮衣。慢慢的，帽王子也習慣了只有一條腿。慢慢的，帽王子愛上了新主人，多年來他們一直幸福的生活在一起。

〈素馨娃娃〉

適合年齡：兒童。
應對狀況：家園被颱風摧毀。

故事改編自〈鯉魚王子〉，是為菲律賓的孩子所寫。海燕颱風過後，疏散中心的心理學家將這個故事，以及捐贈的二手娃娃和填充動物玩具做為禮物。「素馨」（Kalachuchi）的意思是「雞蛋花」。你也可以修改這個故事，以適用於其他創傷事件（例如財產被森林大火摧毀）。

素馨是公主娃娃，本來住在某個小孩子的臥室裡。素馨曾經是臥室的玩具裡，最讓人喜歡的。她那麼美麗，彷彿有陽光從臉頰閃耀而出，身上黃白相間的衣服散發出溫暖和喜悅。

但現在的情況不同了。在大風暴襲來、洪水淹沒大地時，素馨從臥室的窗戶被沖出，在湍急的河裡打轉，然後和一大堆泥濘的罐頭、石塊和木頭躺在一起。她的一條手臂被扯掉，兩條腿也有很多地方裂開了，衣裙也破爛不堪。

素馨再也不覺得自己像個公主了。許多天來，她被壓扁、躺在泥堆裡，她的臉和一條手臂從亂七八糟的磚塊、石頭和木塊中微微探出來。素馨覺得，她精采的一生已經走到了悲慘的盡頭。

然後有一天，一個小女孩路過。小女孩看到娃娃從亂糟糟的泥堆裡冒出來，興奮的爬上泥堆，把她從泥裡拉了出來、帶回家，並且洗得乾乾淨淨的。接著，在父親的幫助下，小女孩把素馨腿上裂開的地方黏好了。

　　小女孩的母親找到一些碎布塊，用針線縫了一件拼接的衣裙。

　　素馨對自己有裂痕的醜腿不太高興，對自己那件拼接的衣裙更是一點也不滿意。她為自己只有一條手臂而難為情──誰聽說過娃娃只有一條手臂的？

　　但是小女孩似乎沒有注意到新娃娃只有一條手臂、不介意她腿上的裂痕，也不介意那件用布塊和破衣服拼出來的衣裙。

　　大風暴來的時候，小女孩失去了所有玩具。她很高興自己又有了新玩具可以玩。

　　碧瑤開花節[27]到了，小女孩帶著新娃娃參加了祭典。她摘了一些雞蛋花編成花冠，戴在娃娃的頭上，然後喊她「素馨」。素馨聽見新主人喊出她的本名，非常高興。

　　慢慢的，素馨習慣了自己有裂痕的腿和拼接的衣裙。慢慢的，素馨習慣了只有一條手臂。慢慢的，素馨愛上了新主人，多年來她們一直幸福的生活在一起。

〈記憶毯子〉 作者：詹卡・莫瑞

適合年齡：7～8歲。
應對狀況：記錄悲傷與快樂的記憶。

　　這個故事，是為澳洲新南威爾斯南方海岸一所學校的班級編織課程（7～8歲的孩子）而寫的。之所以寫這個故事，詹卡表示：「我想說一

27　菲律賓碧瑤市的傳統節日，在每年2月初舉辦（活動為期一個月），為了慶祝春天來臨。

個關於編織的故事鼓勵他們，並且為這個手工藝課程創造圖像。我希望毯子能有正面的用途。」

悲傷和快樂的記憶都被記錄下來，包括最近影響了學校和更大片社區的森林大火。大火毀壞了森林、動物和房屋。

因為這張毯子會和這班學生在教室裡待很多年，它承載著這個班級的記憶，還可以年年添加。故事也可以改編調整，可以由家庭和社區中所有年齡層的編織者共同製作類似的記憶毯子。

某個遙遙國度有兩個孩子，一個叫「紅花」，一個叫「靛藍」，她們住在小鎮山上的房子裡。

這個小鎮的人有個很棒的傳統——在漫長的冬天裡，他們每年都會編織一條記憶毯子。大家會坐在爐火旁回憶過去一年，為新毯子編織一個個方塊。編織的時候，他們會把這一年的回憶織進去，像是不要忘記的事、特別的事、悲傷的事、快樂的事、失去的東西、找回來的東西……還有關於家人、朋友、動物和地方的各種故事。

秋天來臨之後，消息便傳開——媽媽告訴兒子，兄弟告訴姊妹，爸爸告訴女兒，是開始編織的時候了。今年紅花和靛藍要開始學編織，好讓她們也能為記憶毯子織一個方塊。

毛線搬出來、棒針也拿出來了；有些毛線是新的，有些是之前留下來的，大家互換不同的顏色、繞線、分享。每個人都找到了大小適合的棒針，穿好了線便開始編織。

於是，靛藍和紅花就這樣學會了編織。剛開始，她們的線纏在一起，只好暫停，接著又繞成一團，於是又停下來，然後總算弄得恰到好處。她們一遍又一遍數著針腳，很快的，就高興的完成了完整的方塊。

當她們坐在那兒編織並閒聊時，也把記憶織了進去。她們的話語變成

了圖案，想法變成了色彩，一樣樣織進毛線和結裡，鮮明而強烈。

靛藍在天空的藍和群山的綠當中一針針的織著，紅花則在陽光的黃和金色中織著。她們都多織了幾個方塊，織出了夏天山火的鮮紅，和之後森林的焦黑。她們織了又織。有些日子，記憶悲傷而漫長；有時候記憶很小，但是很有趣。她們把這一切都織了進去，一視同仁。

接近初春的某個時候，鎮上最好的織工會來收集每個人織的方塊，開始把它們縫在一起。縫啊縫、縫啊縫，他們把這塊和那塊拼在一起，一個記憶挨著另一個，一種顏色靠著另一種。靛藍最愛看這些方塊縫在一起的樣子。她幫忙把方塊排好，紅花則忙著織另一個方塊。

就這樣，當春天開出第一朵花，代表著冬天結束時，美妙的毯子完成了。每個人都在慶祝新毯子的誕生，還有新織手的加入，因為總是會有像紅花和靛藍這樣的孩子學起編織，而且也總是有人會教她們。

就這樣，記憶毯子的旅程開始了，而它的記憶依舊鮮活的存在許多地方。

一開始它住在舒服的椅子上，帶給坐在上面的人溫暖和撫慰，然後⋯⋯我真想知道，這條毯子現在正和誰分享它的記憶？

小活動

詹卡提供了簡單的樣式，可以讓第一次編織毯子方塊的人使用：你會需要6毫米（6mm）粗的棒針，和16股粗羊毛線。縫20針，如果需要可以多織幾行，讓它形成正方形。等到方塊足夠拼成你想要的毯子尺寸時，可以選擇用針把它們縫在一起，或者用鉤針把它們織在一起。用鉤針為毯子織個花邊收尾，也是個好主意。

〈生命之歌與工作之歌〉

適合年齡：各年齡層。
應對狀況：協助找回生命之歌與工作之歌。

　　這是協助找回生命之歌和工作之歌的故事。內容是關於在環境災害摧毀了鳥類的樹木和家園後，不得不重建鳥巢的事。這是我在2011年海嘯後，為日本出版社寫的復原故事，以某座村莊的真實生活故事為藍本，這個村子在海嘯之後全村只剩下一棵松樹。

　　在澳洲發生一連好幾個星期的毀滅性大火之後，我改編了這個故事，以供老師和家長使用——風暴和巨浪改成「火與煙的景象」，松樹也改為「桉樹」。

　　從前有兩隻小太陽鳥，住在海邊松樹上的鳥巢裡。一隻是鳥媽媽，一隻是鳥爸爸。這個鳥巢是牠們建的。

　　牠們每天都忙著收集樹枝和細嫩的枝條，把它們編在一起，讓鳥巢變得又溫暖又安全。牠們喜歡邊工作邊唱歌，整天都唱著築巢之歌。

　　有時候，會有強風從海上吹來，把鳥巢碎片一路吹到地上。然後小太陽鳥就必須長時間努力工作，把損壞的部分修好。牠們一邊工作，一邊唱著築巢之歌。

　　牠們不斷收集、編織、唱歌；收集、編織、唱歌；收集、編織、唱歌。

　　兩隻小太陽鳥對築巢生活很滿意。當然，牠們築巢是有重要目的的！每年春天，這個溫暖安全的巢就是小小蛋們的家。每年春天，小小的小太陽鳥會從小小的蛋裡孵出來。每年春天，鳥媽媽和鳥爸爸都會餵養照顧小小太陽鳥。

然後，等到小小太陽鳥夠大了，牠們就會飛到別的樹上，開始築巢的新生活，同時也唱著築巢之歌。

　　生活一天天繼續下去，許多年之後，海邊許多樹上的許多鳥巢裡，有了許多小太陽鳥在裡頭心滿意足的生活著。

　　但是有一天，這些小太陽鳥的築巢生活發生了天翻地覆的變化。離海岸很遠的地方，風暴不斷旋轉，就像一頭憤怒的野獸，向海邊颳來狂暴的風和巨浪。海浪淹沒了土地、好多樹木被沖走。風實在太大，就算是倖存的樹，樹上的鳥巢也都被吹走了。

　　小太陽鳥設法飛上高空躲避洪水。牠們在空中飛了一圈又一圈，一圈又一圈，終於累得再也飛不動了。牠們從空中飛下來尋找可以休息的地方，最後停在沒有被暴風雨摧毀的強壯樹枝上。鳥兒蜷縮在一起，冷得瑟瑟發抖。許多家人都死了、家也沒了，牠們的歌聲也消失了。

　　但是鳥兒不能休息太久。小鳥需要飛翔、小鳥需要築巢。牠們的歌失傳了，但工作必須繼續下去。

　　沒過多久，小太陽鳥開始飛到很遠的地方去收集樹枝和嫩枝條。歌失傳了，但工作必須繼續下去。牠們工作了一整個秋天、一整個冬天、一整個春天──收集、編織；收集、編織；收集、編織。

　　雖然緩慢，但許多新鳥巢開始布滿那株唯一挺立的松樹。小太陽鳥努力工作了很長一段時間。歌失傳了，但工作必須繼續下去。

　　春天過了一半，鳥巢已經準備好迎接小小蛋了。鳥巢既安全又溫暖，許多小小太陽鳥從許多小小的蛋中孵出來。剛出生的小太陽鳥在溫暖安全的巢裡受到鳥媽媽的照顧；奇蹟中的奇蹟是，牠們開始唱起了新歌。

　　小小太陽鳥夠大了之後，就飛到其他樹枝上開始築巢。當新的小太陽鳥工作時，牠們唱著新的築巢歌。就這樣，生活一天天繼續。這些新的小太陽鳥整天都在工作，並唱著牠們的歌。

而在這棵樹的周圍，慢慢的，非常非常慢的，有一些小松樹長出來了。希望不用多久，這些小樹都能強壯起來——強壯到足以讓更多的太陽鳥一邊築巢，一邊唱築巢之歌。

〈繡花和服〉

適合年齡：大孩子、青少年、成人。
應對狀況：家園被海嘯摧毀。

這是適合大孩子、青少年和成人的故事，目的是為了在2011年日本沿岸遭受海嘯襲擊後，為人們帶來希望並協助加強復原能力。這篇故事也收錄在東京書籍株式會社出版的《兒童心靈成長故事》中。

這個故事也可以用於：在「如海嘯般」悲痛的時刻，讓人心懷希望。我的同事在艱難的離婚過程中，從這個故事獲得了極大的安慰。在充滿挑戰的新冠肺炎時期，成人需要一些能帶來希望、能在隧道盡頭提供一絲光明的故事。可以由一位女性或男性扮演裁縫，並且讀或講述這個故事。

從前有一個裁縫，他做的絲綢和服是全國最華麗的。他的店開在海邊小村莊的花園中間。村民常說，他把花園、山巒、海洋和天空都繡進了織物裡，那刺繡出來的圖案實在太美了。人們從全國各地趕到這兒來，就為了買他的絲綢作品。

裁縫獨自生活，每天埋首設計，衣服也賣得很好。但有一件和服是他永遠不賣的。那是一件淡綠色的和服，就像那座延伸到海邊、連綿不斷的山丘，上面繡著這片土地生長的每一種花。沒有人能說服裁縫放棄這件寶物，他用堅固的玻璃畫框把它框了起來、掛在櫥窗裡，讓所有人都能看到，但誰也沒辦法買。

裁縫的生活多年如一日，每天都在想新設計、做新和服。但是有一天，裁縫的村子發生了難以想像的悲劇。在沒有任何預兆的情況下，離海岸很遠的大海像一頭巨獸高高站起，向岸邊掀起了巨浪。巨浪淹沒了整個村莊，所有房子、店鋪和裡頭的一切都被掀翻、沖了出來。村民、孩子和飼養的動物在黑泥中打轉。有些被帶回了大海，有些得以倖存，但有些沒有。

　　事情發生那天裁縫進城去了。當他回來的時候，放眼望去只有黑泥和一片狼藉——他幾乎沒辦法分辨這是不是他的村莊了，每樣東西都殘破而混亂。然後，他認出了自己花園裡的一棵樹，這是村子裡始終屹立不倒的樹。他開始在樹周圍的爛泥裡瘋狂挖，尋找繡花和服。他一天又一天的挖，一週又一週的挖。他找了一些磚塊和木頭，幫自己搭了可以睡覺的小屋子。他繼續一天又一天的挖，一週又一週的挖，拚命尋找寶貝和服。

　　最後，裁縫在一堆爛泥和碎玻璃中，發現了那件美麗的絲綢和服，它纏在那棵樹的樹根上，已經傷痕累累，被撕扯得破破爛爛。他把和服放在充當桌子的舊木板上，和服上繡的花朵曾經那麼栩栩如生，現在幾乎看不清楚——和服已經被泥染黑了。裁縫止不住淚水，他悲傷的伏在泥濘的絲綢上，哭了又哭。

　　然後，意想不到的事情發生了。裁縫的淚水掉在和服上，淚水滴到的每個地方，都出現了一小點綠色的絲，在黑泥裡閃閃發光。他很快拿來一些肥皂和水，開始輕輕擦洗。經過許多處理後，和服又乾淨了。但是海浪的沖擊力讓刺繡的絲線鬆垮、變得毫無生氣，還有很多修補工作要做。

　　裁縫繼續挖、尋找繡線線軸。經過幾天又挖又找，他終於找到了他要的那盒線，但它們也跟和服一樣，被泥染成了黑色。這時裁縫已經筋疲力盡，一想到要把所有線都弄乾淨，他就撐不住了。他哭了又哭，打算放棄這項任務。

裁縫的悲鳴被風一路吹進山谷、吹進了山丘。他依然在哭，悲鳴被風吹過山丘、吹進了群山。他還是一直哭，悲鳴被風一路吹過群山、吹上了天空。

在高高的天空中，躲在雲端的天空精靈聽見了裁縫的悲鳴，決定下來幫助他。他們飛到線軸盒子裡，拉起每根彩色繡線的末端，並全都帶到雲裡。泥線高高被拉上天去，就像從人間通往天堂的黑帶子。

然後，天空精靈召喚了淨化之雨……滴答、滴答、滴答。雨滴的聲音把裁縫從悲傷中喚醒……滴答、滴答、滴答。他抬頭望向天空，看見被雨水沖刷得乾乾淨淨的彩虹繡線，從天堂一直延伸到人間。

裁縫高興極了，伸手抓住彩虹。他小心翼翼把每種顏色的繡線都繞回線軸，最後他的盒子又再次裝滿了閃亮的線。現在他可以開始修補寶貝和服，在綠色的絲綢上繡上新花朵了。

裁縫花了一年來完成這項任務，他每天都為一朵新花繡上一片新花瓣。終於，繡花和服修補好了，再次掛在新開小店櫥窗裡，小店就開在那座海邊小村莊的花園中間。

現在，裁縫已經準備好再次為這個國家的人們創作美麗的衣服——他要把花園、山巒、海洋和天空的圖案都繡進絲綢和服裡。

〈候鳥〉 作者：艾利斯·門德博士

適合年齡：11～18歲。
應對狀況：難民兒童。

這個故事是由「故事編寫工作室」所發想，艾利斯領導雅典社區組成該工作室，幫助「友誼慈善機構」（Die Freunde）服務希臘勒斯博島上的敘利亞難民兒童。這個故事，她對勒斯博島上一群11～18歲、無成人陪伴的未成年孩子說了兩次。

艾利斯介紹：「這個故事背後的想法，是為那些必須離開家園、長途跋涉尋找新居處的人帶來希望。這故事還有一個目的，就是滋養他們在新家將會遇到友誼和關心。這個故事中的鳥只朝一個方向飛，反映了許多難民的旅程。故事還包含不同氣候，以及跨越海洋的旅程（這對那些從土耳其坐充氣船抵達勒斯博島的人來說尤其辛酸），然後在朋友的指導下，在新的土地上尋找食物、住所和希望。這個故事是用偶戲形式來表現，運用簡單的羊毛氈小鳥布偶和彩色布料，降低缺乏共同語言的問題。在故事最後，我讓每個人捧著雙手、聚在一起，然後讓這隻毛氈鳥繞著人群走一圈，並且給每個人一些葵瓜子吃。

「『友誼慈善機構』有幾位成員和勒斯博島的青少年保持聯絡，這時他們已經前往歐洲，並在德國和斯堪地那維亞定居。許多人表示，那個絕望的時刻，在勒斯博島上說的故事、優律思美[28]、藝術療法和友誼，大大幫助了他們。」

➤場景設定：潮溼的下午，這群人圍坐在我身邊，發出椅子敲擊的聲響。敘利亞男孩和年輕男子被安置在勒斯博島臨時搭建的小屋裡，等著被護送到雅典。這群無成人陪伴的未成年人，獨自或者只和兄弟姊妹一起，經由陸路前往歐洲，為家人尋求庇護。這時，我就是講故事的人。我說得很慢，因為我的故事還要翻成阿拉伯語⋯⋯

（地板上有塊黃色的布，一隻手工做的毛氈鳥棲息在布上。）

這是關於一隻鳥兒的故事。

28　優律思美（eurythmy），此字源自希臘，意指和諧有韻律的動作，在20世紀初由哲學家魯道夫・史代納博士（Rudolf Steiner）發展，是華德福教育中的重要課程。

天氣愈來愈涼，鳥兒知道很快就該往溫暖的地方去了，所以他向朋友和家人說了「再見」、吃了點東西，便展開了旅程。他在金色的平原上方飛得高高的，很快就遠離了親朋好友、飛向廣闊的海洋。

（我掀開黃布，露出下面的藍布。）

他時而高、時而低、時而繞圈、時而下降。

沒過多久，就碰上了一場暴風雨，鳥兒被吹得東倒西歪。

（我做出颱風的聲音，鳥兒明顯往側邊移動。）

鳥兒飛出了風口，然後雨來了。

（這時我用一條藍色的絲巾掃過毛氈鳥。）

鳥兒從暴雨中飛了出來，他又累又餓，而且離家很遠。

鳥兒垂頭喪氣繼續飛。這時，有隻小鳥飛過，他看見這隻大一點的鳥兒，就問：「你好啊鳥兒！你要去哪裡？為什麼看起來這麼難過？」

鳥兒回答：「我又累又餓，想找個溫暖的地方生活……」

「跟我來吧，」小鳥說。

於是小鳥兒就帶著他飛。

他們時而高、時而低、時而繞圈、時而下降。

（我掀開藍布，露出下面的綠布。）

很快的，綠色的陸地就在眼前，那兒有灌木叢、花朵和嗡嗡飛著的蜜蜂。

鳥兒降落了。

他們看看四周，找到一些美味的食物，還有可以建新巢的地方。

他們就這樣幸福的生活下去了。

艾利斯在故事結束後說明：「這個故事可以輕易的在倒數第二行結束，因為這時鳥兒已經安全了，而且還有了新家。然而，當時我們覺得必須給孩子一些希望。我們待在當地的那兩週，有兩個孩子企圖自殺。他們千里迢迢來到歐洲，卻發現自己被監禁了，這讓他們非常痛苦。」

小活動

製作一隻毛氈鳥（請參考第324頁的樣版）。

為敘利亞難民兒童寫的兩個故事

下面兩則故事的作者迪迪大致介紹：「〈連根拔起〉和〈築巢的鳥兒〉都是為敘利亞難民兒童構思的，他們的家庭因為日漸升高的內戰危機而逃往黎巴嫩。這些家庭一抵達黎巴嫩，就被迫生活在非常擁擠、不舒適也不衛生的環境裡。當中許多人原本是擁有企業、土地的中產階級，發現自己必須生活在如此貧窮骯髒的環境中，對他們的衝擊特別強烈。有些兒童在轟炸和軍事攻擊中，目睹了難以形容的恐怖景象。每個孩子都經歷了離鄉背井的恐懼和壓力，而且發現自己和他們所依賴的大人，都處在非常脆弱且不安全的境地。」

我受邀到黎巴嫩，協助培訓泛宇救難隊黎巴嫩「教育之路」計畫的工作人員（當中有些人本身就是難民和母親）。這個計畫是為了幫助兒童，在進入公立學校系統前的過渡時期作準備。我們創造了療癒且對創傷敏感的環境。由於戰爭破壞，以及難民不穩定且貧窮的生活，許多難民兒

童中輟，或者從來沒有上過幼兒園或學校。這個計畫要讓孩子找回童年、進入正常的常規生活，也進入創造性教育結構中。我之所以強調療癒故事，是因為這是幫助孩子整合經歷，並開始康復的重要因素。

這些隱喻的目的，是要給人樂觀和希望，並且證明：只要獲得支持（正如「教育之路計畫」努力提供的），兒童也能恢復某種正常的感官。事實上，這些故事的療癒作用，也部分展現在提供該計畫的人身上，因為這幫助他們了解自己在支持兒童方面的作用。

〈連根拔起〉 作者：迪迪・阿南達・戴娃普利亞 （羅馬尼亞新人文主義教育協會會長、泛宇救難隊隊長）

適合年齡：兒童。
應對狀況：難民兒童融入新環境。

迪迪介紹：「這個以自然作為隱喻（移植番茄苗）的故事，不僅象徵著被移植到新的國家，也移植到新的教育體系。當我把這個故事說給培訓的女士聽時，她們的臉上露出了笑容，眼睛也亮了起來。這似乎幫助她們對自己的新角色和新生活，有了新觀點。」

在安全的溫室中，有一顆小小的番茄種子被種在溫暖、黑暗的土壤裡。很快的，小小的綠色嫩芽從土裡冒出來，開始朝陽光生長。她長啊，長啊……然後有一天，來了一把鏟子，粗暴的挖開她旁邊的土，接著突然一個震動，番茄苗便猛一下脫離了熟悉的土床。小土塊黏在她長得像根的頭髮上，有一些根在幼苗被拔出地面時扯斷了，她覺得好痛。

番茄苗和其他許多小植物擠在托盤裡，幾乎沒辦法呼吸。接著，一部汽車嗡嗡的響了起來，突然，大地在他們腳下移動，發出隆隆聲和碰撞聲。幼苗們彼此撞來撞去，有些幼苗脆弱的葉子都斷了。

過了很長一段時間，這些幼苗只能擠在一起等待。之前大部分的早

晨，他們都能從上方得到陣雨般短暫的灑水。但現在已經好長一段時間沒有水了……他們都好渴。這些小小的植物沒辦法繼續朝太陽生長了，他們要枯掉了。

有些幼苗的葉子變黃了。他們哭喊著要水——他們想再次成長。

終於，他們哭喊的聲音被聽見了。一個關切的聲音說：「噢——這些植物得種到土裡去才行！是誰把他們扔在這裡的？」

小番茄苗再次發現自己在空中移動，然後被安置在精心準備的洞裡，裡頭已經浸透了水。接著只有一半有土的根被泥土蓋得舒舒服服的。小番茄苗很高興——但是她實在太累了，只能直接癱倒在地。她甚至連站直的力氣都沒有——尤其是太陽升到天頂、陽光直射下來的時候。

附近還有其他的番茄樹，全都長得又高又壯。他們好像在嘲笑這些新來的、垂頭喪氣的傢伙。他們的枝頭已經有了鮮亮的黃花裝飾，再過幾星期，這些花就會變成鮮紅的番茄。

那天晚上，當炎熱的太陽落到布滿石頭的群山後面，一輪清涼的月亮升上了天空，把療癒之光溫柔的照在小番茄苗身上。月亮對小番茄苗說：「妳現在安全了，可以讓妳的根再次深入土地。我會送晨露給妳喝，讓妳苗壯成長，很快妳就會趕上別的番茄樹，妳也會有美麗的黃花和可愛多汁的番茄！」

第二天早上，小番茄苗不得不掙扎著站直，這很不容易，但她已經盡力站得更直一點了。農夫走過來，在她身邊插了一根結實的杆子，輕輕在她的莖上綁了幾根繩子，好讓杆子支撐她，讓她長得又高又好。雖然她的個子比其他番茄樹來得小，必須更努力長大，但多虧了這根杆子，小番茄一天天愈爬愈高。農夫還特別照顧她，用雨水幫她洗澡，還額外給她施了一點肥沃的黑糞肥，好讓她能迎頭趕上。很快的，番茄樹就開始做番茄樹該做的事了——她朝著陽光伸展葉子，不停的長大，長大，長大。

沒過多久，黃色的花苞在她枝頭綻開。又過了幾星期，花朵乾枯之後，留下了小小、圓圓、綠綠的小球，每天都膨脹一點。綠色的番茄在夏天的陽光下晒得暖暖的，開始變紅了。小番茄苗終於長成了一株又高又壯的番茄，就跟其他番茄一樣，把她多汁、甜蜜、鮮紅的番茄送給了農夫。

〈築巢的鳥兒〉 作者：迪迪・阿南達・戴娃普利亞（羅馬尼亞新人文主義教育協會會長、泛宇救難隊隊長）

適合年齡：兒童。
應對狀況：被迫離開家園。

　　迪迪介紹：「下面這個故事使用的隱喻，反映了敘利亞難民故鄉古老雪松林的自然環境。我第一次將這個故事講述給我正在培訓、要成為『兒童友好空間』教師的女士聽，其中有些人本身就是敘利亞難民。當我說到小鳥一家如何到達城市，如何擠在骯髒狹窄的牆縫裡時，我聽見有人興奮的喘息，用阿拉伯語嘰嘰喳喳說著話。其中一個人把她們說的話翻譯給我聽：『這就是我們的故事！』這時她們都興奮的將身體前傾，期待知道接下來會發生什麼。對她們來說，得到這樣的認可似乎是很有力量的事。我後來去了黎巴嫩，很高興發現這個故事被正面的運用在課程裡。」

　　從前有一片美麗的森林，古老的雪松密密的生長在這裡，它們扭曲的枝條寬廣的伸展開來，在底下岩石嶙峋的乾燥土地上形成了密集的陰涼地。雪松樹上住著許多金腹鳥。有一對鳥兒正忙著在茂密的森林裡收集樹枝，準備築巢並建立新家庭。鳥媽媽生了五個藍色的小蛋，很快的，五隻鳥寶寶出生了。鳥兒一家過得非常幸福，每天太陽升起前，他們都會唱起森林中鳥兒的傳統歌曲，以迎接初升的太陽。

「早晨的太陽已升起，所有的鳥兒都在唱，

讓我們一起歌唱，迎接新生的太陽，

一起歌唱，迎接新生的太陽。」

然後鳥媽媽和鳥爸爸就會飛到森林裡，為孩子收集雪松漿果，為鳥巢收集樹枝。

某天晚上，一陣劈啪聲吵醒了鳥兒。空氣中濃煙滾滾，到處都是火。森林裡所有鳥兒都飛走了，這一家也加入撤離的行列。鳥寶寶要跟上很困難，而且在煙霧瀰漫的空中很難看清楚東西。爸爸媽媽經常停下來，在樹枝上休息，但也只能稍微停幾分鐘，因為到處是火，並不安全。最後他們逃離了森林，來到陌生的新國度。這裡沒有樹，而且這時還是夜裡。逃離森林大火的艱難旅程讓鳥兒一家累壞了。

大滴大滴的雨開始從天空落下。鳥兒一棵樹也找不到，但他們找到了一棟牆上有裂縫的房子，那道裂縫剛好夠七隻鳥進去。空間非常小，他們不得不擠著對方。裂縫很不舒服也很髒，但畢竟安全了，他們也對全家依然在一起心懷感激。

第二天早上日出之前，鳥兒一家醒了，他們跟往常一樣走到外面唱歌，迎接冉冉升起的太陽。

「早晨的太陽已升起，所有的鳥兒都在唱，

讓我們一起歌唱，迎接新生的太陽，

一起歌唱，迎接新生的太陽。」

空中的天使們笑了，鳥兒美妙的歌聲也讓太陽很高興，它發出金色的光芒，把鳥兒羽毛上的雨水晒乾，讓他們在度過寒冷的夜晚之後暖和起

來。森林裡，有成千上萬的鳥兒一起合唱、迎接太陽；但在這兒，在城市裡，只有很少很少的聲音加入。但鳥兒一家仍然勇敢的一起唱歌，為新的一天開始歌唱。他們美妙的歌聲驚醒了睡在城市屋子裡的孩子，他們跑到外頭去聽美妙的鳥鳴，接著又跑回屋裡，去找一些麵包和鳥兒分享，這樣他們就會留下來繼續唱歌了。

然後，鳥媽媽和鳥爸爸飛走了，去收集漿果並尋找築巢的樹枝。在城市裡，找樹枝不像在可愛的森林裡那麼容易了，但他們還是不停的在能找到的地方收集廢料和小樹枝。很快的，他們就有了足夠的材料來建造另一個鳥巢。這個鳥巢會建在那群孩子家的屋頂上，這些孩子已經是鳥兒一家的朋友了。這裡和鳥兒在森林裡的巢不一樣，他們很想念那遮蔭的樹葉和雪松的美妙香氣。但新巢乾淨又安全，他們也很高興能待在一起。每天早晨，他們都對太陽歌唱，於是城市裡充滿了鳥兒歡快的歌聲。

〈林德薇的歌〉

適合年齡：各年齡層。
應對狀況：找回復原力。

這是我多年前所寫，關於唱歌療癒力的故事。我想用這個故事，致敬在種族隔離制度壓迫下，南非人民的奮鬥和復原力。我把這個故事做為禮物，送給參加南非首都開普敦培訓課程的女士們。故事的隱喻、歷程和解決方式的靈感，來自科薩族（Xhosa）的朋友——諾曼潔西・姆札莫（Nomangesi Mzamo），她的丈夫曾經和曼德拉（Nelson Mandela）[29]一起被關在羅本島。她對我說過：「要是不唱歌，我們永遠不可能在種族隔離

29　南非前總統、政治家，他帶領南非結束種族隔離制度，走向多種族民主制度，並於1993年獲得諾貝爾和平獎。曼德拉曾因反對種族隔離，而被當局囚禁長達27年。

的荊棘中找到出路。」

後來，這個故事進入開普敦城鎮中許多教育中心和學校。我的另一位科薩朋友諾布雷羅・馬耶西（Nombulelo Majesi），曾經形容它是新南非的療癒童話故事。

往後多年裡，只要去非洲，我遇到的孩子以及一起工作的大人，都會一次又一次要我說這個故事——有些孩子還幫我取了個外號叫「南瓜夫人」。在肯亞，一群老師將這則故事變成了可以和孩子一起唱跳的故事。而在澳洲，它曾在某次全國性會議上，以偶戲的形式演出。

在充滿挑戰的新冠肺炎大流行時代，當大人需要有關復原力的故事以獲得力量、帶來希望時，這個故事也具有全球性的意義。

這首歌的意思很簡單，就是「金色的南瓜坐在田野中間」——你也可以用自己的語言唱這首歌，也可以自行編曲。

很久以前，在村莊邊的田地裡，有一顆小小的南瓜子開始長大了。它慢慢伸展綠色的卷鬚和葉子，很快的，一顆南瓜就出現在南瓜田中央。它長啊長，長啊長，最後變成了村民們見過最大、最漂亮的金色南瓜。

但它並不是普通南瓜，這塊地也不是普通田地。因為隨著南瓜長大，南瓜田周圍長出了一圈荊棘形成的籬笆。這些樹叢長滿了刺——那些刺跟你的手指一樣長，跟針一樣尖。樹叢長得很密，等到南瓜熟了、可以摘的時候，根本沒有人能穿越樹籬去摘它。

村民開了個會決定該怎麼做。在會議上，一位老爺爺說：「我有一把很利的斧頭——我要試試看能不能把荊棘籬笆砍倒。」

老爺爺拿起鋒利的斧頭開始砍樹籬，但他每砍斷一根樹枝，馬上就會在原處又長出一根來，等到那天結束時，他放棄了。這不是普通的南瓜，這塊地也不是普通的田地。

然後，村裡有位媽媽說：「我有一把結實的鐵鏟——我要試試看能不能把荊棘籬笆挖掉。」

　　這位媽媽拿起鐵鏟開始挖，但荊棘的根又密又有力，等到那天結束時，她也放棄了。這不是普通的南瓜，這塊地也不是普通的田地。

　　然後，村裡有個小男孩說：「我很會爬樹——我要試試看能不能爬過荊棘籬笆。」

　　男孩開始爬樹，但那些刺跟針一樣又長又尖，扯破了他的衣服、刺傷了他的皮膚。那天結束時，他也放棄了。這不是普通的南瓜，這塊地也不是普通的田地。

　　然後，林德薇漫步走進了村子，她是個年輕女孩，據說擁有世界上最美麗的聲音。她聽完這個難題之後，從村民身邊走過，坐在荊棘籬笆旁邊的石頭上，開始唱起歌來：

　　「依山卡埃里庫魯，依山卡埃里庫魯；
　　里希雷里埃波奔里，里希雷里埃波奔里。」

　　林德薇的歌聲實在太美了，連周圍田野裡的動物，都跑跑跳跳趕到她身邊來聽。

　　「依山卡埃里庫魯，依山卡埃里庫魯；
　　里希雷里埃波奔里，里希雷里埃波奔里。」

　　林德薇的歌聲實在太美了，連天上的小鳥都飛下來停在樹上聽。

　　「依山卡埃里庫魯，依山卡埃里庫魯；

里希雷里埃波奔里，里希雷里埃波奔里。」

林德薇的歌聲實在太美了，連蠕蟲和毛毛蟲都爬出了地面，坐在她的腳邊聽。

「依山卡埃里庫魯，依山卡埃里庫魯；
里希雷里埃波奔里，里希雷里埃波奔里。」

林德薇的歌聲實在太美了，連天上的雲都降下來聽。

「依山卡埃里庫魯，依山卡埃里庫魯；
里希雷里埃波奔里，里希雷里埃波奔里。」

有朵小小的雲降得很低，在她面前盤旋。林德薇停了下來，對圍觀的村民笑了笑。然後她走到那朵雲中間，雲把她托了起來，往上、往上、往上，越過了荊棘籬笆，一直飛到南瓜田裡。

林德薇現在可以摘下那顆漂亮的金色南瓜了。她回到雲上，雲把她高高托起，越過荊棘籬笆，一路把她送到村裡。

村民把南瓜切了煮熟，當天晚上舉行了盛大的宴會。

他們一起慶祝林德薇如何用美妙的歌聲找出方法，越過了神奇的荊棘籬笆，摘下了這片土地上最奇妙、最金黃的南瓜。

〈薰衣草窩〉 作者：安雅・賈赫（斯洛維尼亞教師）

適合年齡：成人。
應對狀況：被迫搬家。

這個故事來自2018年春天在斯洛維尼亞首都盧布爾雅那舉辦的研討會。安雅的靈感來自她的母親——她從27歲起就在對抗癌症。在以前生活的地方，母親一直過得不開心，她和安雅的父親經過多年尋找，為自己建了美麗的家——從家中可以看到下面的綠色景觀，不斷延伸到阿爾卑斯山，景色十分壯麗。但這樣的生活並沒有延續太久，他們很快就發現房子要被拆除了，因為那裡要建一條新的高速公路，於是不得不重新安家。這個毀滅性的消息也讓母親的健康狀態再次惡化。

安雅因為各種原因選擇了「鸛」作為故事主角。鸛以「送子」聞名——母親一直說孫子（安雅的兒子）就是她最好的藥。而在父母住的村子裡，也有一窩鸛住在那裡。

母親還熱中園藝，讓家中和周圍看起來整潔有序。她為每一株植物和花仔細挑選生長地點，因此屋子周圍長著好多薰衣草。

安雅寫道：「看完這個故事之後，我父母的反應首先是沉默，但他們唯一的評論是：『他們不是這隻鸛，他們會盡一切努力保留這棟房子。』他們不常讀這個故事，但我為他們編了一個小小的薰衣草窩，裡面有一座黏土房子，這個東西就放在他們餐廳的桌上。訪客要是問起，他們就會驕傲的告訴他們鸛的故事，通常這能感動和吸引客人。要是在那裡修建新的高速公路，有些訪客也可能會失去自己的房子。

「首先，這個故事對我有療癒效果，因為我在情感上參與了相關事件。但我也注意到母親的變化，她不知為何接受了『也許不得不搬家』的可能性。我父母現在正在尋找新地方安家，他們不那麼難過了。」

在最高、比所有屋頂都高的煙囪上，有隻鸛正在築巢，並從新家欣賞著美麗的風景。這個巢很特別，與眾不同且令人羨慕。鸛小心翼翼的把每根嫩枝都放在巢裡特定的地方，看到的人都為這隻鸛和牠的工作而興奮不已。牠為家人建的家，是多麼精巧啊！

但某個暴風雨的夜晚，強風把村裡所有屋頂都掀掉了，也摧毀了所有的煙囪。到了清晨，村子裡的景象慘不忍睹，每一個鳥巢都被破壞殆盡。鸛鳥們憂心忡忡的叫起來，隨後便聚集在一起、飛上了空蕩蕩的天空。牠們不知道風會把牠們帶到哪裡，牠們飛啊飛，看著過去從來沒有注意過的風景——儘管已經飛過很多次了。風把牠們帶到了很遠的地方，在這片景色中穿梭。

鸛鳥到處飛翔。一天晚上，終於在一座老農場森林邊緣降落了。那裡有棵大樹能夠遮風避雨，因此牠們打算在那裡過夜。當早上醒來時，牠們欣賞著翠綠山水的壯麗景色。陽光照著清澈的河水，波光粼粼，在鮮花盛開的草地上歡快的流著，鳥兒快活的唱著動聽的歌。看到這一切，鸛鳥互相看了看，馬上就知道可以在這裡築巢，甚至可以建得比以前更漂亮。

這一次，牠們把巢建得更堅固，也更細心搭蓋了。那隻曾經在最高的煙囪上築巢的鸛，這次用薰衣草莖編織了新巢，讓它變得非常特別。薰衣草的香味引來了其他人羨慕的關注，這個建給心愛家人的巢，也讓鸛更驕傲了。

這個活動由安雅提出：「我在紙上手寫了這個故事，並且在旁邊畫了一些盛開的薰衣草。我用粗麻線編了小巢，插了幾根乾薰衣草進去，然後在鳥巢裡放了小黏土房子，上頭寫著『雨後花更盛』。」

Chapter 8

面對被破壞的環境，
故事讓我們找回對自然的關愛

本章有8個故事，涵蓋不同環境主題。每一個故事都可以做為兒童、青少年和成人在家庭、學校討論及社區課題的起點。

其中有6個故事的歷程起於貪婪和／或漠不關心，最後以充滿希望的分享和關懷結束：

另外兩個故事，〈沙裡的訊息〉（第253頁）和〈天鵝之歌〉（第266頁），探討的是海洋汙染和失去某些物種的嚴峻形勢，並在結束時暗示著某些可能性——希望這個訊息能被聽見，進而採取行動。

〈光之樹〉

適合年齡：各年齡層。
應對狀況：關注環境保育。

　　這個韻文改編自我第一本書《故事是教養的魔法棒》中發表的〈光的花園〉[30]。多年來，最初的故事已經被改編為許多版本，並且傳遍全球——菲律賓馬尼拉大學用齊腰高的玩偶，做成了偶戲；V-Excel教育信託基金[31]會將它製作成音樂劇，由印度高中生表演。

　　最近歐洲的BROZ環境運動，製作了這則故事的最新版本。BROZ是活躍在斯洛伐克和奧地利，著重在自然保護方面的非政府組織。名叫席夢卡（Simoonka）的斯洛伐克藝術家為這篇故事繪製了精美的插圖，並用在宣傳手冊和保護公園的廣告看板上。

　　這個版本最大的不同是，「不在乎國王」並沒有死，而是在自然織女和許多小孩子的幫助下，變成了「很在乎國王」。

　　我認為這是我寫過最重要的一則故事。

　　　　從前有座美麗的花園，它綿延得很遠很遠，

　　　　從山谷到平原，從山上到海邊。

　　　　每隻鳥、每隻蝴蝶、每隻蜜蜂都在這美麗的花園生活；

　　　　每朵花、每株植物、每一棵樹都在這美麗的花園長大。

　　　　在這座美麗的花園裡，每個孩子都愛玩，

　　　　他們健康又快樂，一玩就是一整天。

30　關於〈光的花園〉，請參考《故事是教養的魔法棒》第172頁。

31　位於印度清奈的教育基金會，主要是幫助失能者提供終身服務、教育、資源以及社會包容的機會。

在花園中央，有一棵巨大奇妙的樹，
它枝繁葉茂、老態龍鍾、葉子金光閃閃。
自然織女精靈，住在樹根深處，
她照顧著這座花園，還有金色的光之樹。

自然織女每天編著她的自然之線，
穿梭在花園，陪在玩耍的孩子身邊，
穿梭在樹根，在閃亮的樹旁繞圈，
穿梭在花間，孩子自在跳舞又快樂。

只要織女還編著愛的魔法，
這片廣闊大地就永遠幸福美滿。
老樹每天閃金光，
孩子總有漂亮的地方可以玩。

★ ★ ★

突然間，有一天，來了一個新國王。
他覺得自己非常了不起！
花草植物和樹木，他都不關心；
鳥兒蝴蝶和蜜蜂，他也不在意。
他不管孩子們是不是每天健康快樂，
也不管孩子們玩耍的環境是否美麗。

「不在乎國王」就是他的大名——雖然他還是很在乎自己！

他想要寶藏、財富，還有更多的財富。
「不在乎國王」只知道一樣東西能讓他開心——
就是閃亮亮的金子銀子、寶石珍珠。
他命令僕人挖到很深的地方找寶礦，
還要建一座大城堡來放他所有財富。

慢慢的、慢慢的，花園一點一點被砍掉，
好為國王的皇冠挖更多寶。
為了寶藏挖了很久很久，
美麗的花園……消失了！

花草植物和樹木沒有了。
鳥兒蝴蝶和蜜蜂沒有了。
孩子再也沒有美麗的地方玩耍，
讓他們每天健康快樂了。

沒有花園，沒有孩子的玩鬧，
自然織女沒辦法每天編她的舞蹈。
金燦燦的樹變成黯淡的灰色，
孩子們也不明白，為什麼會變成這樣。

★ ★ ★

許多年過去了，花園被遺忘了。
孩子們玩耍時，上頭是慘澹的天，下面是光禿的地。

「不在乎國王」不在乎花園沒了。

他整天都在城堡裡，

唯一樂趣是數珍寶——

金子銀子和珠寶，亮晶晶啊亮晶晶！

但是有一天，國王往外看，

驚訝發現遠處有棵灰暗、快死的樹，

國王嚇壞了，他說：

「多難看啊，

我得藏好這棵樹——

它讓我的心惶惶。」

陰沉天空下，僕人建起高牆圍住難看的樹，

牆上沒有門，也沒有窗戶，

國王很高興——他再也看不見那棵樹！

誰也不能進，誰也不能出，

還能怎麼辦，織女不明白。

她獨坐樹根間，自己的房間裡，

想起了以前的花園，花開滿樹。

高牆建好的那晚，

「不在乎國王」輾轉難眠。

隔天早上看見鏡中的自己，

那是和烏雲一樣灰灰的臉。

僕人見到國王，個個嚇壞了，
急忙叫來一大堆醫生。
試了各種草藥、藥水和藥丸，
從沒見過有人病得這麼厲害。
「不在乎國王」彷彿正在消失，
除了變灰，還一天比一天蒼白。

★ ★ ★

就在這個時候……也許有人會想，
為什麼這麼高的石牆會出現裂縫。
裂縫非常小，幾乎沒有人注意到，
但在一旁玩的孩子發現了，他的個子也非常小。

孩子很清楚該怎麼做，
他走到裂縫那兒，努力往裡面擠。
牆的另一邊，他看見了快枯死的樹，
在樹根間，他聽見一聲輕輕的嘆息。

自然織女見到他，笑容燦爛，
樹根都被金光照亮。
「過來點，」她輕聲說，「親愛的孩子，不要慌，
我有個故事想告訴你。」

自然織女講了花和樹，

講了鳥兒、蝴蝶和蜜蜂，

講了她每天會編的舞，

講了孩子們如何玩耍，她如何在花園裡進進出出，

還講了那棵金光閃閃的樹，

那棵照亮了孩子，讓他們快樂得不得了的樹。

小小孩驚奇的睜大了眼睛。

「我們得把美麗的花園帶回來，」他喊道。

「我們得讓這棵灰色的大樹復活，

這樣它才能為我們的國家，為你為我，時時照耀。」

「當然有辦法，」織女嘆口氣，

「但我太老又太累，重任不能只靠我自己，

我需要很多孩子一起出力。

穿牆回去，收集你能找到的東西──

我希望你來得及；我真希望你來得及！」

男孩又從牆縫擠了出去，

他叫來所有的孩子。

男孩女孩都跟著他到高牆，從裂縫擠過去。

自然織女高興的歡迎，

歡迎孩子在快死的灰樹邊齊聚。

織女從架上拿起盒子，

「這是我親自收集的，是我的寶貝。

來自砍倒前的花園，
成千上萬顆種子，有白有紅，有棕也有黑。」
孩子興奮的往盒裡看，
織女看著他們亮亮的眼睛，非常高興。
她教他們如何種植不同的種子，
碰上特殊的需求，又該如何栽培。

每天他們都鑽過牆縫回來，
一起幫忙照顧新花園。
沒過多久，在孩子的照料下，花園長出新植物，
蜜蜂和蝴蝶也在空中飛舞。

草長高了，植物也開出花來，
自然織女終於可以翩翩起舞、飛出房間。
再一次，她可以每天編織愛的魔法，
穿梭在花園，陪在玩耍的孩子身邊；
穿梭在樹根，在特別的樹旁繞圈；
穿梭在花間，孩子自在跳舞，快樂無邊。

織女一跳舞，樹就開始發亮，
為新花園灑滿溫暖金黃的光芒。
它的根長得又深又壯，蔓延到石牆，
撐裂了石頭，石牆垮了……哐噹！

★ ★ ★

光之樹為這片土地帶來光芒，
光就映在宏偉城堡的窗戶上。
國王站了起來，沐浴在光裡，
他好高興，這金色的禮物如此明亮。

他跳著舞出了城堡，他跳著舞到了樹旁，
他和孩子們手牽著手，自在歡暢。
他終於懂得了財富的真正意義，
花園讓他恢復了健康。

今天，自然織女也編著她的愛之魔法，
再一次，跟以前一樣，一切幸福美滿。
神奇之樹每天閃金光，孩子們總有漂亮的地方可以玩。
「在乎國王」成了國王的新名字，
孩子們都愛歌頌他做過的善事。

他們歌頌那美麗的花園，它綿延得很遠很遠，
從山谷到平原，從山上到海邊。
他們歌頌鳥兒、蝴蝶和蜜蜂，
他們歌頌花朵、植物和樹木。
他們歌頌織女精靈的舞蹈，
也歌頌金色光之樹的奇妙。

〈沙裡的訊息〉

適合年齡：各年齡層。
應對狀況：拯救海洋。

這是為了拯救我們的海洋寫的環保故事。

有個奇特的怪物一直在海洋裡生長，已經很久很久了。但是因為牠藏在水底，住在陸地上的人始終不知道牠有多大、隱藏著多可怕的力量。

怪物已經很大，現在有一千多隻手臂了……每隻手臂末端還有一千多隻手掌，和好多（多得數不清）的手指——可怕的、詭異的、滑溜溜又黏糊糊的手指。

這個怪物沒有臉，也沒有鼻子、眼睛或耳朵——但每根手指末端都長著一張嘴……有多少張嘴根本難以想像！而且每張嘴都很餓——什麼都想吃，吃什麼都好——從塑膠垃圾碎片、金屬廢料，到骯髒的石化製品。這個怪物對各式各樣的化學製品簡直是愛死了！

怪物長得太大了，那一千多隻手臂完全包圍了陸地，且已經侵入了港口、進入河流和小溪。事實上，幾乎所有水域都有這個怪物的一部分生活在其中。

每一年，這個可怕的「東西」都在繼續長大。但人們繼續過著自己的日常生活，沒有意識到這個怪物已經占領了心愛的水域。

終於有一天，怪物太大了，再也沒辦法把那可怕的樣子藏在水下。那令人作嘔的外表慢慢的、非常非常慢的探了出來。可怕的、詭異的、滑溜溜又黏糊糊的手指開始往上伸，到處都是。

人們對眼前的一切感到震驚。這是真的嗎？為什麼從沒注意到呢？

人們聚集在海岸邊、聚集在港口周圍、聚集在河流上下游，他們說：

「必須採取行動了。」於是他們向領導者尋求幫助，「殺了那隻怪物！」他們高喊著，懇求領導者做點什麼事。

領導者召集了專家，經過反覆考量和協商，最後達成了結論──必須抓住那個怪物，如果沒辦法抓，就必須殺掉牠。這片土地上的人民對這個決定很滿意──只要能幫助海洋和河流恢復安全平和，做什麼都行。

領導者召集了海軍，民眾自豪的看著海軍派出裝著漁網和繩索的船。但這是不可能完成的任務──你要怎麼抓住有上千隻手臂的怪物，又要怎麼把擁有一百萬根手指的怪物綁起來呢？

而在這個時候，怪物已經吃掉了一堆漁網和繩索。

然後海軍派出搭載槍枝的船，很多很多槍。令人震驚的是，只要槍炮發射子彈，不管子彈大小，怪物都會把子彈吃掉，就像在吃零食。船開回來補充各種不同的武器──刀、長矛、魚叉，但對怪物來說，這只是一場盛宴，好像怎麼吃也吃不飽。

這個國家的人們都嚇壞了……領導者完全無能為力，沒辦法解決這個可怕的局面。這究竟是什麼「東西」，居然能把各式各樣的武器當飯吃？

與此同時，在海洋深處的洞穴裡，海龜曾奶奶剛從夢中醒來，又直接進入了一個靈夢──上方的水黏糊糊、黑漆漆的。平時可以直接照進水裡，灑在她身上的金色陽光，現在完全被擋住了。

海龜曾奶奶知道自己得做些什麼了。她生活在怪物出現之前的年代，多年來一直目睹牠恐怖的長大過程。現在連陽光都消失了，已經沒有時間可以浪費了。

她向所有的孩子、孫子孫女、曾孫子曾孫女傳遞了一個訊息。她的訊息穿越海洋、進入港口，在所有水路上來回傳播。它被搖曳的海草低聲復誦，被小魚傳給大魚，被洋流帶著走。

她的訊息傳給了成千上萬隻海龜，無論老少、無論大小。聽了她睿智

的話語之後，牠們開始執行任務——每隻海龜都游向了岸邊、港口周圍和河流沿岸的不同海灘。

在訊息中，曾奶奶教了海龜八個人類使用的字，要牠們用特別的方式把這些話傳達給陸地上的人們。

寂靜的夜，在潮水最低的時候，每隻海龜——無論老少、無論大小——都游到了岸邊。在每一處沙灘和每一片砂質河灘上，海龜動工了。強壯的鰭足推著牠們前進後退，在柔和的銀色月光照耀下，緩慢但堅定的在沙上寫下了這些字——**愛護海洋**。

第二天早上，當太陽從大地升起，金光照在那些帶著希望和承諾的字上。住在海灘和河流附近的家庭來到這裡，在沙灘上散步玩耍。他們看見了這些字，覺得十分驚奇。孩子們特地跳過那些字以免碰到，在字的直線和曲線間蹦來蹦去。他們躺在沙上，用皮膚感受那溫暖的形狀。他們用貝殼和鵝卵石裝飾每個字。還把耳朵貼在沙上，聆聽智慧的聲音。

然後潮水來了，沖走了訊息。

第二天晚上，海龜又出現在沙灘和河灘上，然後開始工作。強壯的鰭足推著牠們前進後退，在柔和的銀色月光照耀下，緩慢而堅定的在沙上寫下了新的字——**餓死怪物**。

第二天早上，那些到沙灘上散步玩耍的人再次看見了訊息。他們看到那些字，覺得十分驚奇。孩子們特地跳過那些字以免碰到，在字的直線和曲線間蹦來蹦去。他們躺在沙上，用皮膚感受那溫暖的形狀。他們用貝殼和鵝卵石裝飾每個字。還把耳朵貼在沙上，聆聽智慧的聲音。

然後潮水來了，沖走了訊息。

〈孔雀羽毛〉

適合年齡：各年齡層。
應對狀況：過度使用自然資源。

　　這個環境故事的靈感，來自我最近一次的印度拉加斯坦邦之行。當我在陽光灑落的森林裡散步時，有幸見到一隻孔雀從身邊經過──牠美得簡直讓我無法呼吸！

　　這個故事的主題是「因索取太多造成的失去」──沒有留出足夠的時間再生和重建，造成環境無法永續。故事中的園丁被取名為「魯莎」，以紀念智慧女性「瓦依達」（Vaidya，印地語中「醫生」的意思），她生活在8世紀，那個時代幾乎沒有女性從醫。馬哈拉賈（Maharaja）在印地語中的意思是「大君」[32]；而拉庫瑪・普里斯維（Rajkumar Prithvi）的意思是「大地王子」。

　　故事最末的手工藝小活動，特別與「故事瓦拉」（Storywallahs）的創始人阿米恩・哈克（Ameen Haque）合作，加入了印地語搖籃曲。「故事瓦拉」是印度的說故事團體，他們和老師、家長及輔導員合作，還專門為孩子們說故事──「瓦拉」（wallah）的意思是「夥伴」或「人們」。

　　有興趣在現有民間文學中尋找類似、關於貪婪後果故事的人，我建議你可以看看〈伸手摘月亮〉（Reaching for the Moon，奈及利亞民間故事）、〈金鵝〉（本生經版本，不是格林兄弟版）；以及泰瑞・瓊斯（Terry Jones）創作的〈玻璃櫥櫃〉（The Glass Cupboard）。

　　從前有一隻遠近馳名的孔雀，因為牠是這個國家最珍貴、最華麗的孔

32　意思是「偉大的君主」，也代表印度國王。

雀。事實上，據說牠美麗尾羽上寶石般的顏色，還蘊含著彩虹的祕密。

孔雀住在大君宮殿的花園裡，牠被照顧得無微不至，吃著各式各樣的美味食物。每天晚上，牠都會被帶去睡在大君房間的一角。牠的床在大柳條籠子裡，裡頭還襯著絲絨墊子。

擁有這隻華麗的孔雀讓大君十分驕傲，也喜歡炫耀牠的美麗。只要有特殊場合，大君就會用孔雀的尾羽來做衣服，多出來的羽毛就用在節慶裝飾上。要是有重要訪客，大君就會送他一些珠寶似的羽毛做為禮物。有一年，大君還從孔雀尾巴上拔了許多羽毛來裝飾金色新王座的椅背。

顧問提醒大君不要用那麼多孔雀羽毛。但是大君笑著說：「難道你不知道，孔雀會長出更多羽毛嗎？」

大君的兒子兼繼承人「大地王子」從小就了解孔雀，也很愛孔雀，把孔雀當成朋友，他求父親不要拔這麼多孔雀羽毛。但大君會嘲笑他說：「難道你不知道，孔雀會長出更多羽毛嗎？」

許多年過去了，孔雀一直在取悅主人。大君要的彩虹色羽毛愈來愈多，這麼多年間，孔雀都會長出新羽毛，補足被拔掉的羽毛。

然而有一天，孔雀的尾巴上沒有羽毛了，牠已經筋疲力盡，再也長不出來了。大君知道了這件事後勃然大怒，於是孔雀便一直待在軟墊籠子裡，怎麼樣也不肯出來。

好幾個星期過去，孔雀仍然不肯出籠子，也沒有長新羽毛。大君愈來愈生氣，也愈來愈不耐煩。某天，他拿起柳條籠子，把孔雀帶到房間外的宮牆頂上。「如果不能給我美麗的羽毛，就一點用都沒有了。」他喊道，然後把籠子連同孔雀扔了下去，走回自己的房間。

這殘忍的行為被宮殿園丁魯莎看見了，當時她正在牆邊幫幾盆花澆水。魯莎一直很喜歡孔雀，看見牠受到這樣的對待時，她很震驚。

那天晚上，在夜色的掩護下，魯莎躡手躡腳走出宮殿大門，沿著高牆

邊一條彎彎的小路走去。她慢慢往前走，靠雙手探路。終於，她摸到了柳條籠子的頂部。然後她聽見了微弱的嗚咽聲，知道孔雀還活著，鬆了一口氣。一定是那些絲絨墊子在墜落的時候保護了牠。

魯莎輕聲安撫孔雀，小心翼翼把手伸進籠子，把發著抖的孔雀捧出來，然後用紗麗[33]長長的衣摺包起來。她把孔雀抱在胸前，沿著牆邊小路、穿越宮殿大門慢慢往回走。

魯莎住的小木屋在宮殿花園遠處的角落，她花了許久才走到那裡，沒有被皇宮守衛發現。她安全的進到屋子裡、閂好了門，把孔雀放在床上，並且用柔軟的拉賈伊（rajaee，印地語中的「被子」）蓋好保暖。然後魯莎生起了火，把一壺水掛在壁爐上方的鉤子上。

現在是魯莎使出治療技能的時候了。她開始動手切碎各種不同草藥、葉子和根，放進壺裡熬煮，在熬藥湯的同時，她拿了一罐藥膏到床邊。她掀開孔雀的被子，用藥膏輕輕按摩牠的傷口和瘀青，同時嘴裡低聲唱著：

「坦賈雷坦賈，索迪德索賈，巴戶獨賈納海，索達沙壇賈，」
（停一停我的朋友，休息一會兒，你還有好長的路要走，）

「葉拉達雷吉，薩維拉吼賈，
薩維雷塔拉，梅雷拉賈圖索賈。」
（今晚就要過去，黎明即將到來，
所以，我的朋友，休息吧，直到太陽再度升起。）

很快的，藥湯熬好了，魯莎設法餵了孔雀幾匙藥湯，然後上床躺在牠

---

33 印度婦女的傳統服飾。

身邊、把牠摟在懷裡，他們很快都睡著了。

　　第二天早上，魯莎餵了更多匙藥湯、處理好孔雀的傷口，接著魯莎就讓牠睡在床上，開始這一天的工作。她閂上身後的門，加入其他園丁的行列。園丁們正在低聲交談……「你聽說了嗎？大君把他心愛的孔雀從高牆上扔下來了！你知道嗎，籠子今天早上被人發現了，可是裡頭是空的！孔雀說不定已經被野獸抓走了。看看大地王子有多難過，他在花園裡悶悶不樂，好想念他的朋友。」

　　魯莎在心裡暗暗笑著，繼續做園藝工作。她知道，孔雀的生死取決於自己是不是能守住這個祕密——儘管她很想和別人分享。她對大地王子有種特殊的感情，知道如果王子得知了真相，不知道會有多欣慰，但她不能冒險。孔雀的安全和福祉必須放在第一位。

　　每天晚上，魯莎一安全回到小屋，就會餵孔雀更多藥湯，幾天之後，牠也能自己開始小口小口嚼切碎的水果和蔬菜了。她繼續治療孔雀，慢慢的，傷口和瘀青痊癒了。

　　不到一個月，孔雀已經完全恢復了體力，魯莎看見新的尾羽似乎開始長出來。她好高興，但也很擔心。她知道，該把孔雀移出小屋了。她必須在羽毛長出來之前把孔雀移走，否則就沒辦法像之前那樣把牠藏在紗麗裡了。

　　第二天晚上，月亮在天上走了半圈之後，魯莎用紗麗把孔雀裹起來，緊緊抱在胸前。她打開門閂，慢慢穿過皇宮花園、走出宮殿大門，安全避開了值班守衛。銀色的月光照亮了路，她沿著那條路離開了皇宮、渡過河流、走進了森林。

　　進了森林之後，魯莎沿著一條小徑走，一直走到幾乎看不見前方的路。她在一棵樹旁邊停下腳步，那棵樹寬闊的伸展著樹枝，樣子看起來也很舒服。她輕輕和孔雀吻別，然後把牠舉起來，讓牠停在其中一根樹枝

上。接著便含著淚水，快步趕回家。

時光匆匆。魯莎沒有一天不想起孔雀，她知道把牠送回森林是對的，也只能相信牠在大自然家園裡一切都好。

這時，大君年事已高，沒辦法繼續統治下去了，他要求大地王子繼承王位，並準備在加冕典禮時舉辦盛大的慶祝活動。

大地王子想在加冕那天送父親一份特別的禮物。經過深思熟慮，他決定建一座綠葉成蔭的涼爽花園，讓他在晚年享受。建這樣一座花園需要很多新植物，所以他叫魯莎和其他幾個園丁到森林考察。園丁把園藝工具和空花盆裝在小車裡，再把小車拴在驢子身上便出發了。他們穿過皇宮大門、渡過河流、進入森林。大地王子騎著馬慢慢走在前面，不時停下來指著植物或小樹，讓園丁們挖出來裝進盆子裡。

小車裝滿了，他們在小溪邊停下來，讓驢子休息喝水。大地王子是個非常善良的年輕人，他愉快的和園丁分享了王子大餐。他們坐在小溪附近樹下的空地，那棵樹寬闊的伸展著樹枝，樣子看起來也很舒服。

魯莎很快吃完了飯，然後站起來、四處張望。她感覺孔雀可能就在附近，她想警告牠千萬別出來。

突然，發生了令在場的人都吃驚不已的景象。一隻華麗的孔雀昂首闊步走出森林，來到魯莎身邊。牠緩緩繞著她走，用頭貼著她的紗麗裙襬。魯莎見到牠也非常高興，連恐懼都忘了。她彎下腰，用手輕輕摸著孔雀的身體，熱烈又愉快的問候牠。

幾分鐘後，孔雀走到草地上的某個地方，那裡有金色的陽光透過樹冠照下來。牠轉了一圈、扇動著尾巴，展開了彩虹寶石般的尾羽。在一道彩色閃光之後，便消失在茂密的森林中。

大地王子看著這一切——魯莎和孔雀之間充滿愛的連結，以及孔雀開屏時彩色羽毛在陽光下閃閃發光的樣子。這是他見過最美麗的景象，王子

確信，這就是曾經住在宮殿裡的那隻孔雀。知道童年時的夥伴不但還活著，而且看起來比以前更強壯、更美麗時，王子真說不出有多高興。

就在這一刻，大地王子突然意識到「孔雀回到了大自然的家園」這件事有多麼特別。王子走到魯莎身邊，帶著愛和感激擁抱了她。

「我向妳和生活在王國裡的人民承諾，加冕之後，我將宣布這片森林會受到保護。我衷心希望孔雀能生活在這裡，不怕受到傷害。」

魯莎發自內心露出微笑，然後低頭一看，草地上有根漂亮的尾羽。

她把尾羽撿起來，交給了大地王子。

「孔雀給您留下了加冕禮物，」她說，「願它指引您，在未來的日子裡明智而公正的統治這個國家。」

〈暗影巨人〉

適合年齡：各年齡層。
應對狀況：貪婪和權力。

關於貪婪和權力的環境童話──「貪婪是我的遊戲，權力是我的名字」。

從前，在不太遠的地方，住著一個巨人。這個巨人是有史以來最強壯、最高大，也最具破壞性的生物。

神祕的是，沒有人見過這個巨人，但很多人經歷過他帶來的陰影，因為他在世界各地到處跑，所到之處都被毀滅，因此人們稱他為「暗影巨人」。

暗影巨人忙碌著，夜以繼日、日以繼夜，他來回移動，在大地、海洋和空中留下黑暗的印記……地上深黑色的裂隙、吞沒海岸線上所有東西的黑水和泥漿浪頭、山谷和山區焦黑的森林，還有到處都是汙染霧氣形成的

旋風。

　　沒有人知道暗影巨人從哪裡來、住在哪裡，也沒有人知道它下次會在什麼時候、什麼地方使用黑暗力量。

　　無論是人類、陸地上的動物，還是海洋中的生物，沒有誰是安全的。所有人在他的力量之下，都不堪一擊。就連通常飛得夠快、能逃離他毀滅路徑的鳥兒，也慢慢被空氣中蔓延的黑霧氣旋影響。

　　天堂女王住在雲端上的銀色城堡裡，她從長著羽毛的使者鳥兒那裡聽到了這些可怕的消息。她愈來愈擔心暗影巨人，以及他在人間做的惡事。她決定召開會議，並且向全世界的鳥兒發出邀請。

　　會議當天，天堂女王坐在銀色寶座上，穿著飄逸的彩虹長袍，光彩奪目。她身邊聚集著許多鳥兒──來自世界各地的鳥，各種顏色、各種形態、各種大小的鳥，還有陸地和海裡的鳥，以及白天出沒和夜間出沒的鳥。

　　天堂女王耐心而專注的聽著每一隻鳥發言──當中有鳥兒就目睹了暗影巨人造成的各種破壞。當所有故事都說完之後，女王對參加會議的鳥兒們說：「我們絕對有辦法戰勝正在逐步占領世界的黑暗力量。每個敵人都有弱點！請飛回你們的來處，設法找到暗影巨人住的地方──然後你們就能觀察到這個生物可能的弱點了。請盡快向我報告……我想我們沒有多少時間了！」

　　鳥兒飛回自己在世界各地的家，警惕的觀察著巨人的破壞路徑，盡可能追蹤他的住處。就這樣過了好幾天、好幾週、好幾個月。

　　就在鳥兒奉命回去探尋將近一年後，一隻老貓頭鷹終於找到了女王想要的答案。他為了覓食飛進了一個很深的山洞，沿著一條岩石隧道飛，那條隧道通往一座巨大的洞穴。

　　洞穴裡有個巨大、黑暗、嘟囔著、轟轟作響的身影。他沒有固定的形

狀——事實上，他似乎隨著發出的每一個聲音而改變大小和形狀。有時，他像一隻巨大的魷魚，有許多蠕動的觸手，塞滿了洞穴大部分地方；有時，他又變成像熊一樣的怪物，在房間裡憤怒的跺腳。

貓頭鷹躲在洞穴遙遠的角落，專注的看著、聽著——這是貓頭鷹最拿手的。過了一會兒，牠開始聽懂那些嘟噥聲和轟轟聲，因為那些聲音似乎是某種反覆吟唱。

「一切為我，我即一切，吞掉所有東西，無論大小，
　貪婪是我的遊戲，權力是我的名字。」

終於，這個可怕的黑傢伙蜷成一個大球睡著了。貓頭鷹迅速無聲的飛出了深深的洞穴。牠展開了飛越天空的漫長旅程，一路飛到天堂女王的城堡。牠愈飛愈高，一面唸著那可怕的喃喃自語，免得自己忘記。

「一切為我，我即一切，吞掉所有東西，無論大小，
　貪婪是我的遊戲，權力是我的名字。」

天堂女王一聽到貓頭鷹的經歷，立刻確定貓頭鷹已經找到了暗影巨人的家。而當她聽見了那低沉的吟唱時，也立刻明白了巨人的弱點——暗影巨人只在乎自己，他只想為自己爭取權力！

接著，天堂女王召來了長著羽毛的助手。「飛到世界各地去，把這個消息唱給人們聽。如果他們一起努力、互相關心，就能克服這個影響世界的暗影。雖然緩慢，但絕對做得到。」

關懷的力量、團結的力量，可以戰勝巨人的自私。

鳥兒飛向世界的每個角落，各種顏色、各種形態、各種大小的鳥，還有陸地和海裡的鳥，以及白天出沒和夜間出沒的鳥。牠們一邊飛，一邊唱著天堂女王的訊息，想讓世界所有人都聽到。

直到今天，鳥兒還在唱這首歌，有時甚至會捎來羽毛訊息，讓它輕輕飄落下來。當人們發現這些美麗的羽毛躺在地上──在花園、在街上、在森林裡、在海灘上，就知道這個訊息是直接發給他們的。他們會拾起羽毛，驚嘆它的形態與美麗，同時也想起了天堂女王傳達的訊息。

關懷的力量，團結的力量！

鳥兒歌聲中的智慧，正在幫助全人類戰勝暗影巨人的黑暗力量，雖然緩慢，但絕對做得到。

〈生命之光〉

適合年齡：各年齡層。
應對狀況：環境災害後可能出現的羞恥與自私。

這個故事是為2011年海嘯後出版的日本復原故事集──《兒童心靈成長故事》而寫的，為了解決環境災害後可能出現的羞恥和自私（對沒有受到不幸影響的人來說）。

從前有座小鎮，位在海邊一個海灣附近。鎮上有許多家庭，家家都有很亮的燈籠。明亮的燈籠照耀著住在那兒的家庭，幫助每個人長得聰明強壯。它像太陽一樣金黃，白天都亮著；它像星星一樣閃亮，夜裡也發光。多年以來，每一家都點著燈籠，鎮上都很平安。

但是有一天，海裡來了巨大的怪物，他的後面還拖著黑漆漆的袋子。

這個怪物討厭閃亮或發光的東西，憎恨所有帶著光的物品。他計畫搶走所有燈籠，把它們裝進黑袋子裡帶走。怪物迅速而無情的橫掃了整個小鎮，他潛進每家每戶，偷走明亮的燈籠塞進袋子裡，然後帶著裝得滿滿的、非常重的袋子退回海裡去了。

小鎮陷入了黑暗和悲傷之中。一開始，怪物似乎搶走了每一家的燈籠。沒有燈籠的光，生活要怎麼過下去呢？

但慢慢的，小小的燈光開始在黑暗的海灣周圍，寥寥可數的幾座屋子裡亮起來。這些家庭很幸運，怪物在匆忙中錯過了這些房子和裡頭的燈籠。

小鎮廣場上舉行了會議。家裡依然有燈籠的人齊聚一堂，並且一致認為，身為幸運的家庭，他們必須找出方法，把光傳播到小鎮的其他地方，和每個人分享。他們想幫助生活在黑暗和悲傷中的人，他們知道自己的光可以幫助人找到前進的道路。

這群幸運的人在黑漆漆的街道上走來走去，拿著燈籠為他人引路。當他們回到家，還會打開門窗，讓燈籠的光照亮整個小鎮。

但是也有一些幸運兒並沒有參加這次會議。相反的，他們拉上窗簾、緊閉大門，還把燈籠的光藏起來。他們覺得羞愧難當——為什麼怪物在其他地方造成了這麼大的破壞，卻連碰也沒碰一下他們家呢？為什麼當其他人都在黑暗中時，他們家仍然幸運的擁有燈籠的光呢？他們緊閉門窗，和家人待在家裡、不肯出來。

幾天過去了、幾週過去了、幾個月過去了。當一部分人忙著想辦法分享燈光時，某些人依然躲在家裡、藏著他們的燈光。

秋風開始吹，漫長的冬天用冰冷的手指抓住了大地。然後，春天的希望降臨了！

鳥兒唱起歌、蜜蜂嗡嗡叫、蝴蝶到處飛舞，新的花朵開了，溫暖的陽

光照在那些門窗緊閉的屋子上。

　　緊閉門窗的那幾戶裡，孩子們感受到暖暖的春天陽光正在呼喚他們，他們再也沒辦法在屋裡多待一天了。於是，他們猛的拉開窗簾、甩開大門，跌跌撞撞衝到街上去玩。

　　多虧了這些孩子，從今天起，緊閉屋子裡的燈光終於從每扇門窗透出。燈光照耀著小鎮，來回穿梭在黑漆漆的街道上。它們和其他燈籠匯合，小鎮又和從前一樣充滿光明。

　　之後很多年，明亮的燈籠繼續幫每個人長得聰明強壯。

　　它像太陽一樣金黃，白天都亮著；

　　它像星星一樣閃亮，夜裡也發光。

〈天鵝之歌〉

適合年齡：各年齡層。
應對狀況：喚起環保意識。

　　這是為了配合琳恩・泰勒（Lynn Taylor）2019年在澳洲墨爾本，主題為「喪失棲息地」的藝術展「靛藍」所寫的環保故事。

　　天鵝精靈望著底下廣闊的褐色大地，她好擔心⋯⋯擔心極了。

　　幾千年來，她一直守護著在下界的家人。她為牠們美麗的黑色翅膀感到驕傲，那雙翅膀可以讓牠們從海岸這端飛到另一端；強壯的脖子讓牠們可以昂首闊步，頭抬得比任何動物都高。牠們如此忠誠、如此有愛⋯⋯有好多東西可以教給全世界的人。

　　一代又一代，天鵝家族經歷了許多次起落——火災和洪水、戰爭與和平、寒冷和酷暑⋯⋯

　　但從來沒有一場危機像這次——這是彷彿完全無解的危機。

天鵝要生寶寶，就得有巢。為了築巢，就需要新鮮的草和蘆葦。為了讓新鮮的草和蘆葦長得茂盛，就需要乾淨的水道，像是湖泊、港口、河流、沼澤和溼地。

新鮮的草和蘆葦曾經是大自然平常不過的贈禮，現在卻變得愈來愈難取得。河流逐漸乾涸、沼澤成了死水、湖泊受到汙染，港口和進水口堆滿了油膩的油汙和塑膠碎片。

天鵝精靈急著找出改變的方法，她發出響亮而悠長的叫聲，彷彿號角，接著是一串溫柔的低吟——這是首絕望的歌，希望下界所有人都能注意到她響亮的呼聲。

但似乎沒有人注意到。

於是天鵝精靈召喚了四方之風——北風、南風、東風、西風——帶著她的歌聲飛越大地。

四方之風帶著歌聲穿過黑夜白天、越過山脈、穿過平原，沿著山谷進入森林，再沿著石頭海岸吹。

這片土地上的孩子都聽見了風帶來的音樂——住在農場的孩子、住在海邊小屋的孩子、住在山上小木屋的孩子、住在城市住宅和高層公寓裡的孩子。

他們都聽見了音樂並抬起頭來，這首歌進入了他們的心。

〈奶奶和驢子〉

適合年齡：各年齡層。
應對狀況：喚起垃圾意識。

這是關於「乾淨環境」日漸消失的故事，目的是鼓勵兒童有垃圾意識。這個故事曾被改編成偶戲，在南非開普敦各城鎮的幼兒園巡迴演出。效果立竿見影——當操偶師收拾演出物品的時候，孩子還會帶著垃

坂跑向他們。我相信這個故事傳達的是普世的環境訊息,適用所有年齡層。故事中那首科薩語歌曲,是其中一位操偶師瑪麗亞·姆賽本齊(Maria Msebenzi)的創作[34]。

　　從前,在非洲南部某個地方住著一位老奶奶。她的兒孫都搬到城裡去了,只有她獨自留在鄉下的農場裡。但老奶奶並不孤獨,因為她最喜愛的孩子就是大自然,而為了要照顧大自然,要做的事情總是很多。

　　奶奶特別喜歡看大自然孩子穿上漂亮的衣裙,所以大部分時間,她都在打理花園、種美麗的花。她最好的朋友是棕色的小毛驢,牠整天都在拉車,為花園運水。到了星期六,牠就會用強壯的脊背馱著老奶奶去城鎮邊的市場,後面還拖著一車鮮花。奶奶會幫牠戴上特別的帽子,帽子周圍鑲著花,背上還有一塊色彩鮮豔的布。

　　當一天結束,所有花都賣完了,奶奶就用這些錢買食物,並且為小棕驢買燕麥。他們的食物總是很充足,有好一段時間,他們都快樂的生活在一起。驢子很愛奶奶,奶奶也愛驢子。當他們在花園裡幹活的時候,她經常唱這首歌給驢子聽:

　　「有隻奇妙的小驢子真棒,最棒的就是有隻小驢子。
　　得兒噠噹得兒噠噹真正棒。」

　　然而,隨著時間流逝,奶奶的年紀愈來愈大,終於有一天,她變得太老,沒辦法在花園裡工作,也不能獨自住在鄉下了。於是某天,她把所有家當都裝進驢車,在驢頭戴上花帽,然後把色彩鮮豔的布披在驢背上,和

34　注意,這首歌可以改寫成任何語言。

驢子一起去城裡找新房子住。

　　奶奶已經很久沒進城了，找新家的路上，她在街上來回走著，發現城裡變成了很不整潔的地方，讓她又震驚又難過。到處都是亂七八糟的垃圾，花園裡也是一片狼藉、垃圾成堆，也早就沒有鮮花了。

　　「這些人到底對大自然孩子做了什麼啊？」奶奶喊道，「怎麼能讓她穿這麼醜的衣服呢？」奶奶坐在新房子外成堆的罐頭、瓶子和塑膠袋中間，哭了起來。她哭的時候，小棕驢走了過來、彎下腰，在她耳邊低聲說了一個祕密。慢慢的，奶奶的眼淚停住了，布滿皺紋的臉上露出了微笑。「沒錯，小棕驢，這個主意太好了！」她說，接著便開始唱起來：

　　「有隻奇妙的小驢子真棒，最棒的就是有隻小驢子。
　　得兒啷噹得兒啷噹真正棒。」

　　她一邊唱歌，一邊把所有東西搬進新房子裡。她幫自己泡了杯茶，給驢子一些水和燕麥之後，就帶著驢子和一輛空車上街去了。她一路走，一路撿起垃圾裝進車裡，並且一邊幹活，一邊唱：

　　「自然孩子醜又灰，
　　需要換穿新衣服。
　　大家一起撿垃圾，把髒東西清乾淨，
　　大家一起播種子，種出漂亮花花裙。」

　　沒過多久，街上的孩子都聽見了奶奶快樂的歌聲。他走出家門，一起來幫忙。孩子們很認真，第一天結束時，已經撿光了第一條街的垃圾。垃圾裝上了驢車、運到垃圾場。然後奶奶把手伸進裝花種的袋子，那是她從

鄉下花園帶來的。她把種子分給每個孩子，讓他們帶回家，種在屋子前面。

第二天，來幫忙的孩子更多了，第二條街也清理乾淨了。再隔天，第三條街也變乾淨了。就這樣，在孩子們和奶奶以及小棕驢一起努力下，很快的，鎮上每條街道都不再髒亂。屋子前面都種下了花種，沒過多久，大自然孩子就有了新的小鎮服裝──漂亮的花裙子。

現在，老奶奶終於可以欣賞城裡花朵的美麗了。與此同時，那頭小棕驢依然每天來來去去，忙著為街上的花園運水、收新製造的垃圾。

從那天起到現在，如果鎮上的人要倒垃圾，都會把垃圾放在垃圾桶，等驢車來收。孩子們每天都會從自家花園裡摘一些花，為小棕驢的帽子編新鮮的花環。

要是你到這個小鎮來，就會聽見人們對小棕驢唱著讚美的歌，因為這隻小棕驢幫助奶奶，讓城鎮有了美麗的新衣，一條花裙子：

「有隻奇妙的小驢子真棒，最棒的就是有隻小驢子。

得兒嘟噹得兒嘟噹真正棒。」

〈桑椹樹〉 作者：珍妮・卡吉爾史壯

適合年齡：各年齡層。
應對狀況：失去大自然時如何克服悲傷。

這是孩子在失去最心愛的樹之後，如何克服悲傷的故事。故事從作者的真實經歷改寫而成，珍妮的作品《故事樹和其他自然故事》（*The Story Tree and Other Nature Tales*）中可以找到有聲版本。

露西出生之前，爸爸就種下一棵桑椹樹。隨著她愈長愈大，樹也愈長

愈高。等露西大到可以爬樹時，樹也已經夠強壯，可以承受她的重量了。

　　這棵桑椹樹種在花園比較荒蕪的那一側，所以它愛往哪個方向長就往那個方向長——越過籬笆也可以。它的根深深扎進土裡，枝條優雅的伸向天空。

　　桑椹樹上有根露西專屬的特別樹枝，既結實又挺直，被她的手腳和屁股磨得像絲緞般光滑。露西會想像——這棵桑椹樹是一片大森林裡其中一棵樹。這是片潮溼的叢林，到處都是野生動物，而其中一個就是露西。她會爬上那根專屬樹枝、躲在綠色的心形葉子後面。她會靜靜坐著，動都不動，連人類都不知道她躲在那裡。

　　冬天的桑椹樹光禿禿的，但還是很優雅。小小的綠芽和綠色毛茸茸的小果子也會在樹枝上成形，接著葉子就會慢慢展開。

　　隨著冬去春來，漿果的顏色也開始改變——從綠色變成白色，變成粉紅色，再變成紅色，最後變成甜美多汁的紫色。

　　夏天，露西和家人會在桑椹樹蔭下野餐。

　　秋天，爸爸會稍微修剪一下桑椹樹。當他拿著修剪用的鋸子出現時，露西就會說：「爸爸，不要鋸掉我的專屬樹枝，好嗎？」

　　爸爸會笑著揉亂她的頭髮。

　　「不會的，小負鼠，我絕對不會鋸掉妳的專屬樹枝。」

　　露西家籬笆的另一邊是個空院子，草長得很高，野草在風中搖曳。露西4歲的時候，安德魯斯夫婦買下了那塊空地，露西看著草地和雜草被理平，房子的木頭結構架起來，金黃色的磚塊也砌上了。

　　安德魯斯一家搬進來了。他們是很友善的鄰居，但和露西家很不一樣，他們很愛整潔，而且到了非常挑剔的地步。安德魯斯先生很不喜歡亂七八糟、帶著紅色汁液的爛桑椹落在他的花壇上。

　　「艾力克斯，你應該砍了那棵樹，它簡直搞得一團糟。」安德魯斯先

生說。

爸爸抓了抓頭，說會把越過籬笆的樹枝都砍掉。露西緊張的看著。在那之後，桑椹樹就沒有那麼優雅了，但露西的專屬樹枝保住了，而且還是有足夠的葉子能讓她躲起來。

每年暑假，露西都會和家人去海灘露營整整五星期。有一年他們回到家時，發現露西那棵美麗的桑椹樹已經不再美麗，樹枝和樹葉都不見了，只剩下一個樹樁。

露西直奔房間、放聲大哭，眼淚完全停不下來。她真想跑到安德魯斯先生面前大喊：「安德魯斯先生！你怎麼能砍掉我那棵特別的樹？那上面還有我的專屬樹枝呢。那棵樹哪裡礙著了你那些蠢花！」

但露西什麼也沒說。

爸爸因為這件事和安德魯斯先生大吵了一架。露西不肯到後院去，隔著籬笆的聊天時光也不再有了。

某天，有人來敲門，媽媽喊道：「露西，有人來看妳。」

是安德魯斯先生，他站在門口，笨拙的抱著一棵新的小桑椹樹。

「露西，這是給妳的。」

露西的臉熱了起來，淚水刺痛了眼睛，什麼也說不出來。

「謝謝你，艾德。」媽媽說。

安德魯斯先生快步走回家了。

露西和爸爸開始討論哪裡可以種這棵新桑椹樹。他們找遍了花園前後，但沒有任何地方覺得合適。

第二天，露西和爸爸出去散步，一隻小小的鵯鴒扇尾鶲飛到他們面前的小路上。露西拉住了爸爸。

他們看著這隻鳥兒搖尾巴、嘰嘰喳喳，在他們前面不遠的地方跳著。露西輕輕的格格笑，他們小心翼翼跟著這隻鳥，沒多久，牠就一蹦一跳帶

著他們走進了新的社區花園。

「哦，」爸爸說，「我忘了這個社區花園開放使用了。哇，看起來很棒啊。」

花園中央有個大圈圈，像是在等著什麼。

「喔，爸爸，我們可以在這裡種桑椹樹嗎？」

「說不定可以，我會去問問。」

爸爸詢問負責人，而他們也很喜歡這個主意。接下來的那個星期六，爸爸和露西種下了樹。

他們推著獨輪手推車，帶著樹、鏟子、花鏟和一些肥沃的堆肥過去。他們挖了漂亮的深洞，輕輕把堆肥放進洞裡，最後種下樹並澆了些水。

慢慢的，桑椹樹長大了。它的根逐漸深入大地，枝條優雅的伸向天空。

露西很開心有了這棵新樹，並為它編了一首短短的歌：

「噢桑椹樹，噢桑椹樹，
你和我一起搖；
噢桑椹樹，噢桑椹樹，
你的果實多麼美妙。
紫色汁液染上我的手，
紫色汁液染上我的腳。」

某年秋天，一連下了好幾個星期的雨。露西家的車庫積了好幾公尺的水。孩子們穿上潛水衣，在淹水的公園裡玩浮板。

社區花園中央那棵桑椹樹倒是生機勃勃。隔年春天，它結出了第一批桑椹。又過了一段時間，它已經長得夠健壯，不僅可以讓露西爬上去，附

近的孩子也能攀爬。在桑椹季，放學之後，他們就會坐在樹枝上，像嘰嘰喳喳的猴子一樣大飽口福。

你大概可以猜到他們的嘴脣和手腳是什麼顏色了！

Chapter 9

用故事面對其他失落：
失去信任、合作、控制、平衡、
尊重

還有許多類型的失落不在前面幾章內，但把它們收錄在這本書中也是很重要的——這一章是關於失去信任、失去控制、失去合作、失去平衡和失去尊重的故事。

◆ 〈湖與天〉（第276頁）：為3～12歲兒童寫的故事，主旨是重建對生活及世界的信任。

◆ 〈小魚〉（第278頁）：為6歲男孩寫的故事，幫助他接受現狀、信任未來，並支持他應對日常的變化。

◆ 〈彩虹地精與祕密洞穴〉（第280頁）：為解決4～6歲班級孩子之間缺乏信任問題所寫的故事。

◆ 〈彩虹石〉（第283頁）：幫助一群8歲孩子對世界的奇蹟和美麗恢復信任的故事。

◆ 〈養蜂人與蜂蜜杯〉（第288頁）：為5歲男孩寫的故事，希

望能幫助他找出更容易被社會接受、更有趣的方式來控制
自己的憤怒。

◆〈刷子和畚斗〉（第290頁）：當朋友、家人或社區團體失去
合作時，這個韻文有助於鼓勵討論。

◆〈圓形的朋友〉（第293頁）：寫給8歲女孩，她有一些控制
欲很強的朋友。

◆〈在月亮與星星間的空間〉（第295頁）：這個故事讓一位職
業女性恢復了生活的和諧與平衡，她因為替代性創傷及累
積性創傷[35]罹患了「創傷後壓力症候群」（PTSD）。

◆〈太陽國王和月亮女王〉（第297頁）：鼓勵男女老少互相尊
重、互相關懷的故事（適用於所有年齡層）。

〈湖與天〉 作者：真由美·莫菲

適合年齡：3～12歲。
應對狀況：重建對生活和世界的信任。

重建對生活和世界信任的故事。真由美在小鎮工作，她帶的孩子年
齡在3～12歲之間。這個小鎮最近遭受嚴重的森林大火肆虐，於是她
用英語和日語寫了這個療癒故事，用在她的日語課上。

11歲的學生回應：「我很喜歡這個故事，我覺得情況看起來似乎好
一點了。」

---

35 「替代性創傷」（vicarious trauma）是因為感同身受且過度專注於受難者所引發的間接性創傷；
「累積性創傷」（accumulative trauma）則是長期重複性工作、高強度運動等造成肌肉骨骼
或神經系統損傷。

9歲的學生說：「我喜歡這個故事。我想成為粉紅知更鳥或風。」（意思是她可以幫助那些正處在困難中的人。）

　　有兩個兒子（7歲與10歲）的家長評論：「這個故事很美，敘述完美到讓我有種彷彿跟兒子一起經歷的感覺。森林大火是非常難以度過的黑暗日子，但是現在即使偶爾有烏雲，陽光普照的日子更多！」

　　從前，在某座森林中央有一個湖。

　　湖總是望著天。她喜歡看雲，想像各種不同的動物越過藍天。她還喜歡在日出和日落時分欣賞令人驚嘆的色彩表演；在晚上凝視著月亮和星星，則讓她覺得非常平靜。

　　但是有一天，天空被黑沉沉的烏雲蓋住了，世界變得灰暗而陰鬱。雨下了一天又一天，湖想著：「感覺好像再也見不到藍天了。每樣東西都是灰暗的，我的世界不再有色彩和光明，即使是一顆小星星的光。」

　　陰雨天持續著，她愈來愈難過，害怕被困在無色的世界裡。沒有光，她覺得非常絕望。

　　住在森林裡的粉紅色知更鳥從天上看見了這個深色的湖，也看到了她的悲傷。牠飛上高空、呼喚風來，叫風兒把沉重的烏雲吹開。於是風集中力量，一點一點吹開了重重的雲。

　　陽光開始從雲層中透出來。天空一變藍，湖水也變藍了。當湖再次見到藍天時，她對天空說：「我還以為再也見不到你了。我好想你。」

　　天空說：「我也想妳。但即使我看不見妳，也知道妳在那裡。我知道有一天烏雲會散開。在這個世界上，沒有什麼是永遠不會變的。」

　　夜幕降臨，湖對月亮和星星說：「見到你們真高興。我還以為再也見不到你們了。」

　　一顆星星對湖說：「我們總是在閃爍。我們總是在這裡，日夜發著

光。我們總是在這裡，就像湖底的鵝卵石。」

從那天開始，湖覺得好多了，她知道藍天和星星總是在那裡，即使看不見他們。

〈小魚〉 作者：吉兒·蒂娜·塔普林

適合年齡：6歲。
應對狀況：學會接受現狀、對未來有信心。

這個故事是為6歲的男孩寫的，作者吉兒描述：「他每一天都在陌生感和差異中掙扎。」男孩似乎無法好好控制自己身體，跑步的姿勢有點怪異且經常被形容為笨拙。他似乎對觸摸非常敏感，比如對別人來說是正常觸摸的「推一下」，他卻會有相當強烈的反應。

這個故事是為了幫助男孩接受現狀，以及對未來有信心，並且支持男孩應對日常生活中的變化。

吉兒花了幾天把故事講給幼兒園裡的所有人聽，然後把故事交給了男孩的父母，讓他們在家裡也能訴說——據說他們也照做了。一段時間之後，男孩似乎能更自在的處理社交問題，在團體中也能維持穩定情緒。吉兒表示：「他更能順應情勢了。」吉兒希望這篇故事對這種明顯的進步有所幫助。

很久以前，在世界上最大的兩座山脈之間有個隱密的山谷。山谷裡有個很深很深的湖，那裡非常平和寧靜，大山把狂風擋在外面，只有微風輕拂著湖水。湖裡住著一條小魚，牠在安靜的水裡游來游去，小口啃著水草，覺得很快樂、生活平靜得不得了。

有一天，一隻大鳥飛過湖面，銳利的眼睛發現了在水下游動的小魚。鳥突然收起大大的翅膀，直接潛入水中撲向小魚。小魚還沒弄清楚發生了

什麼事，就被抓住了，然後大鳥帶著牠翻過了大山。

　　大鳥把小魚帶到遠處的另一個湖、扔進新湖裡。這個湖和老家很不一樣，水不新鮮、不純淨、不清澈。這裡到處是泥，很髒。這個新湖在大城市旁邊，城裡的人把垃圾都扔進湖裡。這讓小魚覺得非常不舒服，牠游了一圈又一圈，想找些乾淨點的水。當牠游到湖邊的時候，突然看到渾濁的水中有個奇怪的影子撲面而來。不一會兒，牠就被抓住了，一張網子把牠拉出了水面。可憐的小魚在網子裡扭動、喘息了一陣子，然後被倒進小水箱。

　　水箱裡的水不像湖水那麼髒，但是對小魚來說，嚐起來很舊。水箱太小了，牠幾乎無法在裡頭游泳，也沒有水草可以啃，水面上只有一些乾乾的灰塵，味道也不好。小魚很不快樂，牠想要回到山中的湖裡。水箱外面有很多人，他們走過來、盯著小魚，還大聲交談。小魚很怕那些瞪大了眼睛的臉，和響亮的說話聲。

　　然後有一天，情況又發生了變化。小魚被人從水箱裡撈出來，扔進了一條湍急、咆哮著的河。牠被水沖走了。在湖裡，小魚可以游到任何想去的地方，但現在，牠不得不跟著河水到處跑，而且沒辦法停下來啃水草。小魚被翻騰的水流撞得一直翻滾，水流的咆哮聲也讓牠頭疼，但牠還是繼續往前衝。

　　最後，小魚被沖進了大海。在這裡，牠不再被河水沖得東倒西歪，很快就聽著海浪的節奏，被哄得睡著了。

　　小魚醒來之後開始探索新家。這個家實在太大了，大到牠找不到邊緣，可以游到任何想去的地方。這裡的水對牠來說很陌生——很鹹，但是很乾淨，也很適合居住。牠可以找到海草來啃，然後發現還有其他小魚，就跟自己一樣，牠喜歡和其他小魚一起游泳。其他小魚訴說了自己如何順著河流到大海，牠也說了自己奇特的經歷。

隨著時間流逝，小魚變成了一條可以越過大海的強壯大魚。被鳥從山中湖帶走時，牠很害怕。牠不喜歡那個骯髒的湖，也不喜歡不得不吃灰塵的小水箱，而且還有人類一直盯著牠。當大河把牠捲走的時候，牠也很害怕，但現在牠不再害怕，也不再不快樂了。小魚在浩瀚的大海裡找到了自己真正的家。

〈彩虹地精與祕密洞穴〉作者：艾洛蒂・吉杜（幼教老師）

適合年齡：4～6歲。
應對狀況：班級孩子之間缺乏信任。

這個故事是為了解決某個4～6歲班級孩子之間缺乏信任的問題。

作者艾洛蒂表示：「去年起，有些孩子開始互相咬耳朵。某種程度上，這帶給幼兒園這個小家庭非常不愉快的氣氛。有些孩子覺得被排擠、產生猜疑。許多孩子很沮喪，我可以感覺到他們對這個群體的信任感愈來愈低——私下交流祕密的孩子正逐漸失去『包容』（這是我們在幼兒園努力培養的），被排擠的孩子也正在失去歸屬感。我覺得自己必須講一個故事，讓大家重新凝聚在一起，幫助他們分享想法。

「有個朋友告訴我，在她的家庭日托中心裡，她總是說：『沒有祕密，只有驚喜。』當時是冬天，在我們的文化中，地精在冬季故事中非常重要，因為傳統上，這時候他們正忙著挖水晶。

「於是，這個故事就誕生了。

「我用玩偶來講這個故事，玩偶穿著彩虹衣服、帽子上縫著水晶。每個地精都有和他們顏色相配的水晶（跟故事裡一樣）。在提升故事的神奇效果上，這真的很有幫助。

「說完故事後一星期，大多數孩子都不再竊竊私語了，如果有人這樣做，就會有孩子說：『沒有祕密，只有驚喜！』

「不健康的傾向慢慢被沖淡，互相分享的氛圍又回來了。」

　　從前有七個地精兄弟，住在地底深處、光線充足的洞穴裡。他們整天都在努力尋找藏在地底的水晶。

　　他們彼此相親相愛，總是唱著歡欣的歌。洞穴裡充滿了音樂和快樂。

　　在這個特別的洞穴裡，水晶一向都很清透。所以七兄弟整天都在努力工作、尋找水晶。然後，這些石頭會把光灑在藏身的洞穴外，也就是還在沉睡的種子和樹木上。

　　有一天，工作非常努力但脾氣暴躁的紅地精發現了一塊紅水晶。這塊水晶實在太特別了，所以他決定不和兄弟分享，而是把它藏了起來。

　　而同一天，也很努力但比紅地精有耐心的橙地精也發現了一塊橙水晶。他覺得這塊水晶很特別，也把它藏了起來。

　　第二天，黃地精也發生了同樣的事——他發現了一塊黃水晶，非常高興，於是就把它藏了起來。綠地精動作很慢，但喜歡漂亮的東西，他發現了一塊綠水晶，喜歡得不得了，就把它藏了起來。

　　愛哭的藍地精和靛地精也發現了跟自己同一個顏色的水晶，這是他們第一次沒有哭，於是他們也把水晶藏了起來。

　　七兄弟裡只有最小的紫地精什麼也沒找到，他只是耐心的鼓足了勇氣，用又長又有力的斧頭繼續砍著。

　　過了一段時間，紅地精覺得自己的祕密太沉重了，於是他把祕密悄悄告訴了弟弟橙地精。橙地精也鬆了口氣，說出了自己的祕密。

　　奇怪的是，那天黃地精和綠地精之間不但發生了同樣的事，而且這件事也發生在藍地精和靛地精身上，他們各自把祕密告訴了一位兄弟，但沒有告訴其他人。

　　從那之後，他們都開始懷疑彼此、開始觀察其他兄弟在做什麼，希望

自己寶貴的祕密不會洩漏出去。

房間裡的祕密愈來愈多，耳語也愈來愈多，在牆之間傳來傳去……地精失去了愉快的歌聲和心情，洞穴裡塞滿了祕密。

只有紫地精還是快快樂樂的。但他看得出其他兄弟並不快樂，他有時候也會為此難過——尤其是他根本不知道發生了什麼事。他很想幫助其他兄弟。

有一天，紫地精發現了一塊非常特別的水晶，跟他自己的顏色一樣，而且很小。他有了一個好主意，可以讓親愛的兄弟高興起來。他站在其他兄弟面前，露出大大的微笑（藏著水晶），說：「親愛的哥哥們，我要給你們一個驚喜。」

紫地精快樂的拿出閃閃發光的水晶。

所有地精都張大了眼睛和嘴巴，覺得非常尷尬……

紅地精咕噥著說：「好吧，我也有個驚喜。」

他拿出了紅水晶，橙地精也做了同樣的事，接著每個兄弟都拿出水晶。地精們都鬆了口氣，因為不再有祕密了，只有驚喜。

但隨後，令人驚訝的事情發生了。當他們的水晶靠在一起的時候，水晶開始發出強烈的光，愈來愈強，最後那道光穿過岩石，照在洞穴外的樹木和植物上。

地精跑出去，看見了有生以來最壯觀的彩虹。這真是個大驚喜！

從那天開始，他們不再有任何祕密，只分享驚喜。

為了擴展這個故事，艾洛蒂在沙坑裡藏了一些水晶，孩子們也非常興奮的挖了出來。她說，這個活動有助於帶來歸屬感，因為孩子們必須一起努力尋找寶藏。

她還玩了一個小遊戲，讓孩子們閉上眼睛、圍坐成一圈。一個孩子踮著腳尖在其他孩子背後行走著，把一袋水晶留在其中一個人後面。接著輪到背後有水晶的孩子起身，重複剛剛的活動。這裡可以用下面這首歌：

> 「嗨喲，踢踏踢，嗨喲，寶貝就在他袋子裡。
>
> 要是你安安靜靜、不發出聲音，
>
> 就會發現寶藏等著你。」

〈彩虹石〉 作者：貝琪・惠特科姆（早期幼教工作者）

適合年齡：8歲。
應對狀況：再度相信這個世界的奇蹟與美麗。

貝琪介紹：「這個故事是為了幫助一群8歲孩子，希望他們能再度相信這個世界的奇蹟和美麗——在聽到這個故事之前，他們很難擺脫在網路上看到、令人不安的恐怖圖像。圖像加上難以擺脫的深刻感受，讓孩子們嚇得睡不著——他們尖叫、流淚，也恐懼獨處。

「小女孩的旅程給了我們希望和安慰，讓我們相信這個圖像會慢慢消失，我們有能力擺脫它們。反射圖像的靈感，來自英國民間故事『棕精靈』（The Brownies）。唯一的道具是說故事者腳邊的一塊藍色絲綢，裡頭有一塊彩虹石等著小波浪把它沖出來。

「故事表演完之後，大家都嘆了口氣——彷彿都被文字和神奇的結

局深深撫慰了。每個孩子都得到了一塊上面畫著彩虹的鵝卵石，幫助他們實現自己的夢，他們都崇敬且敬畏的收下禮物。

「故事結束後，孩子們可以挑選幾張彩虹色的卡片，我們要求孩子在卡片上寫下自己最喜歡的夢。有些人選擇了小狗、仙女、糖果、足球、巧克力，當然也有蝴蝶和彩虹。很多人把卡片貼在迷你海報上，還在旁邊畫畫。

「大約一星期後，幾位家長告訴我，孩子把夢之海報貼在床邊，入睡前在腦子裡先選好要做的夢。還有很多人會跟彩虹石一起睡覺，想讓它暖起來，好給它力量。隨著時間過去，孩子腦中的負面圖像逐漸消失，每天晚上睡前聽了這個故事，孩子都可以感受到故事所帶來的支持。一個月之內，被可怕圖像影響最大的幾個孩子，都能在睡前讓自己安定下來，並且在安全的感覺中進入他們挑選的夢境。」

從前有個可愛的小女孩，大約跟你差不多大（指向聽眾）。她是個可愛快樂的女孩，最喜歡到處冒險。

她每天都會到房屋後的樹林去，在草地上蹦來蹦去、在樹上跳來跳去，還會對著花兒、小鳥和蜜蜂唱歌。

大自然就是她的全世界，她在那裡非常快樂，也很安全。

她收集松果堆成巨大的火山，她用帶著枝葉的堅硬樹皮製作小帆船，她喜歡看巨大壯觀的樹幹和上面所有的紋路。有時候她會在紋路間看到動物外型、看到漩渦狀的圖案，有時候還會看見她認識的面孔。大多數時候，她看見的是奶奶的臉！

她在森林裡真是太快樂了——她探索、嬉戲、玩耍。

某一天，她從學校走回家的時候，遇見了鄰居家的小男孩。他問：「妳聽說那隻鳥的事了嗎？在我們學校大門外？」

小女孩說：「沒有，我沒聽說。」

然後男孩告訴她，有一群孩子發現牠死了，所有羽毛都掉光了，連臉都不見了，甚至還有一些內臟被壓扁了！「喔，真是酷斃了！」他說。

「可憐的小鳥，」她想。

她叫男孩別再說了，她需要馬上回家。

小女孩也這麼做了。她一路跑回家。一到家，就覺得離開那個男孩和他說的鳥故事之後好多了。媽媽看見女孩似乎很難過，給了她溫暖的擁抱，還幫她煮了熱巧克力。

下午的活動一如既往。她玩了洋娃娃、讀了一些書、喝了茶，然後洗了澡，打起哈欠準備睡覺。

爸爸媽媽親吻她並道了晚安。關上了燈，她準備愉快的進入夢鄉，但是並沒有！

女孩一閉上眼睛就看見那隻小鳥──沒有羽毛、沒有臉，全身都被壓扁了⋯⋯她尖叫起來！哭了！她甚至試著甩頭⋯⋯「離我遠一點，離開我，」小女孩懇求著，但牠就是不走。

媽媽試著唱歌安撫她、爸爸用擁抱安慰她，但都沒有用。

那天晚上她是哭著睡著的。

糟糕的是，這種情況持續了好多天。小女孩變得愈來愈累⋯⋯

一天下午，她走進森林，想讓自己高興起來，但她只看得見那隻死鳥。她在流動的小溪、松果和樹幹上都看見牠⋯⋯她實在太難過了，根本看不見別的東西。

女孩跌坐在樹旁邊，哭得停不下來。

她坐在那裡一邊哭一邊問：「為什麼我就沒辦法看到彩虹和蝴蝶呢？」

「呼──呼──」上頭傳來睿智貓頭鷹的叫聲。

「妳的哭聲把我吵醒了！我不能就這樣讓妳……妳怎麼流這麼多淚呢？」

小女孩把男孩說的一切都告訴了貓頭鷹——那隻鳥、牠被發現時的樣子，以及那隻鳥的樣貌無所不在。她還說自己好累，因為她已經好幾天沒有睡覺了。

「啊，」睿智的貓頭鷹說，「這很容易控制的，只要用妳的名義說出這個請求。妳知道心比腦袋更有力量嗎？」

「這是什麼意思？」小女孩說。

「妳知道，只有一個人能解除，也只有一個人能擺脫它。去魔法湖吧，那裡能讓妳的煩惱消失。當月亮高掛在天上時，看著靜靜的水面，並且說再見。」

小女孩似乎很困惑：「我要跟誰說再見呢？」

睿智貓頭鷹繼續說：「只需要唸出這首順口溜……『祖馬祖馬季，祖姆祖姆季，我希望希望希望看見，誰是擺脫一切的人，這個人會是誰，會是……？』」小女孩問，「就這樣？我只需要說這些？」

「沒錯，沒錯，現在就上路吧。」貓頭鷹說。

於是小女孩穿過森林，向湖邊走去。她一直等到月亮升得很高，才站在那裡望著平靜的水面。

然後她說，「祖馬祖馬季，祖姆祖姆季，我希望希望希望看見，誰是擺脫一切的人，這個人會是誰，會是……？」

她四處張望，等待這個人出現，但是她誰也沒看見，只有自己。這裡只有小女孩、月亮和湖泊。她聽到遠方傳來「呼——呼——」的聲音。

她深吸一口氣、揉了揉眼睛，然後望著湖水又試了一次。

「祖馬祖馬季，祖姆祖姆季，我希望希望希望看見，誰是擺脫一切的人，這個人會是誰，會是……？我？是我嗎？我就是那個有能力擺脫它的

人嗎？」

這時，湖水揚起了小小的波浪，把一塊小石頭沖到她的腳邊。

她撿起石頭、翻過來一看，發現是彩虹大理石紋的顏色。就在這個時候，一隻蝴蝶從她身邊飛過。

小女孩開心極了，笑著拿著石頭回家。

她緊緊擁抱了爸爸媽媽，說：「我簡直等不及睡覺了！」她一邊跳舞，一邊唱著，「我就是那個能擺脫一切的人，我就是那個人。是我！我就是那個擺脫一切的人，我就是那個人。是我！」那天晚上，她躺在床上、緊緊握著那塊石頭……許願，喔，用她所有的力量許願。

當石頭開始變暖和，蝴蝶就飛來了。牠們在小女孩頭上飛來飛去，搔著她的皮膚，然後飛走了。她覺得好幸福、好平靜，接著深深進入夢鄉。

這顆寶貝石頭白天住在她的枕頭下，晚上被她握在手裡。石頭在她手裡變暖和時，就能幫助她做個好夢。有一天晚上，她夢到在長滿向日葵的田野裡奔跑；另一個晚上，夢裡出現了彩虹；還有一個晚上，蝴蝶漫天飛舞。

於是到了白天，小女孩又高高興興回到森林裡玩松果、在小溪裡划船、在樹上找圖案了。再一次，她發現自己對著所有花兒、鳥兒和蜜蜂唱歌，就跟以前一樣。

她非常快樂，又能看見身邊所有的美了。

小活動

1. 在平滑的鵝卵石或石頭上畫彩虹。
2. 將故事中描述的「好夢」做成卡片。

〈養蜂人與蜂蜜杯〉

適合年齡：5歲。
應對狀況：學會控制憤怒。

　　這個故事是為了幫助孩子找到更能被社會接受，也更有趣的方式控制憤怒而寫的。一位5歲男孩生日時，我將這個故事連同手工娃娃送給了他，娃娃的外套前面有蜜蜂鈕釦，幫助他隨時想起這個故事。

　　從前有個養蜂人，他住在一座大花園中間。花園邊緣有很多蜂箱，蜂箱裡有好多好多蜜蜂……不是只有幾百隻，而是成千上萬隻蜜蜂。

　　為什麼養蜂人有成千上萬隻蜜蜂呢？他很愛吃蜂蜜──很多很多蜂蜜。不是一小匙，也不是一大匙，而是不管什麼時候，都要滿滿一大杓蜂蜜！

　　他最喜歡的外套上有蜜蜂外型的鈕釦，好提醒他有多愛蜜蜂和蜂蜜。

　　每天，養蜂人都會從蜂箱裡收集蜂蜜，放在木製的小蜂蜜杯裡。但是，有時候蜂蜜不夠裝滿小木杯；有時候蜜蜂找不到足夠的花，無法收集足夠的花粉釀蜜；有時候因為下雨花園太溼，蜜蜂很難工作。

　　當蜂蜜無法裝滿木杯時，養蜂人就會生氣。不是只有一點點生氣，而是非常、非常生氣！養蜂人非常生氣的時候，會尖叫、大吼、亂丟東西。他會在空中揮舞拳頭，激烈尖酸的抱怨生活不公平。

　　但是，這些生氣的行為完全沒辦法幫助蜜蜂釀蜜。事實上，他們一聽到養蜂人發火的聲音，就會從尖叫和大吼聲中飛走，等到一切都平靜下來了，才會回到花園。

　　生活就這樣持續了很長一段時間──有時候有蜜，一切都很好。但有時候沒有蜜，養蜂人就會尖叫、大吼、亂丟東西。他會在空中揮舞拳頭，

激烈尖酸的抱怨生活不公平。

有一天，養蜂人特別生氣，弄出非常大的聲響，整個花園好像都因為他的狂怒而發起抖來，連天上的風也因為這樣的聲響瘋狂旋轉起來。風一捲起來，雲就變暗了；雲一變暗，雷神就從對祂來說極為重要的睡眠中被吵醒了。

「怎麼又叫又吼又亂丟東西？」雷神朝著底下的小養蜂人吼道。

「你沒注意到吵醒雷神了嗎？你一定要這麼吵嗎？」

養蜂人聽見雷神的聲音，心裡很不安。他用很小很小的聲音回應了雷神，想稍微解釋一下這件事。

「齁齁齁，」雷神說，「為這麼小的事大驚小怪。你不開心的時候為什麼不跳場『生氣舞』呢？這樣蜜蜂就會留在花園裡，我也可以睡覺了。」

養蜂人從來沒聽說過生氣舞，他請雷神再多說一點。於是雷神就向養蜂人說明如何跳生氣舞。

「說『氣呼呼、氣鼓鼓』，再踩踩腳，
敲敲雙膝，轉一圈。
事情不順心的時候這麼做（做三次），
生活就會一天比一天好。」

養蜂人謝過雷神，雷神就回到自己的雲朵屋繼續睡覺了。

從這時候起，每當蜂蜜無法裝滿養蜂人的木杯子時，他就會跳三次生氣舞，像這樣：

「說『氣呼呼，氣鼓鼓』，再踩踩腳，

敲敲雙膝，轉一圈。

說『氣呼呼，氣鼓鼓』，再跺跺腳，

敲敲雙膝，轉一圈。

說『氣呼呼，氣鼓鼓』，再跺跺腳，

敲敲雙膝，轉一圈。」

蜜蜂變得快樂多了，因為養蜂人不再尖叫、大吼、亂丟東西了。

花園裡的生活終於安定下來。而且你知道嗎？因為養蜂人很少發脾氣，蜜蜂似乎更高興了。木杯裝滿蜂蜜的時候，也更多了。

〈刷子和畚斗〉

適合年齡：各年齡層。
應對狀況：朋友、家人或社區團體不再合作。

當朋友、家人或社區團體之間不再合作時，這首故事詩有助於引起討論。押韻和幽默感讓它適用於所有年齡。

小刷子和小畚斗是最好的朋友，

它們曾經以為友誼永遠不會變。

它們日夜一起工作，

清掃眼前所有灰塵，

細細的絨毛全掃光，

讓家裡整潔又明亮。

然後，不尋常的某一天，

情況可怕的偏離了航道。

刷子突然宣布：
「我的工作更重要。」
畚斗接著大叫：
「不、不、不，
我的工作更重要。」

它們互相推又撞，
浪費整天的時光。
推撞變成了拌嘴，拌嘴變成了打架，
打架變成了爭吵，一直鬧到了晚上。

爭吵讓它們決裂，
爭吵傷透了心底。
畚斗藏在角落裡──再也不用，
刷子不讓人看見──躲在門後。
家裡變得好安靜──除了風聲和孤獨的夜鶯，
幾乎聽不到聲音。

幾天、幾週、幾個月，
灰塵不斷往上堆，
夜鶯獨自唱著歌，
風兒繞著家外吹。

過了很久很久，
灰塵堆得好高好高，

刷子和畚斗幾乎看不到，
該做些什麼，它們也不知道！

夜鶯開始唱新歌，
喊來風兒猛力颳。
風兒用盡了全力，
終於擠進它們家。

風兒一進家，橫掃了地板、
吹開了窗戶、吹開了大門。
灰塵絨毛直打轉，
轉著轉著就吹散。

夜裡剩下夜鶯之歌，
牠向朋友伸出援手，幫忙擺脫了困境。
畚斗從角落裡出來，刷子從門後出來，
終於不用再躲藏。
這對朋友唱起歌，
納悶究竟出了什麼錯……
它們互相擁抱、開始幹活，
清掉一團團的絨毛和汙垢。

刷子和畚斗又是最好的朋友，
它們知道友誼永遠不會改變。
它們日夜一起工作（還一起歌唱），

清掃眼前所有灰塵，

細細的絨毛全掃光，

讓家裡整潔又明亮。

〈圓形的朋友〉

適合年齡：8歲。
應對狀況：鼓勵設下明確的界線。

　　這個故事是為8歲女孩所寫，她的一些朋友控制欲很強。媽媽聯絡我，問我可不可以寫個故事，鼓勵女兒設下明確的界線、做出自己的選擇，並且在許多個朋友間不要厚此薄彼。幾週後，我收到了這位媽媽的回信：「謝謝妳的故事。在我女兒的成長過程中，這是個強有力的工具──不但意識到正在發生什麼，也讓她明白自己需要外界幫助。」

　　在形狀國裡，在許多正方形、三角形和五角形（只是舉幾個例子）之間，住著三個圓形的朋友──有紅的、藍的，還有一個是黃的。

　　圓形的朋友喜歡一起做每一件事，

　　圓形的朋友喜歡一起去所有地方。

　　每天都可以看到它們在外面到處逛、玩得很開心──它們會在地上滾來滾去、快速旋轉、上下彈跳。它們可以做出這麼多動作！

　　它們鮮豔的顏色，也帶給住在那兒的人歡樂。

　　然而，有件事情似乎很久沒有人注意到。藍圓形和紅圓形總是輪流在遊戲中帶頭，黃圓形只能聽朋友的話，朋友想做什麼它只能跟著做。幾乎沒有輪到它帶頭過，它也盡可能躲在兩個朋友之間。有時候，當它們在地上滾來滾去、快速旋轉、上下彈跳的時候，幾乎看不見黃圓形了。

　　然後有一天，有人注意到這件事了！在皇家形狀城堡裡，形狀國最尊

貴的女王——「萬形女王」注意到的。

每天，萬形女王都會去大鏡室，檢查住在王國裡的所有形狀。這個大鏡室裡有各種形狀的鏡子——方鏡子、三角鏡、五角鏡等等，當然也有一面圓鏡子。

你可能已經想到，這些不是普通的鏡子，每一面鏡子都有魔力。當萬形女王看著鏡子的時候，她看見的不是高貴的自己，而是所有形狀臣民在這個國家所做的事情。

每一天，當萬形女王照鏡子的時候，她發現有些事情不太對勁，而且已經持續一段時間了。她可以看見黃圓形愈來愈常躲在兩個朋友中間，而不是露出那美麗、圓潤、閃亮、黃色的自己。

最後，萬形女王決定給它一些幫助。她舉起高貴的手、伸進鏡子，給了在圓形朋友中滾動的黃圓形一個飛吻。這個吻變成了一陣微風，在鏡子周圍颼颼旋轉。

讓我們回到真實的形狀世界、真實的形狀時間中。黃圓形突然感覺到一絲颼颼聲，一股小旋風。

它看見一條從來沒有注意到的彎曲小路，一陣友好的風正推著它踏上那條路。微風流動的感覺非常好，所以它決定沿著這條全新的路走。

這條路把它帶到了形狀國中完全不同的地方，而且它從來不知道有這個地方。這太令人興奮了——嗯，雖然也有點可怕，但大部分都是令人興奮的！有那麼多新東西要探索，那麼多新形狀等著它認識！六角形、八邊形、九邊形、十二邊形和十六邊形。還有長方形、橢圓形和星形，以及梯形和平行四邊形。

黃圓形等不及告訴朋友們了。下次碰到它們的時候，就要帶它們去看看自己的新發現，一起享受探索和玩耍的樂趣。

而與此同時，在皇家形狀城堡裡，萬形女王依然每天去大鏡室。當她

看著圓鏡時，很高興看見黃圓形很開心，它滾來滾去、快速旋轉、上下彈跳，讓黃色的光芒照在大地上。萬形女王會暗自微笑，然後繼續工作。接著，在一天結束時，她會脫下天鵝絨長袍、拿下金色的圓形皇冠，在皇家形狀花園裡喝杯茶放鬆一下。

〈在月亮與星星間的空間〉 作者：貝亞特・施泰勒（應用心理學碩士、教育碩士、社工榮譽學士、註冊護士）

適合年齡：成人。
應對狀況：讓失衡的生活恢復和諧。

　　貝亞特表示：「我要謝謝蘇珊的療癒故事訓練，鼓勵我寫下自己的故事，讓失衡的生活轉變為深刻的痊癒。

　　「寫這個故事的7個多月前，我被診斷出由替代性創傷及累積性創傷引起的創傷後壓力症候群。身為專業人員同時也是普通人，我一直在協助人們度過創傷、失落和悲傷。我感到頭暈和疲勞已經有一段時間了，但並沒有意識到這些跡象是我自身的症狀。然後有一天，我聽到一個故事，這個故事觸動了我，迫使我停了下來。而我的大腦無法控制自己的腿，因此不得不尋求醫療幫助。這時候，有位非常有洞察力的年輕醫生幫我看診，他向我保證，在他的幫助下，我的大腦可以重新與身體各處『連結』、加強我的個人界線，並且重新調整生活和工作之間的平衡。創傷後壓力症候群可能會轉變成『創傷後成長』（Post-Traumatic Growth），也就是在『思考方式』以及『與世界的關係』上經歷了足以改變生活的心理轉變。這對一個人的轉變過程來說，具有深刻意義。我非常投入在這項內在工作上，並且在過程中不斷獲得支持。然而，為自己寫療癒故事的過程中，我的思考模式以及與這個世界的關聯上，發生了巨大的轉變、完全出乎我的意料，且這個突破意義深遠。這個療癒故事帶給我的解方，確實讓生活恢復了和諧與平衡。」

很久以前，有個年輕女子因為樂於助人而聞名。不管這位「幫幫小姐」走到哪裡，都會分擔別人的負擔和問題。每當她離開某個地方，人們都會說：他們覺得輕鬆多了。

　　然而，「幫幫小姐」的腿已經變得又累又沉，雙腿承受了太多故事和其他人的生活負擔。有時候，她甚至連自己的手腳都感覺不到，如果想站直，就會開始搖晃，也常常覺得頭暈。

　　「幫幫小姐」很受歡迎，身邊隨時圍繞著人群。有一天，她的朋友對她說：「妳最近觀賞過月亮和星星嗎？它們真是神奇。宇宙真大啊，如果想看星星和月亮，就必須等到天很黑很黑的時候。在這麼大的空間裡，我可以單腳站立、雙手平伸，依舊感覺到平衡。」

　　當朋友說到月亮和星星之間的空間時，「幫幫小姐」的心快樂的唱起了歌，她已經很久沒感受到這種輕鬆了。她還注意到朋友在講述自己的故事時，是單腳平衡、穩穩的站著。

　　那天晚上，「幫幫小姐」一直等到大家都睡了、天色非常黑的時候，便出了家門，躡手躡腳走到灌木林邊的空地，然後睜大了眼睛看著夜空。空中沒有月亮，也沒有閃爍的星星，她的心不唱歌了。她把頭低了下來，注意到自己的肩膀很沉重。難道連月亮和星星也掉到她的肩上了嗎？

　　「幫幫小姐」站在空地上，聽到貓頭鷹在附近的樹上嗚嗚叫著，要她靠近，並且告訴她貓頭鷹族的智慧之言：「想要看見它們，唯一的辦法是回到空地暗處、閉上眼、深入自己的內心、深入夜晚的寂靜，這會幫助妳找到那個空間。」然後貓頭鷹說，「想看見月亮和星星，以及它們之間的空間，妳可能需要重複很多次。」

　　第二天，年輕女子等到天色很黑了，才悄悄走到空地。她沒有抬頭，而是閉上眼睛，深入內心的寂靜、內心的空間。她閉著眼睛很長一段時

間，當內心完全寂靜之後，才慢慢張開眼睛。

然而，「幫幫小姐」的心還是不唱歌。她覺得迷茫又害怕，她依然感受到月亮和星星的重量壓在肩上。這時候她想起了睿智的貓頭鷹對她說的：「妳可能需要重複很多次。」於是「幫幫小姐」就這麼躡手躡腳的回到家，然後隔天晚上又去了，接著再隔天，接下來的日子依舊。

這樣做了很多很多次之後，某天晚上她張開眼睛，突然看見月亮和星星都在宇宙高高的地方。它們發著光，中間隔著很大的空間。她從來沒有看過這樣的東西，她不再感到失落了。

她的心用輕柔的聲音唱著歌。她沉浸在那溫柔的旋律中，覺得很平衡，一直壓在肩上的沉重感消失了。當她往下看，她注意到自己已經把重量轉移到一條腿上，單腳保持平衡，就像朋友所說的那樣。

屬於宇宙的一切——月亮和星星——都回到太空去了，過去的她早已忘記，這是它們永遠的歸屬之地。

現在她想起來了，自己的心在歌唱。

〈太陽國王和月亮女王〉

適合年齡：各年齡層。
應對狀況：兩性需要互相尊重與關愛。

寫這個故事，是為了鼓勵男孩和女孩、男人和女人之間要有尊重和關愛。它是根據印度清奈某次小組研討會上產生的想法所編寫的，並且被收入社區故事集，以供印度不同的說故事團體使用。

太陽國王和月亮女王一起統治著天空王國。這本該是很幸福的一件事，但太陽國王總愛爭辯自己比月亮女王還要重要，畢竟他一整天都那麼明亮、那麼飽滿，當他高掛在天上的時候，大地上的人們都是清醒而警覺

的。

　　而月亮女王雖然有時很圓、很飽滿，但她常常不是這種狀態，而只是天上細細的一條銀片……而且當她在天上統治人們的時候，大部分的人都在睡覺。

　　爭執持續了很長一段時間，月亮女王也被說服，接受了太陽國王比較重要的說法，她常常把自己視為國王的僕從，而不是女王。

　　如果不是一隻日夜在空中飛來飛去的小織布鳥，生活就注定永遠這樣過下去了。這隻小鳥聽膩了太陽國王的爭辯，決定找出問題的真正答案。

　　在尋找真理的過程中，小織布鳥拜訪了老星鴉，老星鴉在天空王國被稱為「智者中的智者」。小織布鳥問：「太陽國王比月亮女王重要嗎？」

　　星鴉張開大大的眼睛、望著天空，沉思了一會兒對小織布鳥說：

> 「嗚呼嗚呼，嗚呼嗚呼，
> 找出真相，是你的任務，
> 從耀眼的太陽國王那兒收集金線，
> 從靜謐的夜晚皇后那兒收集銀線，
> 織成金銀皇冠，
> 置於天空高處，真相自會浮出。」

　　隔天早上，織布鳥便飛上天空，從太陽的光芒中收集了光之金線。

　　隔天晚上，織布鳥又飛上天空，從月亮的光暈中收集了光之銀線。

　　然後，小鳥開始工作了，牠織啊織、織啊織，織出了閃閃發光的金銀皇冠。皇冠完成後，小鳥便將它放在高高的天穹上。

　　隔天早上，當太陽國王爬上白天的天空時，皇冠的光芒引起了他的注意，他伸出手把皇冠戴在頭上，大小剛剛好，於是他高興的戴著。

那天晚上，月亮女王在旅途中發現那頂皇冠高高掛在天穹上。皇冠的光芒引起了她的注意，她伸出手把皇冠戴在頭上，大小太合適了，於是她高興的戴著。

　　從那天開始，太陽國王和月亮女王在穿越天空時，總是戴著那頂皇冠。當月亮女王變圓而飽滿時，她戴著那頂皇冠大小剛好。但即使月亮女王只是天上一條薄薄的銀片，因為某種特殊的魔力，皇冠依然能戴得很漂亮。

　　從那天開始，太陽國王再也沒有說過自己比月亮女王更重要這種話。他們繼續戴著那頂閃閃發光的編織皇冠，不分日夜，和平的統治著天空王國。

Chapter **10**

面對生命循環與變化，
需要故事來陪伴

本章的故事主要是分享生命循環「更大的圖景」，像是從毛毛蟲蛻變成蝴蝶、季節更替、水循環以及雪花的旅程。世界各地的傳統故事將它們的古老智慧帶到了這裡。以下是每則故事的摘要：

◆ 〈蘋果桉葉〉（第301頁）：關於堆肥的故事，為學齡前和幼兒園兒童編寫，講述大自然中的生死循環。

◆ 〈蝴蝶〉（第304頁）：關於死亡、生命和轉變的故事，適合所有年齡層。

◆ 〈小星星的旅程〉（第306頁）：使用墨西哥文化中的意象和概念為孩子說明生命循環的故事。

◆ 〈波光粼粼的河〉（第309頁）：關於洪水的故事，河水經歷了破壞和恢復的週期，適合5歲以上的兒童。

◆ 〈巨嬰蜀的傳說〉（第310頁）：帛琉群島創世神話的一部分，適合大孩子、家庭、學校和社區的生命循環故事。

◆ 〈飛呀小鷹〉（第312頁）：以「復活」為主題的非洲迦納民間故事，適合大孩子、家庭、學校和社區。

◆ 〈溪流、沙漠、風〉（第313頁）：關於變化和轉型的蘇菲派[36]寓言，適合大孩子、家庭、學校和社區。。

◆ 〈造物者與狗〉（第314頁）：以「麻煩如何變成轉機」為主題的美國土著故事，適用於大孩子、兒童、家庭、學校和社區。

◆ 〈雪花飄落〉（第316頁）：敘事詩，鼓勵孩子和家人討論轉變和蛻變，以及個人生命中的「模式」或命運。

〈蘋果桉葉〉 作者：湯妮・萊特－透納

適合年齡：學齡前與幼兒園兒童。
應對狀況：說明生死循環。

這是為學齡前和幼兒園兒童編寫的故事，說的是生死循環，無論在大自然或是生活中，這樣的循環始終在我們身邊。

蘋果桉是澳洲原生樹種，並不是落葉樹，所以不會在某個季節葉子全部掉光換葉。這個故事說的是樹上的一片葉子，這也是桉樹的典型特徵——隨時都在掉葉子。

從前在花園邊有一棵蘋果桉樹。花園裡長滿了花朵、藥草、蔬菜和灌木。不管是有風、淅淅瀝瀝的雨天，或者太陽公公燦爛照耀著的日子，花

---

36 伊斯蘭教分支，有別於一般穆斯林，更追求精神層面上的提升。

園裡的植物都開心的聊著天。他們都認識雨仙子和太陽仙子，也和每天照看他們的精靈是朋友。來花園幹活的孩子對每棵植物都很溫和友善，這裡確實是座快樂的花園。

蘋果桉樹上有一片光滑的小葉子，他驕傲的站在樹上、俯瞰著花園。小蘋果桉葉和所有人都是朋友，他的世界很完美，希望永遠不要改變。

然後有一天，事情發生了變化。蘋果桉葉在一個晴朗的夏日早晨醒來，卻感覺不到平常能感受到的油綠身體。太陽公公照耀著、太陽仙子也下來探望，但他們都沒有注意到蘋果桉葉，而是忙著照料花園裡新生的嫩葉和初開的花。蘋果桉葉愈來愈枯黃，美麗溫柔的油綠色消失了，一天比一天乾枯。蘋果桉葉哭了，因為他想永遠當最美的葉子。

當陣陣秋風吹進花園，蘋果桉葉再也抓不住樹，飄落到下面的土地上。一開始他很害怕，因為他從來沒到地上過。但很快的，他就和附近的小草、身下鑽來鑽去的甲蟲，以及在身上跑來跑去的螞蟻交上了朋友。他每天都見到太陽公公，感覺到微風拂過、輕柔的雨點拍在如今的棕色外套上。

這時，花園裡的老朋友雛菊的花瓣，也一片片飄落在蘋果桉葉身邊——她美麗的花已經開盡。這對朋友很高興又見面了。從那之後，一天又一天，每天都有其他人加入。樹葉和草、花瓣和小樹枝，都跟他們一樣，乾枯，萎黃，然後從花園的植物上落下。有時候，秋風會把他們吹得漫天飛舞，但大多數時候，他們只是躺在那裡，看著、等待著，不知道自己會變成什麼樣子。太陽仙子來花園的次數少了，天氣也變涼了。

有一天，蘋果桉葉聽到孩子們來了。他們有說有笑，拿著耙子和草叉，還有一個推著手推車。他們在蘋果桉葉和朋友們附近停下來，某個孩子看見了蘋果桉葉，高興的把他抱了起來。

「看哪，看，這剛好能用！看看這些！」

很快的，雛菊花瓣和其他東西都被耙成一堆，和蘋果桉葉一起放進了手推車。

孩子們輪流推著手推車，車子「乒乓乓」響著。孩子對自己找到這麼多葉子感到興奮，興高采烈的談著要做的堆肥。

「他們說的堆肥是什麼？」蘋果桉葉想著，「我們要去哪裡？」他不想離開這座花園，這裡一直是他的家。蘋果桉葉感覺手推車一斜，他滑了下去，落在一張柔軟、有遮蔭的床上，朋友都在他身邊翻滾。愈來愈多樹葉、樹枝、草和落花被集中到蘋果桉葉的床上，直到裝滿。最後，孩子們把來自大地之母的泥土毯子蓋在這張床上。

在他們的新土床裡，蘋果桉葉和雛菊花瓣聽著風吹的聲音和雨點滴答的聲音。有時候，太陽仙子會短暫來訪，暖一暖泥土毯子。這群朋友依偎在一起，很高興自己避開了冬天的寒風，也遠離了冬精靈「冰霜傑克」冰冷的手指，不再感覺到冬天的寒冷。他們愈來愈睏，最後一個個打起了哈欠，一個接一個睡著了，就這樣睡了整整一個冬天。

某天早上，蘋果桉葉醒來了，一條小蚯蚓正好從身邊鑽過。

「醒醒，瞌睡蟲！」蚯蚓說，「春天來了，你該工作了。」

「工作，」蘋果桉葉想，「一片枯葉能做什麼工作呢？」然後他翻了個身繼續睡覺。但沒過多久，孩子們就來了，他又被吵醒了。

「看看我們的堆肥是不是好了，」他們喊著，接著把大地之母的泥土毯子從蘋果桉葉的朋友身上掀開。陽光燦爛的照耀著，蘋果桉葉到處找雛菊花瓣。他身邊都是肥沃潮溼的泥土，但到處都見不到她。

「雛菊花瓣，妳在哪裡？」他喊。

「就在這裡啊，可是你在哪裡？」

當這群朋友醒來的時候，他們發現自己變得不一樣了——身上乾乾酥酥的棕色外套不見了，現在變得柔軟、潮溼、泥土味十足。孩子們看到土

床非常高興，立刻跑出去，又帶著手推車和鏟子回來，迫不及待想挖出新做的軟堆肥，帶到花園裡去。

現在是春天，在寒冷的冬天過後，孩子們又開始工作了。在蘋果桉葉翻進的花園土壤裡，孩子們種下一顆小小的金盞花種子。小種子非常害怕，她從來沒有離開過金盞花媽媽。於是蘋果桉葉把新的自己包在種子周圍，保護她、滋養她、幫助她長大。

在蘋果桉葉的幫助下，小金盞花一天天成長茁壯。她先把根扎進土裡，再把葉子伸向太陽。終於有一天，小金盞花準備開第一朵花了。在綻放的花蕾深處，蘋果桉葉抬頭一看，發現自己回到了花園，就在媽媽——蘋果桉樹下。蘋果桉葉真是高興極了！

〈蝴蝶〉

適合年齡：4歲以上。
應對狀況：死亡、生命和轉變。

這個故事來自匿名者並由我改寫，這是關於死亡、生命和轉變的簡單故事，適用於4歲以上的兒童。故事以偶戲形式呈現時特別美——請參考故事末的小活動。

雖然這個故事是寫給孩子們的，但對於轉變的隱喻，適用各年齡層。伊莉莎白·庫布勒·羅斯（Elizabeth Kubler Ross）[37]根據她多年來從各年齡層和各種環境的人那裡積累的數千例「瀕死體驗」描述，發展出蝴蝶破繭而出的意象，象徵死亡預示著新的開始。

有一次，老蝴蝶拍著疲憊的翅膀在田野上飛翔。牠飛向一片翠綠的灌

37　美國精神科醫師，瀕死研究的先驅。

木叢，在一片葉子底下生了一顆小蛋，然後緩緩飛離。

這顆蛋就這樣被交給了大地之母照顧。白天，太陽從上方將它晒得熱熱的；晚上，大地從底下把它烘得暖暖的。葉子保護它不被雨淋，所以它被照顧得很好。老蝴蝶的生命之光已經熄滅，但牠的蛋裡仍然存有生命的火花。

不過幾天時間，細嫩的外皮下就有了微微的動靜。一道陽光在綠葉周圍嬉戲，呼喚著：「出來吧，出來吧。」蛋裡不斷拉扯、伸展，外皮裂開，出現了一條黃黃的小毛蟲，身上布滿了小圓點，皮膚跟絲一樣光滑。

小傢伙爬向一片綠葉，這片葉子就成了牠的花園、房子兼食物。葉子的邊緣特別好吃，小毛蟲開始啃出一個小角。幾天之後，這片葉子幾乎被啃光了，陽光說：「時候到了，去找找通往廣大綠色世界的路吧。」

於是毛毛蟲開始了牠的旅程，從一叢灌木爬到另一叢，從一片葉子爬到另一片。牠一路爬，一路吃；一路吃，一路長。牠邊爬邊吃，邊吃邊長。沒過多久，小毛蟲就變成了很大的毛毛蟲。

這時候，夏天已經快結束了，秋風吹過田野、吹過灌木叢。陽光像是在說：「找個安靜的地方休息一下吧。」

毛毛蟲在石頭間往下爬，進入了黑暗而安靜的空間。大地之母用溫暖的手臂環住牠，毛毛蟲沉沉的睡了。當牠在漫長的冬天沉睡時，纖細靈巧的精靈為牠織了一件特別的長袍，用神祕的手指把星星和彩虹的光芒也織了進去。

春天來了，也帶來了陽光普照的日子。太陽的暖意深深透進大地，當地面上的花迎著陽光綻開，有隻蝴蝶在地下醒來。毛毛蟲死了，但換來了一隻正從岩石縫中往上爬的蝴蝶，牠朝著光明的地方爬去。牠可以聽見花兒的歌聲，也可以感受到春日陽光的溫暖。

牠張開了美麗的新翅膀，飛上高高的天空。

用身體（坐在地上）當成劇場來說這個故事。你需要一塊綠色的布，蓋在大腿上（當成花園），還有一些彩色羊毛氈做成的玩偶。

毛毛蟲剛開始很小，當毛毛蟲開始吃東西、開始變大，要把更大的新毛毛蟲事先藏在布的摺子裡。你也可以用彩色羊毛氈來當作蝴蝶——用一根細線把它掛在小樹枝上，這樣當你要讓它飛起來的時候，就有東西可以握著了。

你也可以幫孩子們製作自己的毛毛蟲，讓他們表演自己的偶劇。

〈小星星的旅程〉

適合年齡：兒童。

應對狀況：說明生命循環。

和生命循環有關的簡單故事，用的是插畫家札維特・孟若伊（Zavet Monroy）所分享的墨西哥文化圖像和思想（收錄在故事後）。我寫這個故事時受到札維特的指導，她會特地把故事說給在墨西哥長大的孩子聽；我依照她的建議，在故事中留了一小塊空間，在和孩子分享之前或分享當下，可以自行補充或加入自己的感官冒險——像是其他可以看、聞、摸、嘗、聽和做的事情。比如說，如果孩子最近從單車上摔下來了，你可以把這個經驗放進去；或者如果你去了海灘，從沙丘上滾下來了，你也可以加進去；你也可以讓孩子加入自己的想法——可能是真實經歷，也可能是編的。可以透過改變故事主角小星星孩子可能經歷的景象、聲音、氣味和滋味，將整篇故事改編成另一個樣子，並用在其他地區。

有個星星小孩，正準備從天上的家到下面的世界去度過一段長長的旅程。

他期待要享受一大堆美好的東西。他聽過很多奇妙的故事，說的是他在人間會發現什麼——花朵的芳香、水果的滋味、鳥兒的鳴叫、蝴蝶翅膀的觸感，以及綠色的山脈和白色的海灘。

為了替這場特殊冒險做好準備，小星星必須先鑽進獨特的人類外表衣服裡。月亮媽媽用銀色的光暈抱著小星星，幫他擠進新衣服裡——那感覺真是柔軟、溫暖而美妙。太陽爸爸則用金色的光輝環繞著他。

小星星是許多旅行星星孩子的其中一個。有時候小星星會對經過身邊、正要回家的其他星星眨眨眼，表示「你好啊」。有時候他們會稍微停一下，聽聽其他星星的小故事，然後繼續踏上自己的路。

每個星星小孩都想知道自己在這個世界上待的時間是短、是長，還是非常長。但不管停留多久，他們都希望能享受很多東西——節日的色彩、橙花和肉桂的香味、玉米餅和艾洛帖[38]的滋味、腳下柔軟草地的感覺，以及鶇鳥、小蜂鳥和好多奇妙之鳥的歌聲。他們期待著可能會有的許多冒險，像是＿＿＿＿＿＿＿＿＿＿（請根據自己的經歷填入冒險經驗）。

冒險結束之後，就該回家了，小星星和其他星星孩子都知道該怎麼做。他們會脫下人類的外表，然後就會和空氣一樣輕，開始返回天上的旅程。他們必須越過河流、翻山越嶺，他們走過炎熱之地、寒冷之地和多風之地找到自己要走的路。這真是段漫長的路啊！

最後，他們會回到天上的家，再次把明亮的光照耀到這個世界上。

38　艾洛帖（elotes），墨西哥烤甜玉米。

墨西哥文化中對「生命循環」的思考

　　札維特・孟若伊表示：「對我來說，死亡這個主題意義深遠，因為它不可避免要談到生命——也許這就是為什麼在墨西哥會慶祝死亡。我看待死亡的方式，已經和我從祖先那裡得到的文化互相融合、轉化，也就是將死亡視為神聖的，因為它是轉化的象徵。在不知道死後會發生什麼事的情況下，『生』的概念總是存在。比如說，當我所愛的人去世時，我並不知道他會去哪裡，但對我來說，他重生在記憶和我對活著的他的理解中，也就是賦予記憶生命。這也是一種重生——那個人重生在我對他的記憶中。

　　「另一方面，我理解自己死亡的方式是先考慮到『生』。生命就像一扇敞開的小門，你可以看到一點點光。當我靠近時，我會讓自己被那些只有活著的時候才能體驗到的感覺誘惑。我讓自己穿上那套皮囊，好獲得感官，並且和它們一起活出生命。意識到死亡，我才能享受生命，因為當我死亡的時候，我會脫下皮囊、回到屬於自己的地方。這些是我希望以故事形式和4歲兒子分享的圖像。

　　「儘管如此，慶祝死亡還是很重要的，因為正視死亡教會了我們如何生活、如何享受、如何重生。這並不表示當深愛的人過世時，我們不會感到悲傷，這是個至暗時刻，但這是親近那個人的每個生命，所經歷的一部分轉變。

　　「這一切，我都能在日常經歷中看見。例如，就像我寫的，我們正在經歷的這場大流行病，它是死亡的過程，也是宣告來生的過程。日與夜、睡與醒也是如此。

　　「在阿茲特克文化中，『米克特蘭』（Mictlán，冥界）的傳說提到比較多死後發生的事情。通往米克特蘭這條路上就像淨化的過程，由九個層級組成，必須克服這些障礙，才能到達冥王和冥后那裡，然後靈魂才

能得以釋放。在這段通往米克特蘭的漫長旅程最後，死者『在河岸上醒來』之前，必須把他人提供的祭品送給『米克特蘭特庫特利』（Mictlante-cuhtli，冥王），因為空手到死亡之神面前並不恰當。對我來說，放棄我的皮囊和感官，在不需要『物質』的地方重獲自由，就是我最終到達的死亡。」

〈波光粼粼的河〉

適合年齡：5歲以上。
應對狀況：家園遭遇洪水侵襲。

當澳洲布里斯本發生嚴重且具毀滅性的水災時，我寫了這個故事，後來則被用在有5歲以上兒童的小學裡。

故事敘述了一條波光粼粼的河經歷了破壞和恢復的循環，河邊的居民則獲得了另一種閃亮的幫助。

後來，這個故事被修改並翻譯成兩種菲律賓語言——他加祿語和維薩雅語，供菲律賓南部社區教師使用。在那個地區，每年雨季都會遭受洪水侵襲。

曾經有個城鎮建在蜿蜒的長河岸邊。住在鎮上的人都很愛他們的河——河水在陽光下閃閃發光，許多船在河上隨著懶洋洋的波浪浮動，自行車和汽車沿著河岸小徑和道路行駛，孩子在沿途的公園裡嬉戲。到了晚上，絲緞般寂靜的河面上倒映著月亮、星星，以及鎮上的燈火。

鎮民為他們的河而驕傲，因為它白天波光粼粼、晚上閃閃發光。

一年中有某些時候會下雨，波光粼粼的河水會變成褐色，水位急劇上升、流速也變得很快。但是一旦雨停，河水又會平靜下來，變得和以前一樣清澈閃亮。

然而，某個星期，雨下得實在太大了，河水高漲、溢出河岸，流進了小鎮。褐色的泥水流進住宅、商店和學校。許多人不得不搬離自己的家，和眾人一起睡在大禮堂、睡在成排成排的床上。

　　雨停之後，太陽又出來了。褐色的泥水又慢慢從民宅、商店和學校流出來，沿著街道緩緩流回河裡、流向大海。當褐色的河水回到河裡之後，每樣東西上面都留下一層泥巴。

　　大家花了好幾個月才把泥漿清理乾淨。過了好幾個月，這條河渾濁的棕色才漸漸淡去，恢復閃亮光彩。

　　然而，在到處都是褐色、一片泥濘的時期，鎮上的人發現了新的閃光。那是大家幫助鄰居、幫助陌生人時眼中發出來的光；那是來自全國各地和遙遠國度的援助者所發出的光。

　　這種新的閃光為河邊小鎮的人們帶來滿滿希望，他們帶著這份希望度過了滿是泥漿的每一天、每一週和每個月。

　　他們把希望帶在身邊，直到河再次在陽光下閃著粼粼波光。

　　他們把希望帶在身邊，直到月亮、星星和鎮上的燈火再次倒映在絲緞般寂靜的河面上。

〈巨嬰蜀的傳說〉

適合年齡：年齡大一點的孩子。
應對狀況：過度索取造成的災害。

　　這個生命循環故事，是西太平洋帛琉群島創世神話的一部分——主題是「索取太多」的結果，以致於海中和陸地上的所有食物都被消耗殆盡，和今日的情況非常相關。

　　這個故事可以開啟與年齡大一些的孩子、家庭、學校和社區討論。

很久很久以前，在人類還沒出現時，海裡是空的。海底和海上的精靈都很孤單，希望有伴。他們從最黑暗的地方引起了火山爆發，熔岩形成了一座高山，後來這座山成了一座島。就在這個地方，海的力量加上天的力量，創造了一隻巨大的蛤蜊，叫做「拉特米凱」。

拉特米凱不會動，也不會說話……只是不斷長大。牠愈長愈大，終於，洶湧的海水沖開了巨大的嘴脣，各式各樣的生物從嘴裡流出來，有螃蟹、鰻魚、魚類、鱷魚、儒艮、鯊魚……還有好多鳥兒和蝴蝶飛上了天。

但是，拉特米凱的嘴裡還有一個生物即將誕生。牠的嘴脣再次張開，一個巨大的生物爬了出來。

這個生物的胃口大得驚人，除了吃之外什麼都不關心。「更多、更多、更多，給我更多！」他天天這樣喊叫。

隨著時間過去，這個生物長成了強大的巨人，叫做「蜀」。他愈長，胃口就愈大，很快的，村民只能搬梯子才能搆到他的嘴。食物很快就消耗光了，巨人沒東西吃，村民也沒得吃。海裡沒有魚，陸地上也沒有水果和椰子了。

當食物一點也不剩，巨人便要村民把孩子帶過來。他們當然不想把孩子交給蜀，所以想了一個計畫——趁巨人睡著的時候，他們把椰子莖和椰子殼堆在巨人身上，然後點了火。

當蜀醒來時，熊熊大火已經圍成了一圈火牆，無法逃脫。看見人們的恐懼，這個巨大的生物第一次明白自己過去是多麼自私、殘忍而貪婪。

蜀明白自己必須死去，才能把奪走的東西還給人們。他巨大的身軀緩緩倒了下來，碎成許多片。落下的每塊碎片都化成了一座新島嶼——總共有340座。沒過多久，每座新島嶼周圍都漁獲盛產，陸地上也長滿了水果和椰子。

帛琉群島就是這樣誕生的。

〈飛呀小鷹〉

適合年齡：8歲。
應對狀況：面對小女孩即將過世。

多年前，我在南非工作時，聽了開普敦桌灣地區主教的廣播採訪。他說了下面這個故事，這是對8歲女兒說的，當時女兒已經得了癌症，不久人世。

這個故事來自非洲迦納以「復活」為主題的民間故事，主教認為這個故事確實幫助了女兒和家人，讓他們更能應對她即將死去的現實。以下就是這個故事。

從前有一隻小雛鷹在小雞窩裡孵出來。因為農夫在山裡散步的時候發現了落在地上的蛋，就把它帶回家，讓母雞幫忙孵。

這隻小鷹和其他小雞一起長大，但牠總有種感覺，覺得自己可以飛得很高──但沒有人能告訴牠該怎麼做。

農夫兒子想幫幫牠，於是他帶著那隻小鷹，一開始從梯子頂端，然後是屋頂。但這兩次嘗試都不夠高，小鷹沒辦法真的感受到自己的翅膀。

然後，男孩和農夫帶著小鷹回到山上。他們將牠放在高高的懸崖邊。這次，小鷹從懸崖邊起飛了。牠感覺到翅膀下的空氣和羽毛上的陽光，飛得愈來愈高。

很快的，這隻鷹又回到了所歸屬的高空，朝太陽飛去。

〈溪流、沙漠、風〉

適合年齡：大孩子、青少年、成人。
應對狀況：死亡與轉變。

　　這個小故事是蘇菲派寓言，也是關於變化和轉變的美麗故事。這個故事適用於大孩子、青少年和成人，也可以搭配繪畫或描繪河流旅程的場景，還可以搭配編織——關於色彩的旅程（請參考故事後的小活動）。

　　和〈飛呀小鷹〉一樣，這是關於死亡和轉變的故事。某一個東西死了，然後以另一種方式重生。

　　溪流在高山上誕生了。他繞過石頭、跳過瀑布、越過田野、穿過森林和山谷，最後到達了一片大沙漠，把水推向沙地，然後水就消失了。到目前為止，這條溪一直對自己的生命力很有自信，簡直不敢相信眼前發生的事：「我的水正在消失，要怎麼樣才能穿過這片沙漠呢？」

　　接著小溪聽見了一陣低語，似乎是從沙子傳來的：「問問風吧——他知道穿越沙漠的方法。」

　　「風能飛啊，」溪流想，「我能做的就是消失在這片沙裡。我沒辦法穿越沙漠。」

　　「讓風帶你走吧，」那聲音低聲說。

　　「如果是那樣，我就得改變了。我不想改變——我想保持現在的樣子。」

　　「如果繼續流進沙漠，你就會改變——如果不是完全消失，就是變成一片沼澤。」

　　「可是我就是想當我自己。」小溪說，「我要怎麼樣才能到達另一頭，同時又維持自己的樣子呢？」

「只要記得真實的自我，你就會知道，這是永遠不會改變的。」那聲音輕輕的說。

這時，溪流想起了很久以前就遺忘的夢，夢中他被風抱在懷裡。於是他放開了底下的地面，讓自己以水蒸氣的樣子緩緩上升。

風帶著溪流飛越了沙漠，一直飛到另一端的山上。最後，他以一顆輕輕雨滴的樣子，高高的落在山頂上。

因此，溪流重新誕生了。他繞過石頭、跳過瀑布、越過田野、穿過森林和山谷。當他飛快流過的時候，對自己真實的、本質的自我有了屬於水的記憶。

✦ 小活動

用紙板來引導，運用一定長度的毛線織出水、風、沙、石頭、森林和山脈的顏色（請參考第326頁的樣版）。

〈造物者與狗〉

適合年齡：大孩子。
應對狀況：危機如何成為轉機。

這個美洲原住民的故事，參考了阿帕契族和蘇族部落圍著火堆、在家庭和文化聚會上說了幾千年的故事。故事以「危機如何成為轉機」作為主題。比起過去，這個故事更貼近今日的生活。另外，這裡只收錄該故事的節選版，以此對故事起源致上深深的敬意。

這是個非凡的故事，故事發展歷程是不斷循環的創造、拆解和新的創造。對這則故事的文化意義來說，這是一件好事，如果黑狗沒有把地

毯拆掉且地毯完成了，我們所知的世界也將走到盡頭。世界曾經混亂過，但總是能從崩解中恢復。造物者知道離開織物去照料爐火會發生什麼事。她也知道，回來時，自己將不得不重新開始這項任務。

這種哲學上的理解也反映在奧地利詩人埃里希·弗里德（Erich Fried）在柏林牆面的藝術中。他說：「希望世界保持現狀的人，根本不希望世界保持現狀。」

這個故事可以開啟和大孩子以及家人間的討論。

某座山的一側有個山洞，那是一個特別的山洞——沒有人知道是哪座山或哪個山洞。這裡是世界運作奇蹟和知識的起源，且洞穴裡住著一位有智慧的造物者。

雖然每個人都知道造物者在那裡，卻沒有人真正見過她，陪著她的只有一條老黑狗。造物者坐在粗製的織布機前，整天織布。她正在織一張漂亮的地毯，用的是松針、豪豬刺和其他森林中的美麗東西。

她很少停下來，只有去攪拌掛在山洞後面、火焰上的大陶鍋時，她才不得不離開織布機。這團火焰非常老了，可能比時間都要老。

鍋裡燉的東西也很老了，不但老，還非常重要。那裡頭有世界上所有草藥、植物和穀物的根和種子。

如果造物者沒把鍋子看好，燉煮的東西可能就會燒焦，而造物者知道絕對不能發生這種事。

年老的造物者會不時站起來，看黑狗一眼，然後慢慢走向山洞後面的陶鍋。

這時黑狗就會趁機站起來，走到織布機旁邊，把鬆掉的線一根又一根叼起來，開始拉扯。

當造物者繼續慢慢攪拌著燉煮的東西時，黑狗就慢慢拆著地毯，直到

地毯最初的模樣。

　　等到造物者回來，看見同伴弄出來的混亂局面，也只能大嘆一口氣。然後她會坐下來，重新開始。

　　她織地毯時，已經看見了新的畫面、想到了新的圖案，她那雙蒼老的手開始賦予它們形狀和樣式。這時她已經把之前織的地毯忘了。

　　於是，多年以來，造物者和黑狗一直繼續編織、拆散和重新編織的儀式，但地毯從來沒有完成過。這是一件好事，因為如果有一天地毯完成了，我們所知的世界也就走到了盡頭。

〈雪花飄落〉

適合年齡：大孩子。
應對狀況：討論轉變與蛻變。

　　這首故事詩的靈感來自德國詩人歌德（Johann Wolfgang von Goethe）以下的引文。他在瑞士阿爾卑斯山壯麗的斯陶巴赫瀑布附近時，寫下了這些想法：「人的靈魂就像水：它來自天上，又復歸於天，接著又必須回到地上，不斷改變。」

　　這首詩可以用來鼓勵大孩子和家人討論轉變和蛻變，以及自我概念或命運。關於製作紙雪花，請參考第329頁的樣版。

　　雪花飄落，新生命在呼喚你，
　　你是誰……你能成為什麼樣的人……
　　只有你能看見的祕密，就在星星的圖案裡！

　　雪花輕輕落在山腳下，
　　你要去哪裡？

你會在翠綠的樹枝上休息，
還是歡樂的飛撲在地？
你會落進洞裡，
還是會落在石頭上，在陽光下化得毫無痕跡？

你會不會和潺潺溪水融為一體，
成為水的一部分，讓大家保持乾淨？
你會不會從高高的瀑布摔下來，
碎成霧氣，又回到天空裡？

或許你會落進下面的河……
旅程繼續……
越過廣闊的大地……然後愈來愈寬，愈來愈有力……
有時急速奔流，有時平緩慢行，
最終到達大海，
那永恆之海，如寶石般美麗……

雪花飄落，新生命在呼喚你，
你是誰……你能成為什麼樣的人……
只有你能看見的祕密，就在星星的圖案裡！

【附錄1】
小活動樣版

〈留不住的小星星〉（第116頁）

　　這個小毛氈星星剛好可以放進月亮口袋——在圓前面縫上一個半圓，做成口袋的樣子。

材料：
- 零碎的不織布
- 玩具填充物（不織布或羊毛布碎布）
- 縫線
- 針

作法：

1. 利用下面的樣版，用黃色不織布或羊毛布剪出兩個星形，再用藍色或紫色不織布或羊毛布剪一個圓和一個半圓。

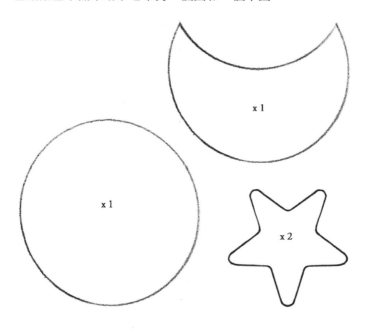

x 1

x 1

x 2

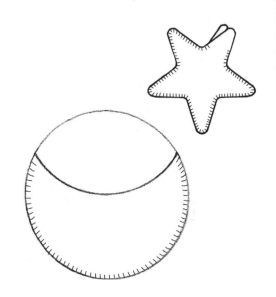

2.用「捲邊縫」或「毛邊縫」將兩片星形布縫在一起，縫到一半的時候就開始輕輕往裡面塞填充物，這樣就不會填得太滿。

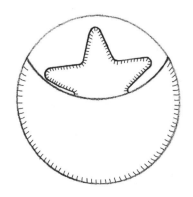

3.把半圓放在圓形布上方（如下圖所示），然後用捲邊縫或毛邊縫全部縫合，確定小星星可以舒服的放進半圓形口袋裡。

〈閃閃的兩個家〉（第131頁）

材料：
- 4x3¼吋（約10x8公分）的小塊不織布
- 鋁箔紙　　• 白膠　　• 亮片或閃亮的糖果紙

作法：
1. 利用樣版剪出魚形不織布。
2. 用亮片和閃亮的糖果紙裝飾小魚。
3. 捲起鋁箔紙，做成兩個岩石池（中間有連接通道），讓小魚可以從一個池塘游到另一個。

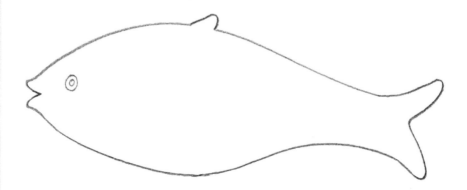

〈杯子塔〉（第150頁）

材料：
- 紙板或堅固的紙　　• 顏料和畫筆　　• 剪刀
（或是可以準備：陶瓷杯與陶瓷顏料）

作法：
設計不一樣的杯子（每個家人各一個）；你可以在厚紙板上設計（使用下方樣版）然後剪下來；或者用陶瓷顏料，把圖案畫在真正的杯子上。從下方的圖案中選擇星星、樹葉、波浪或花朵，或者創造自己的圖案。

〈一盒手帕朋友〉（第174頁）

材料：
- 棉手帕，或者正方形的布
- 填充物（比如小團的棉紗球）

作法：

1.把填充物（可以是一個小棉紗球）放在手帕中央綁起來，當成頭。

2.在手帕兩個對角各打一個結當手，另外兩個對角打結當腿（也可以不打結，當成長裙）。

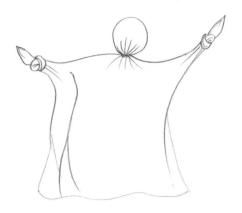

3. 現在，你已經有可愛的娃娃了。你也可以用線繫起它的頭和雙手，把它做成懸絲偶。如果還有多餘的布，可以多做幾個，這樣孩子就可以用這些手帕玩偶組成家庭或者演戲。

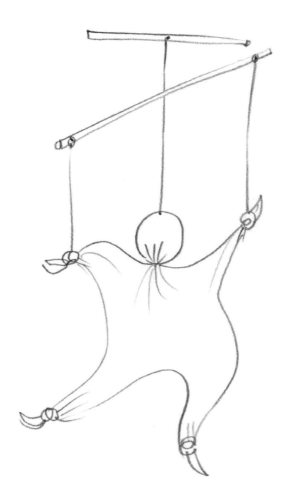

〈候鳥〉（第229頁，請注意此樣版並非實際比例）

材料：
• 卡紙或堅固的紙　　• 衛生紙 4x5吋（約10x13公分）

作法：
1. 在卡紙上剪出鳥的形狀，並且在翅膀位置切出一條窄窄的縫。
2. 把衛生紙摺出起伏的摺痕，就像在做扇子。

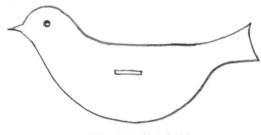

▲開一個洞放入翅膀。

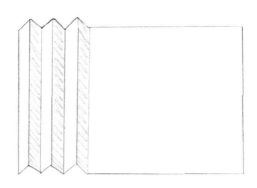

▲衛生紙摺成扇形當作翅膀。

3. 將摺好的衛生紙對折，然後從卡紙鳥身上的縫穿過去，且放置於中央位置。接著把翅膀向上反摺，讓翅膀對齊中間。
4. 在鳥身上打個洞，用線穿過去，洞的位置要讓鳥掛起來的時候能保持平衡。

〈溪流、沙漠、風〉（第313頁）

迷你編織樣版

　　這個關於變化和轉變的美麗故事，也可以同時呈現色彩的編織旅程。請挑選在編織過程中不會彎掉的堅固卡紙，以及不同顏色的線來代表水、風、沙、石頭、森林和山脈。

材料：
- 剪刀　　● 大型鈍針（或者小鉤針）
- 六種顏色的毛線，使用雙線編織（總計8股）
- 厚紙板4.8x7.5吋（約12x19公分）

作法：
1. 裁剪一塊4.8x7.5吋的紙板，並且在頂部和底部剪出12個大約0.4吋（約1公分）深的溝槽。

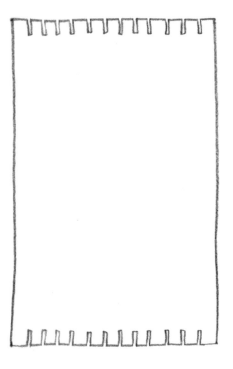

2. 從卡紙的一頭開始，將毛線緊緊裹在卡紙上，穿過每一道溝槽，形成經線（基礎線）。線的兩端在編織卡背面斜對角位置打結固定。

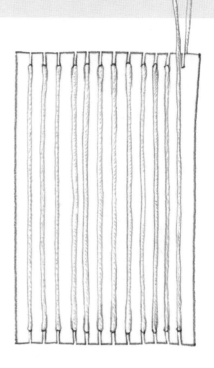

3. 從底部開始一上一下的編織。當你到達另一邊時，以相反方式一下一上織回來。隨著故事更換顏色，每個顏色都要留下尾端以便之後縫合。

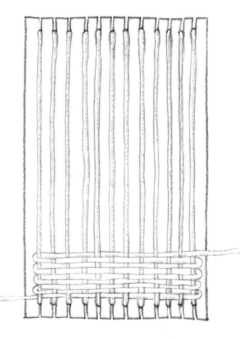

4.編織完成後，剪斷經線並將作品從編織卡上拿下來。經線修剪成
　一致的長度當成流蘇。

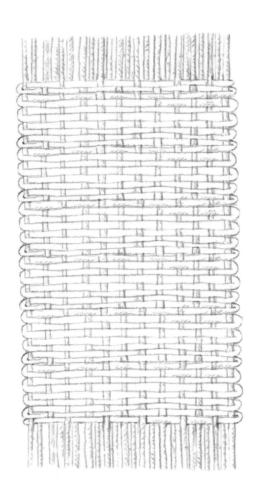

〈雪花飄落〉（第316頁）

雪花的樣式無所謂對錯，因為每片雪花都不同。

材料：
- 紙　　- 剪刀

作法：

1. 拿一張正方形的紙，或者把一張紙修剪成正方形。

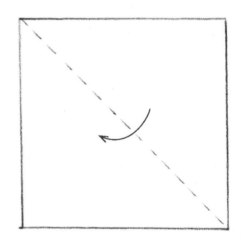

2. 將正方形紙沿對角折成一半，接著把這個三角形再對摺一半。

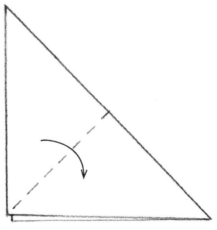

3.作法2的三角形再對摺，但這次一個角朝前摺，另一個
　角朝後摺。

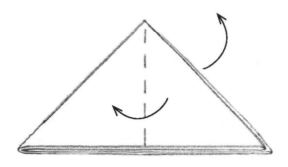

4.把作法3完成的小三角形末端剪去一些，讓邊成為弧形。

紙張中心。→

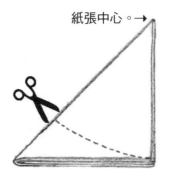

5. 在三角形周圍剪出不同的形狀——圓形、方形、三角形——什麼
形狀都可以。

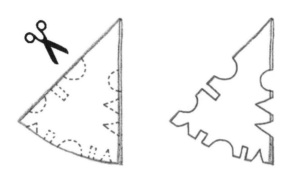

6. 展開紙，看看這個與眾不同的雪花——把它掛在窗戶或牆上。

參考書目與資源

若想幫助孩子與其家庭面對哀傷，你可以在下列資訊中找到各地（台灣、香港、英國、美國、加拿大、歐洲、澳洲、紐西蘭、南非）提供相關服務的診所與機構。除此之外，我也列出許多可以參考的書籍與網站。如果需要增加相關資訊，歡迎聯絡我或是出版社，若未來這本書有機會改版，我會加入你所提供的資料。

提供孩子與其家人心理支持相關機構：

- **台灣**

心快活　　　　　衛生福利部　　　　社團法人台灣失落
　　　　　　　　1925安心專線　　　關懷與諮商協會

財團法人　　　　失親兒福
張老師基金會　　利基金會

- **香港**

  The Jessie and Thomas Tan Centre: www.hospicecare.org.hk/bereavement

- **英國**

  Winston's Wish: https://www.winstonswish.org/

  Bereavement Advice Centre: https://www.bereavementadvice.org/

Care for the Family: http://www.careforthefamily.org.uk/
Child Bereavement UK: http://childbereavementuk.org/
The Compassionate Friends: https://www.tcf.org.uk/
Cruse Bereavement UK: http://www.cruse.org.uk/
Hope Again: http://hopeagain.org.uk/
S.P.R.I.N.G. (Supporting Parents & Relatives in Neonatal Grief): https://www.springsupport.org.uk/
SANDS (Stillbirth and Neonatal Death Support): www.sands.org.uk

- 美國

  The Dougy Centre for Grieving Children: https://www.dougy.org/
  Association for Death Education and Counselling: https://www.adec.org/
  Bereaved Parents of the USA: http://bereavedparentsusa.org/
  Grief Share: https://www.griefshare.org/
  MISS Foundation: https://missfoundation.org/

- 澳洲

  The National Centre for Childhood Grief: https://childhoodgrief.org.au/
  Australian Bereavement Care Centre: http://www.bereavementcare.com.au/
  Australian Centre for Grief and Bereavement: https://www.grief.org.au/
  Griefline: http://griefline.org.au/
  Lifeline: https://www.lifeline.org.au/
  Pink Elephants Support Network: https://pinkelephantssupport.com/
  SANDS (Stillbirth and Neonatal Death Support): www.sands.org.au

- 紐西蘭

  Lifeline Aotearoa: http://www.lifeline.org.nz
  Skylight: http://skylight.org.nz/

- 加拿大

  Bereaved Families of Ontario: https://www.bfotoronto.ca/

Canuck Place Children's Hospice, BC: https://www.canuckplace.org/

The Coping Centre: http://www.copingcentre.com/

Rainbows Canada: http://www.rainbows.ca/

- 歐洲

Bereavement Support Network (英文): http://www.bsnvar.org/

- 印度

East-West Centre for Counselling and Training: https://centerforcounselling.org/

Support for Women: https://www.womensweb.in/

Indian Storytellers Healing Network: https://www.facebook.com/Indian-Storytellers-Healing-Network-111967630552639/

A safe space for conversations on mental health in India: http://www.healthcollective.in/

Suicide prevention organization: https://snehaindia.org/

- 南非

The Compassionate Friends South Africa: http://www.compassionatefriends.co.za/

Khululeka Grief Support: http://www.khululeka.org/

關於失落悲傷，你可以閱讀：

Anon (Mrs Wordsmith) (2019). *Storyteller's Illustrated Dictionary: 1000+ Words to Take Your Storytelling to the Next Level*. London: Mrs Wordsmith.

Bassil-Morozow, Helena (2020). *Jungian Theory for Storytellers: A Toolkit*. Abingdon, Oxon: Routledge.

Berthoud, Ella & Elderkin, Susan (2014). *The Novel Cure: An A–Z of Literary Remedies*. Edinburgh: Canongate Books.

Biesenbach, Rob (2018). *Unleash the Power of Storytelling: Win Hearts, Change Minds, Get Results*. Evaston, Ill.: Eastlawn Media.

Boyd, Brian (2010). *On the Origin of Stories: Evolution, Cognition, and Fiction*.

Cambridge, Mass.: Harvard University Press.

Bruce, Tina, McNair, Lynn & Whinnett, Jane (eds) (2020). *Putting Storytelling at the Heart of Early Childhood Practice: A Reflective Guide for Early Years Practitioners*. Abingdon, Oxon: Routledge.

Bruner, Jerome (2002). *Making Stories: Law, Literature, Life*. Cambridge, Mass.: Harvard University Press.

Burns, G.W. (2005). *101 Stories for Kids and Teens – Using Metaphors in Therapy*. Hoboken, NJ: John Wiley & Sons.

Crossley, Diana (illust.) and Sheppard, Kate (2001). *Muddles, Puddles and Sunshine: Your Activity Book to Help when Someone Has Died*. Stroud: Hawthorn Press.

Daniel, Alastair K. (2011). *Storytelling across the Primary Curriculum*. Abingdon, Oxon: Routledge.

Denborough, David (2014). *Retelling the Stories of Our Lives: Everyday Narrative Therapy to Draw Inspiration and Transform Experience*. New York: W.W. Norton.

Gersie, Alida (1991). *Earthtales: Storytelling in Times of Change*. Green Print.

Gersie, Alida (1991). *Storymaking in Bereavement: Dragons Fight in the Meadow*. London: Jessica Kingsley Publishers.

Gersie, Alida (1997). *Reflections on Therapeutic Storymaking: The Use of Stories in Groups*. London: Jessica Kingsley Publishers.

Gersie, Alida (2010). *Storytelling, Stories and Place*. Norwich, UK: Society for Storytelling Press.

Gersie, Alida & King, Nancy (1989). *Storymaking in Education and Therapy*. London: Jessica Kingsley Publishers.

Gersie, Alida & Schiefflin, Edward (2014). *Storytelling for a Greener World: Environment, Community and Story-Based Learning*. London: Jessica Kingsley Publishers.

Golding, Kim S. (2014). *Using Stories to Build Bridges with Traumatized Children: Creative Ideas for Therapy, Life Story Work, Direct Work and Parenting*. London: Jessica Kingsley Publishers.

Gottschall, Jonathan (2013). *The Storytelling Animal: How Stories Make Us Hu-*

man. Boston, Mass.: Houghton Mifflin Harcourt.

Handke, Peter (2020). *The Jukebox and Other Essays on Storytelling.* New York: Picador USA.

Jones, Pia & Pimenta, Sarah (2020). *Therapeutic Fairy Tales: For Children and Families Going through Troubling Times.* Abingdon, Oxon: Routledge.

Kearney, Richard (2001). *On Stories (Thinking in Action).* Abingdon, Oxon: Routledge.

Lipman, Doug (2005). *Improving Your Storytelling: Beyond the Basics for All Who Tell Stories in Work or Play.* Little Rock, Ark.: August House.

McKissock, Diane & Mal (2018). *Coping with Grief,* 5th edition. Australia: ABC Books.

Marr, Hugh K. (2019). *A Clinician's Guide to Foundational Story Psychotherapy: Co-Changing Narratives, Co-Changing Lives.* Abingdon, Oxon: Routledge.

Mellon, Nancy (1998). *The Art of Storytelling.* Shaftsbury, Dorset: Element Books.

Mellon, Nancy (2008). *Body Eloquence: The Power of Myth and Story to Awaken the Body's Energies.* Santa Rosa, Calif.: Energy Psychology Press.

Mellon, Nancy (2013). *Storytelling with Children,* 2nd edn. Stroud: Hawthorn Press.

Mellon, Nancy (2019). *Healing Storytelling: The Art of Imagination and Story-making for Personal Growth.* Stroud: Hawthorn Press.

Morris, Nicky (2020). *Find Your Way: A Story and Drama Resource to Promote Mental Well-being in Young People.* Shoreham by Sea, West Sussex: Pavilion Publishing and Media.

Perrow, Susan (2008). *Healing Stories for Challenging Behaviour.* Stroud: Hawthorn Press.（繁體中文版《故事是教養的魔法棒》）

Perrow, Susan (2012). *Therapeutic Storytelling – 101 Healing Stories for Children.* Stroud: Hawthorn Press.

Perrow, Susan (2017). *A–Z Collection of Behaviour Tales.* Stroud: Hawthorn Press.

Petrova, Diana (2018). *The Wheat Beetle: Fairy Tale Therapy for Children and Parents.* JustFiction Edition.

Pullman, Philip. (2017). *Daemon Voices: Essays on Storytelling.* Oxford: David

Fickling Books.

Ramsden, Ashley & Hollingsworth, Sue (2013). *The Storyteller's Way: A Sourcebook for Confident Storytelling*. Stroud: Hawthorn Press.

Rogers, J. Earl (2007). *The Art of Grief: The Use of Expressive Arts in a Grief Support Group*. New York and London: Routledge (from the series on Death, Dying and Bereavement, Consulting Editor Robert A. Neimeyer).

Rose, Richard & Philpot, Terry (2004). *The Child's Own Story: Life Story Work with Traumatized Children*. London: Jessica Kingsley.

Silko, Leslie Marmon (2012). *Storyteller*. Harmondsworth: Penguin.

Simmons, Annette (2019). *The Story Factor: Inspiration, Influence, and Persuasion through the Art of Storytelling*. New York: Basic Books.

Smith, Chris (2014). *147 Traditional Stories for Primary School Children to Retell*. Stroud: Hawthorn Press.

Smith, Chris (2020). *Stories for this Uncertain Time: Tales and Creative Activities for Teachers and Parents to Help Children Adapt*. Woodmancote, Glos UK: Twinberrow Press.

Sunderland, Margot (2000). *Using Therapeutic Storytelling as a Teaching Tool*. London: Speechmark Publishing.

Walsh, John D. (2014). *The Art of Storytelling: Easy Steps to Presenting an Unforgettable Story*. Chicago, Il: Moody Press.

Yorke, John (2014). *Into The Woods: How Stories Work and Why We Tell Them*. Harmondsworth: Penguin.

想在網路上找到更多關於陪伴失落的資料：

- 來自勒斯博島的信：面對急難教育法的行動（Letters from Lesbos: A Recounting of Emergency Pedagogy in Action）
  https://othereducation.org/index.php/OE/article/view/161
  在這個網站，你可以找到愛麗絲（Alys Mendus）刊登在《其他教育雜誌》（*Other Education Journal*）的這篇文章，她記錄了與沒有家人陪伴的未成年人相處的時光，並且如何運用故事來幫助希臘勒斯博島的難民。

- **喬治・伯恩斯（George W. Burns）**

http://www.georgeburns.com.au/

喬治・伯恩斯是澳洲臨床心理學家，做為從業者、教師以及作家，他創新的作法在國內與國際上都受到認可。網站上有許多他的工作坊、培訓計畫、書籍，以及他領導醫療從業人員的專業發展考察團資料。伯恩斯最著名的就是運用隱喻的療癒價值，建立有效的治療策略。

- **療癒故事協會（Healing Story Alliance）**

http://healingstory.org

「療癒故事協會」探索並促進故事的療癒效果。這個網站提出並反思不論今日或過去，世界各地故事療癒的各個面向，且提供了與說故事有關的資源、引導與實際運用。許多人至網站上尋找答案與資料，以解決特定生活事件帶來的痛苦與悲傷，例如：美國康乃狄克州兒童槍擊事件、因為人為或自然災害而讓許多家庭流離失所（從霸凌到戰爭），這些事件的影響都可以在他們的故事中得到解方：

> 療癒寶物（Healing Treasures）：促進對話、引導參與者學習與療癒的故事。

> 生活中的故事（Stories We Live）：收集生活中的療癒故事與方法作為參考資料。

> 給處在危險中孩子的故事（Stories for Children in Crisis）：由蘿菈・森斯（Laura Simms）編輯，包含故事、文章，以及許多網站，這些資料來自多年研究以及與兒童相關的專業工作。

> 平靜的故事（Stories for Peace）：追求平靜與理解的故事。

> 療癒地球（Healing the Earth）：說故事者在與環境或環境教育計畫為主的領域工作，這是他們所說的特別故事。

- **南希・梅隆（Nancy Mellon）**

http://www.healingstory.com/

南希・梅隆為那些在個人、家庭，以及工作上尋求新觀點或是巨大福祉的成人提供諮商服務。她專注於生活指導、家庭與世代動力，以及健康問題，並提供許多療癒方式，請參閱參考書目中有關南希的著作。

南希說過：「我是『廣泛聆聽』的召集人，也是『故事情節』的保母。我幫助人們穿越黑暗的森林與荊棘的道路，找到通往全新的自由與福祉的道路。」

- **蘇珊·萊因（Susan Laing）**

http://www.creativelivingwithchildren.com/

從養育四個孩子的過程中，開發了具有綜合資源的寶貴網站。與「悲傷和失落」相關的是資料請參考下列網址：

http://www.creativelivingwithchildren.com/help-for-challenging-times/grief-death-and-bereavement/

http://www.creativelivingwithchildren.com/help-for-challenging-times/grief-death-and-bereavement/helping-young-children-after-a-death/

http://www.creativelivingwithchildren.com/help-for-challenging-times/grief-death-and-bereavement/the-effects-of-grief-and-loss/

http://www.creativelivingwithchildren.com/help-for-challenging-times/dealing-with-stressful-times/

- **蘇珊·佩羅（Susan Perrow）**

www.susanperrow.com

蘇珊·佩羅（也就是本書作者）是澳洲作家、說故事者、教師培訓者、親子教育專家。過去30年，她從各個文化中收集故事，也親自寫下與訴說故事給許多兒童與成人，她將故事與教學、演講、諮商工作緊密結合，推行至國內外各地。蘇珊·佩羅在台灣出版的作品還有《故事是教養的魔法棒》（小樹文化出版）。

- **瑪格·桑德蘭博士（Dr Margot Sunderland）**

https://www.margotsunderland.org/

瑪格·桑德蘭博士是倫敦兒童心理健康中心的教育兼培訓主任、高等教育心理治療培訓學院以及治療和教育藝術學院（東倫敦大學的學術合作夥伴）執行長、倫敦都會大學名譽訪問學人、皇家醫學院資深準會員，英國創傷知情學校聯合主任。她同時擁有30年兒童心理治療師經驗，陪伴過兒童以及其家庭。

桑德蘭博士是西敏市幼兒委員會社會正義中心成員，也是跨黨派「我們的下一代（早期介入）」（The Next Generation）諮詢報告的合著者，同時也是「幫助受傷的地方」（Helping Where It Hurts）計畫主持人——該計畫提供陷入困境的伊斯靈頓小學兒童免費藝術治療。她指導了古爾本基恩資助的研究計畫，該計畫與劍橋大學教育學院合作，評估此介入的結果。桑德蘭博士也以兒童和育兒專家身分出現在電視和廣播節目中。總體而言，她希望為父母、教師和心理健康專業人士等提供最新的心理與腦科學研究資料，讓兒童和青少年茁壯成長。她熱中於社會改革，以建立更友善、更溫暖的世界。

● 溫斯頓的願望（Winston's Wish）

https://www.winstonswish.org/

當兒童與年輕人歷經父母或兄弟姊妹死亡後，提供幫助的支持團體。溫斯頓的願望提供專業的喪親支持服務，包括因意外或疾病、自殺、謀殺或過失殺人，以及在軍隊中死亡而導致喪親。他們經驗豐富的喪親支持團隊，為兒童和家庭提供應對悲傷的工具。

【小練習】
開啟你的故事創造力

【小練習1】
隨機故事寫作練習

在本書第210頁，作者蘇珊・佩羅詳細解釋了隨機故事寫作方法，提供我們靈感，寫下獨屬於我們的療癒故事。

請將詞彙表中的字詞製作成卡片，並且運用這些字創作一個故事吧！

隨機故事寫作練習詞彙表

樹	鈴	門	王子	馬	茶壺	繩子	花
鏟子	羽毛	貓	月亮	鍋子	蜜蜂	洞穴	椅子
熊	小路	鑰匙	魔棒	棍子	爺爺	項鍊	奶奶
石頭	金子	小屋	農夫	帽子	戒指	手套	海豚
水晶	竹子	鞋	男孩	銀子	貝殼	珍珠	鏡子
女孩	橋	蝴蝶	烏龜	兔子	鼓	星星	城堡
外套	公主	鳥	河	青蛙	大象	國王	山
魚	桌子	狐狸	船	獅子	舞者	皇后	鐘
海灘	花園	螢火蟲	螞蟻	巢	袋鼠	太陽	牆
老虎	孔雀	蛇	剪刀	蘋果			

建構你的療癒故事

　　作者蘇珊・佩羅在《故事是教養的魔法棒》（請參考Part2〈創作療癒故事，從了解故事與行為的關聯開始〉）提供了「故事創作結構」。讓我們了解如何將「隱喻」、「情節」以及「解決方案」運用到療癒故事中。

　　寫下你的療癒故事結構，並且試著創造自己的故事吧！

療癒故事結構

故事	隱喻	情節	解決方案

華德福全人教育系列經典圖書

尊重孩子的天性本質、用最貼近自然的方式，
提供最豐富、完整的感官教育。

《華德福經典遊戲書》

金‧約翰‧培恩/著；
華德福媽媽 姜佳妤（小魚媽）& 李宜珊／譯

★根據孩子的能力發展，架構出最完整的華
德福教育經典遊戲全解書

本書運用清晰的圖像、實用的活動分享，並且讓讀者與
回憶對話，勾勒出孩子的遊戲。作者慷慨的提供超過
230個經典遊戲規畫，並且依照孩子年齡層，讓不論老
師、家長、共學團體、教育者……都能根據孩子的成長
狀態，提供最完善、合適的遊戲。這只是一本提供遊
戲規劃的書籍，更是讓所有大人小孩，都能尋回生活中
歇息、暫停的那枚生命休止符。

《華德福簡單教養練習書》

金‧約翰‧培恩／著；舒靈／譯

★三階段華德福教養，以溫柔、堅定的引導，
回歸緊密、安定的親子關係

在生活步調快速的時代，我們都收到過多的專家建議、
不斷的追求「流行」的教養方式，卻遺棄了父母應有的
自尊，讓孩子失去對我們的信任。當孩子感受到生活有
太多瑣事，失去了安定、安詳的步調，就會用吵鬧、不
聽話、無理取鬧的反應向我們發出求救訊號。擁有多年
教育經驗，父母教養的靈魂導師──金‧約翰‧培恩
博士，在你對教養迷茫時，帶你找回教養的方向，陪伴
孩子走過最艱困的親子之路。

《華德福教育的本質》

魯道夫．史代納／著；李宜珊／譯；成虹飛／審定

★教育不能只注意到兒童時期，必須要將
　一個人完整的一生都考量進去

華德福教育創始人——魯道夫．史代納博士，在《華德福教育的本質》中，完整探討幼兒至兒童的身心靈發展歷程，精準的描述兒童在算數、語言、音樂，透過圖像的學習概念。教育不只是傳授知識，而是透過身、心、靈，全方位發展的生命歷程。而魯道夫．史代納博士依循著最貼近孩子心靈成長的方式，給予最適切的教育建議。

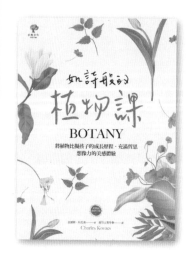

《如詩般的植物課》

查爾斯．科瓦奇／著；新竹人智學會／譯

★將植物比擬孩子的成長歷程，充滿詩意、
　哲理、人文關懷的植物學

啟發全球無數華德福教育工作者——英國華德福教師查爾斯．科瓦奇在《如詩般的植物課》中，帶領我們用人文與哲理的方式認身邊的植物以及與植物緊密連結的生物，這本書不僅僅啟發全球無數教師，透過科瓦奇溫暖而又充滿想像力與詩意的敘述，也能讓我們每一個人深深愛上所居住的這片土地，看見人類與動植物之間最親密的連結。

《如詩般的動物課》

查爾斯・科瓦奇／著；新竹人智學會／譯

★將動物比擬為人類身軀型態，從情感連結重新認識自然界

《如詩般的動物課》運用最美的類比、充滿詩意的文字，以及彷彿古希臘哲學家般的哲理，帶領我們從不同的角度看見動物世界。因為對人類來說，動物並不僅僅是生物學上的分類，而是與我們共同生存於這片土地、不可缺少的一分子，用一個個生動的故事帶出動物與人類交織出的溫馨互動。

《如詩般的天文與地理課》

查爾斯・科瓦奇／著；王乃立／譯

★將大地與星空的運行，類比呼吸的節奏、血液的循環

帶領孩子認識大地時，不該只是告訴他們結論，而是讓他們從認識身邊的一顆石頭、一把沙子、一搓泥土，一步一步拼湊大地的樣貌，才能有最深刻的感受。英國華德福教師查爾斯・科瓦奇，用孩子能夠輕鬆理解的日常狀況，類比山脈、河流、岩石的形成，以及太陽、月亮、宇宙的運行，帶領我們深刻感受與大地、宇宙最親密的關聯。

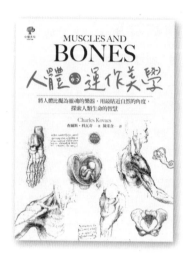

《人體的運作美學》

查爾斯 · 科瓦奇／著；陳柔含／譯

★看見人體的智慧，探索大自然創造最精緻的人體結構

當我們將靈魂視為一位音樂家，將頭部、四肢等人體部位視為靈魂的樂器，人類的生命便成了靈魂所演奏出最和諧的樂章。《人體的運作美學》帶我們從藝術與自然的角度學習人體結構，讓認識人體的過程不再是一門冷冰冰的科學，而是一場探索生命全貌與人體智慧的藝術之旅。

《童年》

卡洛琳 · 馮 · 海德布蘭德／著；謝維玲／譯

★風、火、水、土，從四種氣質，探索孩子的內在靈性心魂

孩子的成長過程需要我們在適當的時候提供輔助與引導，也需要我們用欣賞的眼光看待他們的真實內在，才能健康成長：靈活但容易分心的「風向孩子」、敏感而憂鬱的「土向孩子」、堅強而暴烈的「火向孩子」、溫柔而緩慢的「水向孩子」。全球第一所華德福學校教師卡洛琳·馮·海德布蘭德，彙集 20 年教學經驗，提供充滿活力與藝術性的教學方式，讓孩子的心靈不會因為乏味的學習而枯竭，也不會失去兒童時期的創造力。

Stories to Light
the Night

Stories to Light
the Night